假如炒股是一场真人秀

程峰 著

羊城晚报出版社
·广州·

图书在版编目（CIP）数据

假如炒股是一场真人秀 / 程峰著. —广州：羊城晚报出版社，2020.4

ISBN 978-7-5543-0805-9

Ⅰ. ①假… Ⅱ. ①程… Ⅲ. ①股票投资—文集 Ⅳ. ①F830.91-53

中国版本图书馆CIP数据核字（2020）第013597号

假如炒股是一场真人秀

Jiaru Chaogu Shi Yichang Zhenrenxiu

策划编辑 谭健强
责任编辑 谭健强 王志娟
责任技编 张广生
装帧设计 友间文化
责任校对 何琳玲 杨映瑜
出版发行 羊城晚报出版社
（广州市天河区黄埔大道中309号羊城创意产业园3-13B 邮编：510665）
发行部电话：（020）87133824
出 版 人 吴 江
经　　销 广东新华发行集团股份有限公司
印　　刷 佛山市浩文彩色印刷有限公司（佛山市南海区狮山科技工业园A区）
规　　格 787毫米×1092毫米 1/16 印张20 字数400千
版　　次 2020年4月第1版 2020年4月第1次印刷
书　　号 ISBN 978-7-5543-0805-9
定　　价 59.00元

序

Preface

论财经网红的自我修养

一时间，“网红经济”的热度又达到了新的境界。一名在网络直播间呼叫着“买它、买它……”的小伙子，可以创造15分钟卖掉15000只口红的神话；一家做鞋的上市公司，沾上了“网红经济”的概念，11天收获9个涨停板。

回想当年一网风行的“网红鼻祖”芙蓉姐姐，到微博女王姚晨，还有昙花一现的“流浪大师”，虽然网络红人们轮番登场，但到了李佳琦、李子柒们，网红才真正实现了巨大的商业价值。时代在进步，网民也在进化。仅靠审丑、另类、网红脸等肤浅因素刺激网友们的神经，就想获得巨大的流量进而变现捞钱，显然已经行不通了，票房市场流量鲜肉们纷纷扑街也是明证。无论是不断优化直播体验、追求商品极致性价比的李佳琦，还是愿意花一年时间去拍摄5分钟古风视频的李子柒，爆红偶然背后有着必然：兴趣、专业、极致、坚持、差异化定位……这也是新时代网红们的自我修养吧。

作为一名财经媒体人，我常常在想，比起消费市场的带货网红，投资市场也需要靠谱的财经网红。这些年来，除了房子之外，“跟风”的投资者们，却总是从一个坑到另外一个坑，题材股、二元期权、贵金属地下盘、P2P、虚拟币……这些年靠勤奋赚的钱，都被忽悠着亏掉了。搞非法咨询的“带头大哥777”、玩COSPLAY直播的美女研究员、靠造新名词打天下的证券分析师，各路冠以“财经网红”的人马，也都不让人省心，更不要说连巴菲特都敢戏弄的

“币圈贾跃亭”孙老师了。对于那些“收割智商税”的财经网红们，见惯投资江湖风雨的程大爷也是极看不过眼，他在自己的专栏文章里抨击过混迹名利场的财经大V和网络炮手，也深刻剖析过孙宇晨过度自我包装的浮躁心理。

在浮躁的年代里，做一名真正能给用户带来长期价值的财经网红，其实并不容易。投资和消费最大的不同是，消费的愉悦感可以及时体现或及时证伪，而投资给用户带来的价值体现却往往是长期的，需要时间的长河来验证。程大爷“触网”已有不短的日子，“程大爷论市”的网络专栏开辟已经有4年多，每周洋洋洒洒几千言，针砭时弊，为投资者指点迷津，坚持下来并不容易。在从事财经一线报道时，我也曾在报纸开设过“豆腐块”专栏，每期千把字都常有被掏空之感。难得的是，“程大爷论市”篇篇都是精品，不仅让读者看清投资市场复杂表象背后的本质，难得的是文字酣畅淋漓，读来十分过瘾。读懂了程大爷，也就读懂了中国资本市场。《假如炒股是一场真人秀》，也已经是“大爷”系列丛书的第四本，无论对于证券从业人士还是普通投资者来说，都是值得收藏和细细品读的佳作。

罗马不是一天建成的，投资没有多年的历练也成不了火候。虽然带货网红靠“小鲜肉”当道，但财经网红恐怕还是要大爷这样久经沙场的“老腊肉”才更靠谱。虽然大爷不差钱，对红也没有执念，但是作为朋友和晚辈，我还是常常大胆“批评”程大爷，像他这样的正能量财经网红还不够多，不够红，才导致市场上噪音纷扰，豺狼当道。为了让程大爷更快地大红起来，我甚至还特别推荐了一些传播学的经典作品让大爷自学，也鼓励大爷掌握更多的网络传播技巧，在南方财经旗下的媒体开设音频、短视频类栏目，打造更有标签性的个人IP。

一个成熟的资本市场，需要更多优质的上市公司和坚持长期投资的机构，需要为市场激浊扬清的媒体，也需要更多像程大爷这样的财经网红。好大爷是稀缺品，且读且珍惜。

南方财经全媒体集团副总编辑　贾肖明

目录

CONTENTS

论苦篇

论辣篇

“股指期货大跌打压了股市”。

论酸篇

论甜篇

假如炒股是一场真人秀

LUN KU PIAN

论苦篇

卖方研究该如何破解竞相秀下限的剧场效应？

这个故事留下的悬念太多，又会是一个“开放式结尾”吗？——最该付出代价的那个人却大摇大摆地走掉了，看起来没有人试图要去拦住他。我相信，很多人跟我一样，都不喜欢这个故事结尾的方式。

这是一个娱乐新闻经常出现在财经头条，财经新闻出现在娱乐头条的年代。你会感觉到财经与娱乐之间的渗透与融合，原本清晰的边界在模糊，眼看就要消失。

有天晚上，大爷我本来约了几位资管行业的朋友喝茶（我不胜酒力，现在可以更加名正言顺地不端酒杯了）聊聊股市的事，结果，从头到尾，大家都在传阅、议论、打趣不雅分析师饭局事件，反而对股市只字不提。

朋友圈里刷屏的也都是那个饭局的视频与图片，迷离的小眼神，香艳的耳语，充满荷尔蒙气息的大尺度动作……看着大伙儿如痴如醉的神情，我猜想，就算是刚挨过10个跌停板的小散，这会儿是不是也破涕为笑了？

记得尼尔·波兹曼30多年前在《娱乐至死》中就有过这样的预言：一切公众话语日渐以娱乐的方式出现，并成为一种文化精神。我们的政治、宗教、新闻、体育、教育和商业都心甘情愿地成为娱乐的附庸，毫无怨言，甚至无声无息，其结果是我们成了一个娱乐至死的物种。

看看现实，不幸言中啊。

明明是人的问题，为何偏要赖酒?

这次据说又是因为喝多了。

上次，刘强东在美国办了件轰动一时的“大事”，据说也是因为一桌饭上了二十多瓶红酒。言外之意，不能怪大东哥，都是酒精惹的祸呀。

虽说酒确实不是个好东西，但老是让它当背锅侠，这样子真的好吗？

不雅饭局事件发生的时点颇为敏感，正值一年一度的分析师评选投票开始日。

从过往的情形看，卖方分析师的收入高低、职位升降甚至会不会被淘汰，很大程度上都系于一年一度基金公司等买方的投票评价。所以，随着今年的评选正式拉开帷幕，卖方研究们的心思骚动也就不可避免。

根据公开信息，“兔子君”廖蕾还是一名靠资助读完大学的贫困生，她的求学经历非常励志，读到清华研究生毕业。

当然了，她也是一个擅于“创新”的主，前两年因为在社交网络上直播推票而一战成名，以至于本次事发，不少人还能一眼就认出她来。

从流传出的视频和照片来看，廖蕾和刘丰元有搂抱行为，而刘丰元与马军的举止更为不雅。

刘丰元历任券商、基金公司的投资总监或是投资基金经理职务，算得上是资管行业里的老江湖了。一顿酒就把自己喝得爆红，真是无心插柳柳成荫啊。

然而，大家却对那个最该被指责的猛男一笔带过。还有人把枪口对准了爆料者ICE，指责她未经允许偷拍并发布了这段不雅视频，质问：“女人为何为难女人？”

警惕秀下限的“剧场效应”

有人感叹，这几年，卖方研究这个行业，没有几个活得有尊严的。

对于一个比赛秀下限的行业，很难赢得人们发自内心的尊重。大家竞相秀下限的结果，就会形成所谓的“剧场效应”，最终导致行业底线不断下移。

有一个简单形象的例子可以说明“剧场效应”是如何导致糟糕的后果的。

比如，大家都在一个剧场里看戏，每个人都有座位，大家都能坐着看清演员的演出。忽然，可能是为了看得更清楚，或者可能因为身高较矮的缘故，有一个观众站起来看戏。周围的人劝他坐下，他置若罔闻。求助剧场管理员，管理员干预同样无效。于是，周围的人为了看见演出，也被迫纷纷站起来看戏。最后，全场的观众都从坐着看戏变成了站着看戏。

虽说先站起来看戏的人在短时间内看得更清楚了，然而，等到所有观众都站起来后，所有人看的效果和原来几乎相同。只是，大家都只能站着看戏，所有人都更累了。

所有人付出了比原来更大的体力成本，却得到了和原来一样的，甚至更差的观剧效果。悲剧的是，尽管大家都变得更累了，但不会有任何人选择坐下来看戏。因为谁选择坐下来，他就啥也看不见。没有最糟糕只有更糟糕。为了看得更清楚一点，有人开始站到椅子上看戏了，他的这个举动引发更多的人也站在椅子上看戏。于是，一种匪夷所思的奇观出现了，剧场里所有的椅子都是用来站的，而不是用来坐的了。

破坏秩序的人没有得到持久的收益，而遵守秩序的人则全部成了受害者。表面上看，我们似乎应该去怪那个破坏秩序先站起来的观众，因为是他首先破坏了秩序。

卖方研究本来是一个高大上的技术行业，由于有的人不按常理出牌，剑走偏锋尝到甜头了，导致大家纷纷模仿，竞相把时间与精力花在研究工作之外。

工作的重心就从研究变成了营销，如何取悦你的“客户”，就变成关键。当一个人采用非常手段而名利双收、吃香喝辣的时候，没有人可以阻止其他人的跟风行为。你要是扮清高装纯情，对不起，汤都轮不到你喝。最后，必然导致这个工作的技术含量与道德底线越来越低了，你叫别人怎样尊重你?

不要盲目地向娱乐圈看齐

需要警惕的是，近年来，研究行业一直在向娱乐业看齐，且有走火入魔的趋势，难免染上各种恶习甚至丧失了基本底线。

过去卖方分析师是个技术活，非毕业于国内外名校者难入其门。

也不知从哪年开始，有先知先觉的卖方发现了一个“秘密”，这就是，其实买方并不完全在乎研究报告的水平高低，有的人表现得更在乎研报背后的分析师和女销售们的长相。

于是，双管齐下快速提升分析师颜值被卖方提上日程，招聘校花是一个途径，但是，校花总是供不应求，还有一个办法就是赶紧利用现代化妆与整形技术，加上美颜相机的功能，快速包装一批美女分析师投向市场。

为了确保美貌与智慧齐飞，卖方研究机构最后还是把好质量关，毕竟，要让分析师从北（大）清（华）入娱乐易，而让女销售从娱乐入北清难啊！

这就是卖方研究的新风尚，向娱乐圈看齐，制造流量明星，尽力打造超级IP。

要说吸睛效果，肤浅的视频远胜深刻的研报。要说“娱乐”效果，一段出位的小视频比得上100份不知所谓的研报。

其实，我们并不完全排斥卖方研究借鉴娱乐的表达方式，符合公序良俗的娱乐方式，无论是机构还是个人投资者都是喜闻乐见的。

斯科特·麦克凯恩说，公司本质上就是一个舞台，你要在这个舞台上，为你的客户、员工，也为你的潜在客户，“秀”出你要卖的东西。客户有无限的选择，员工是自由代理人。精明的业主和管理者意识到，留住最好的客户和最棒的人才，关键就在于创造情感联系，抓住他们的注意力。

所以，商业和人生一样都是一场秀，都需要好的剧本、演员和演技，最关键的是体验和感觉。因为，所有的行业都是娱乐业。

麦克凯恩建议，从心出发，从受众的心出发，打动他们的心，就获得了这个人，也必会获得更多的人。从这个角度来说，卖方研究借鉴娱乐化的销售形式并没有问题，秀出你的研究实力和做人做事的真诚，才是商业秀的康庄大道。

基于“剧场效应”，长期来看，一味地“秀”下限只能是增加所有人的成本而并不能增加边际收益的旁门左道。

不要让我们热爱的东西毁掉我们

中国古代有个大贤人司马迁说过："天下熙熙，皆为利来；天下攘攘，皆为利往。"财富管理行业，天天跟钱打交道，所以热爱名利本来无可厚非，关键是君子爱财，取之有道，底线思维还是得坚持。所以，尼尔·波兹曼警告世人：毁掉我们的不是我们所憎恨的东西，而恰恰是我们所热爱的东西。

现实一直都是挺骨感的。以至于诗人都发出这样的感叹：问世间钱为何物？直教人生死相许！

莫言有一次在演讲中怒斥，现实生活中，用不正当的方式脱贫致富的人比比皆是，用不正当的方式脱贫致富但没受到惩罚的人比比皆是，虽然痛骂着那些用不正当的方式脱贫致富了的人，但只要自己有了机会也会那样做的人更是比比皆是，这就是所谓的世风日下，人心不古。

古之仁人君子，多有不羡钱财，不慕富贵者。像孔夫子的首席弟子颜回："一箪食，一瓢饮，在陋巷，人不堪其忧，回也不改其乐。"

三国时高人管宁，锄地见金，挥锄不顾。同锄者华歆，捡而视之，复掷于地，虽心生欲望，但能因为面子而掷之，已属不易。

面对金钱的诱惑，尽管古人为我们树立了各种道德榜样，但却收效甚微。人们追名逐利、如蚊嗜血、如蝇逐臭，从古至今，酿成了无量悲剧，当然也演出了无数狗血闹剧。

尤为可怕的是，当不择手段地追逐名利成为一种潮流，守住做人做事的道德底线反而变成另类。还是尼尔·波兹曼说得到位，真理不能，也从来没有，毫无修饰地存在。它必须穿着某种合适的外衣出现，否则就可能得不到承认，这也正说明了"真理"是一种文化偏见。

程大爷有很多朋友在做基金经理，也有很多朋友在做卖方分析师，我要说，我真的很同情他们！他们的愤怒与无奈，全因这个行业的潜规则比娱乐圈还要残酷无情，泡在这个酱缸里，如果同流合污也就算了，真正有道德与尊严的人，可能每天过的都是人格分裂的生活吧？

一个本来可以靠智商吃饭的女分析师，最后被迫以颜值为卖点去营销，什么时候分析师沦落到陪笑的地步了？这到底是女分析师的悲哀还是这个行业的悲哀？是卖方女分析师病了，还是那些手里捏着那么一点儿“资源”就一门心思想着去寻租去潜规则她们的人病了？

不雅视频传出不久，新财富正式发出通知，取消方正证券马军等参评第十六届新财富最佳分析师的评选资格。

方正证券内部发文，决定对马军、廖蕾停职并启动专项调查。取消马军及其团队参加评选的资格；启动专项调查，并根据调查结果，从严问责；马军、廖蕾立即停职并接受公司专职调查。

咎由自取，没啥好说的。

券商业内人士评价称，也许此事有人恶意传播，但饭局此风不可长，分析师一旦被评选或利益绑架，容易丧失专业研究能力和服务精神，终究不是长久之计。

因为这起狗血丑闻，两位分析师付出了惨重的代价，不仅丢失了颜面，坏了名声，甚至还有可能丢失饭碗。而这场不雅饭局的另一个男主角刘丰元倒是毫发无损，明晚可以换个夜总会继续喝酒了。

只是，这个故事留下的悬念太多，又会是一个“开放式结尾”吗？——最该付出代价的那个人却大摇大摆地走掉了，看起来没有人试图要去拦住他。

我相信，很多人跟我一样，都不喜欢这个故事结尾的方式。

趋势投资死于追涨杀跌，价值投资败给高抛低吸？

拥有安全边际是一个买入并持有上市公司的理由，而失去安全边际则是不再持有的理由，股价的波动会导致安全边际的收缩与扩张。但是，没有人可以稳妥地赚到波动率的钱，通过高抛低吸的策略增强价值的收益也就不过是画饼充饥而已。

这段时间，还愿意继续谈论股市的人，要么是天生乐观派，要么就是真的勇士。

反正大爷我的日常生活就是，无论在饭桌还是在球场，愿意跟我谈论股市的人越来越少了，我甚至怀疑，我的朋友们是不是完全忘记了大爷我是中国首批取得证券投资咨询资格的分析师这一职业身份，只因为这几个月来饱受市场的非理性摧残而丧失了对“预测”这门古老手艺仅存的一点信心？

这也难怪，无论是趋势投资者还是价值投资者，都已经有很多年没有遇到过这种“大小通杀”的市场格局。面对各种交易清淡，指数疲弱，大小票轮番创新低的状况，机构与散户竟然空前步调一致地束手无策，程度不一的迷茫、焦虑与无奈。

把时间尺度放到十年，做趋势投机的固然伤亡惨重，但是，做价值投资的似乎也所获甚微。

之所以这样，有人说是因为做投机的一味追涨杀跌，死于过度交易，而做价值投资的则愚笨地强调长期持股不动，没有高抛低吸做好差价，以至于总是坐电梯，“上上下下的享受”是赚到了，就是没有赚到钱。

直到近日，以富时罗素为代表的外资突然高调宣布进军A股，送上一根含金量十足的周阳线当作见面礼，喜悦来得太突然了，反而让人懵圈。莫非又到了改变投资者信仰的时点?

价值投资与高抛低吸如何统一?

一说到散户亏钱的原因，首先想到的就是“追涨杀跌”——过度投机，不坚持价值投资理念。可是，假如买入股票长期持有也不赚钱咋办？那就是你不懂“高抛低吸”！似乎价值投资加上高抛低吸就能包打天下，这个主意听起来不错哦!

如果说趋势投资就是“追涨杀跌”的话，“高抛低吸”无论是用在哪种投资方法中，都只是一句漂亮的废话。

在《股票大作手回忆录》中，利弗莫尔谈到“高抛低吸”时满脸都是鄙视，他说过一段话，大意是，如果你问我什么是投机中最无用的东西，那我告诉你就是“高抛低吸”！

有人会说利弗莫尔完全是站在投机的角度，而站在价值投资的角度，那不就是可以做到“高抛低吸”吗?

这个主张听起来似乎挺有道理。

首先需要明确两个概念，即何为价值投资？何为高抛低吸？

价值投资作为一种投资理念，它最早由华尔街教父格雷厄姆提出，按照他的定义，价值投资是指在价格低于内在价值的时候买入股票，在价格等于或者高于内在价值的时候卖出股票。可见，它是立足于上市公司内在价值的一种基本面分析，它看重的是企业的赢利能力与成长性。

而高抛低吸当然可以是基于估值水平高低点的判断，但是，到了咱“大A”，高抛低吸只是一种基于股价波动的技术分析策略而已。通过对股价波动的高低点进行判断，通过低位买入高位卖出获取差价收益，跟上市公司基本面没半毛钱关系。

大爷我不久前参与了一场电视辩论赛，我方是不认同价值投资需要做高抛低吸的，当然，我们也可以听听正方的意见，他们认为价值投资应该高抛低吸的理由是这三点：

第一，从理论上看，价值投资和高抛低吸并不矛盾，而且两者结合有利于投资者获取更高收益。一方面，“高抛低吸”和“低买高卖”是商业市场上积累财富的普遍原理，其实价值投资的本质也是在高抛低吸，只不过用于判断何时高抛和何时低吸的标准是内在价值而已。另外一方面，价值投资并不意味着必须长期持有，比如我们看中一家上市公司的内在价值和发展前景，我们在持有它的过程中也可以结合高抛低吸的操作技巧，在相对高位的时候减仓，在相对低位进行加仓，从而摊低交易成本，规避市场风险，创造更多利润。

第二，从实践上看，价值投资是一种投资战略，高抛低吸是一种操作战术，高抛低吸与价值投资相辅相成。比如，倡导价值投资的股神巴菲特在投资富国银行时，从1990年的2.6美元，涨到2000年的26美元，在这个过程中，他就曾经做过多次高抛低吸的操作来获取超额利润。再比如，2018年一季度，中国排名前100的主动型管理基金，前十大重仓股平均更换了3.96次。可见，无论中外，高抛低吸结合价值投资都是业绩优秀的投资者的不二之选。

第三，要更理性地进行高抛低吸的操作，就必须要做好交易计划，定下目标，做到理性分析和预测。其实，这和价值投资策略中看中公司的价值和成长性相吻合，并不着眼于眼前的短线利益，而是有更宏观更长远的目光。所以，选好你的价值标的，评估标的的内在价值，更好地与时间做朋友，再结合高抛低吸的操作手段，理性地运用操作技巧摊低交易成本，规避市场风险，才能真正成为一个更优秀的理性投资者。

可惜的是，投资这门活计，知易行难啊！人人都想抓到跑向不同方向的两只兔子是最美的事，问题是，当你这样想的时候，两只兔子都跑得没影了，最后的结果就是你一只都抓不到。

难度在于如何确定高点与低点

我们无法给公司正确估值，而且公司价值也总是在变，它会随着大量的宏观、微观以及市场相关的因素不停波动。在任意一个静止的时间节点，投资者都无法精确估出公司的价值，更何况还要随着时间变化结合所有可能影响估价的因素来不断调整他们的估值。可见，想要精确给一个公司估值只会得出非常不准确的数字。而问题恰恰在于，投资者总是把“可以精确估值”和“可以准确估值”混为一谈，任何投资者只要有部计算器或者带有计算功能的手机，都可以轻而易举地算出净现值（NPV）和内部收益率（IRR）来。

Baupost 基金公司总裁塞思·卡拉曼对价值投资有深刻研究，在过去30年中，在只用5成仓位的情况下，完成了年复合增长率20%的奇迹。代表作《安全边际》成了华尔街的投资圣经。

从卡拉曼的投资行为来看，他并不以单笔交易的惊人利润出名，他从来没有干过类似索罗斯豪赌英镑或鲍尔森下注次贷那样的交易。他和巴菲特非常类似，都是极度厌恶风险，他认为管理人的主要目标并不是获取巨大收益而是保护资本，卡拉曼因此获得了“小巴菲特”的昵称。

虽然卡拉曼喜欢在价格受到极度打压的时候买入，但他并不赞同价值妄求者逢低便买的做法。他曾表示，“我们寻求令人震惊的价格错位，这一般是由紧急事件、人们惊慌失措，或盲目的抛售引起的”。不良债务领域发生的事情是一个很好的例子，由于破产威胁，许多债券基金被迫集体立即抛售其持有的不良债务，在这种情况下，破产过程本身也可以成为释放价值的催化剂，而他就善于在这样混乱的情况下投资。

股价上涨往往会强化投资者分析判断的正面效果，股价下跌往往会提供负面的强化效果。卡拉曼表示，一只股票的上涨并不意味着其企业一定运作良好，也不代表价格的上涨有相应的内在价值提升为理由。同样，股价下跌也并不一定反映企业发展发生逆转或者其内在价值发生消退。关键是度的把握，股价涨到什么样的水平是过高了，股价跌到什么程度是低估了。

基于“戴维斯双击效应”，乐观的时候市场给予的估值水平会水涨船高，这种情况下，会出现“顶在顶上”的自我强化；而在预期悲观的情况下即便股价已经跌成狗，市场给予的估值水平还会更低，出现所谓的“戴维斯双杀”，通俗地说，就是“底在底下”。

卡拉曼认为，如果有投资者可以成功预测市场未来的走向，他们肯定永远都不会去当价值投资者。当市场处于牛市状态时，价值投资本身有可能成为一个缺陷，因为波动率低的价值型股票涨幅往往还没有公众追捧的热门投机型股票幅度大。

价值投资者的最佳时机是市场下行时，那些原先只关注上行因素的投资者们正在咽下盲目乐观的苦果，这种时候，任何导致下行的风险因素都会被看得很重，而价值投资者因为用了一定的安全边际来投资，所以能够保护他们免受市场下行的巨大损失。

从理论上讲，能够预测市场未来趋势的投资者应该全身家投入，甚至考虑用借来的钱在市场上行之时进入，再在市场下跌之前退出来，这是多么美妙的投资节奏啊。不幸的是，许多投资者虽然声称自己有这样的能力，但实际上并没有。卡拉曼说，至少他个人是从来没碰见过哪怕一个这样的大神。

对于那些明白自己做不到预测市场的人，卡拉曼非常推荐踏踏实实地做价值投资，在所有的投资环境里，这都是一个相对安全又有效的策略。

“高抛低吸”折射出非理性情绪

根据上市公司估值的波动来做高抛低吸，似乎也没有太大可操作性。在《证券分析》中，格雷厄姆和大卫·多德就讨论过价值区间的概念：“证券分析最关键的一点是不要痴迷计算一个证券精确的内在价值。你只需要确信其价值足够，比如说，去保护其债券价格或者股票价格相对其价值来说不要太高或太低，就好了。目标是这个的话，对内在价值有一个模糊大概的估算就够了。”

的确，格雷厄姆经常会去算每股净运营资金这个指标，用来大概估算一个公司的流动价值。他之所以反复使用这个粗略估算的指标，似乎就是在无声地向别人坦白，他也没有办法给一个公司来一番更精确的估值。

既然没有办法确定一个精确的估值，公司估值何时被高估，何时被低估就无从说起。正如查理·芒格所说的，要以合理的价格买入高品质的公司股票，而不是以低价买入一些烟屁股公司的股票。

价值投资者需要耐得住寂寞，既要耐心等待“合适”的买入时机，还要有毅力能一直抓着不卖，直到持有它的理由开始消失。“划算”是整个过程的关键。由于投资和科学一样有艺术，所以投资者需要安全边际。

拥有安全边际是一个买入并持有上市公司的理由，而失去安全边际则是不再持有的理由，股价的波动会导致安全边际的收缩与扩张。但是，没有人可以稳妥地赚到波动率的钱，通过高抛低吸的策略增强价值的收益也就不过是画饼充饥而已。

既然高低点无法判断，自以为是地高抛可能会卖掉一只处于上升初段的股票，低吸则变成在半山腰“接飞刀”的鲁莽行为，而这简直就是散户们的交易常态。以至于大爷我怀疑，散户不大可能死于追涨杀跌，而极有可能是在所谓的高抛低吸中因为“高抛”而踏空牛股，因为“低吸”而套牢于熊股。

由此可见，不要僵化地理解价值投资大师们关于“别人贪婪我恐惧，别人恐惧我贪婪”这句名言，它指的是情绪控制，而不是叫你盲目地高抛低吸。

在卡拉曼看来，成功的投资者总是不情绪化，并能利用其他人的贪婪和恐惧为自己服务。由于他们对自己的分析充满信心，因此对市场力量的反应不是盲目的冲动，而是适当的理智。投资者看待市场和价格波动的方式是决定他们最终投资成败的关键因素。

失败的投资者会将股市作为不劳而获的挣钱机器，贪婪使得很多投资者通过寻找捷径来取得投资成功。最终，贪婪会让投资者的焦点从取得长期投资目标转向短期投机。而投机者，总是错误地以股价波动为投资导向。情绪化的投资者不可避免地和投机者一起遭受巨大损失。

外资会改造A股的投机基因吗?

对比全球，A股与其他主要资本市场有比较明显的结构性差异。尤其是高换手率，表明市场仍然以短线投机资金为主。据券商中国报道，继2018年6月纳入MSCI后，A股又成功纳入富时罗素，得到两大指数认可的A股，是否能迎来转机呢?

广发策略发布报告称，富时与MSCI共振，长期将深刻改变A股生态。外资已与公募基金、保险资金规模相当。截至2018年6月底，外资、主动型公募和保险持有A股分别约1.3万亿元、1.2万亿元和1.2万亿元。A股纳入富时指数叠加MSCI提高A股纳入因子，意味着A股在加速拥抱对外开放。

回到A股的现实中来，你会发现，追涨杀跌与高抛低吸其实都是基于股价波动而非估值波动的投机行为，谁也分不清散户中喜欢高抛低吸的人多还是热衷于追涨杀跌的人多。投资者结构的散户化特征，是A股市场高换手率高波动率这些典型投机基因存在的原因。

海通策略荀玉根在报告中表示，短线A股换手率远高于全球其他主要资本市场。2017年创业板指数、中小企业板指数、上证综指换手率（以流通市值计算）分别高达920%、745%和532%。

证监会副主席方星海说："中国是一个高储蓄率的国家，中国不缺资金，中国股市不缺资本，缺的是长期资金，缺的是不需要每年年底都需要计算盈亏的长期资金。我们一定会实现长期资金主导中国股市的目标。"

一个散户思维的市场，投资者尤其喜欢短线操作，"入富"和"入摩"对A股来说都是长期利好。此前A股炒作了一轮"入摩概念"最终不了了之，这次对于"入富"的炒作，似乎也饱含投机意味。

把长线利好短炒一把，那就是对价值投资的一种嘲讽。无论是管理层还是投资者，都希望外资涌入A股市场可以提高A股市场机构投资者的比例，能带来境外成熟的价值投资理念。

外资资金在A股市场占比越来越大，对A股市场的投资理念以及生态将会造成重大影响。可见，外资对A股市场的影响，短期看是资金层面的，长期看则是投资理念层面的。

世界上不存在所谓完美的投资方法，没有最优，只有次优。所以说，投资注定是一门遗憾的艺术。无论是战略也好，战术也好，完美主义者的结局就是失败者。大智若愚，聪明的价值投资者用的都是笨办法。

随着A股市场逐步向成熟市场靠拢，真正的价值投资成为主流，买入并持有高品质公司，与企业共同成长，分享优质公司内涵价值的成长红利，而不是既要坚定持有好的公司，又要赚取股价波动的差价，一心二用，耍小聪明，那样的话，最终只会落得两手空空。

决定个人命运的是“判断”而非“选择”

在流量即票房的年代，娱乐圈乱象丛生也不是一天两天的事情，整个行业的生态都是扭曲甚至病态的。如同A股市场遍地投机取巧者一样，娱乐圈也是一个人人都热衷做短线赚快钱的浮躁之地，不仅是偷逃税这种事情习以为常，数据造假也是公开的秘密。

这个国庆长假，朋友圈里晒美照的少，晒“堵照”的多。景区门口堵，餐馆吃饭堵，高速公路上，自驾一族既给别人添堵也给自己添堵，心态不好的在怨天咒地骂自己，心态好的干脆下车在车缝里耍太极打篮球。

正当大家心里都堵得发慌的时候，忽然传来范冰冰阴阳合同逃税案被查处的新闻。听到范冰冰不仅被追缴及罚款近9亿元并郑重其事地向全国人民致歉，说来也是奇怪，朋友圈里一下子就恢复了节日的氛围，感觉大家心里的“堵”一下就被疏通了大半，大好河山于是处处顺畅。

我有个干资管的朋友，不单是被这个新闻给逗乐了一下，不小心还把职业病给逗发了，主动替范冰冰设计了一个筹款的资管产品。他的方案是：

为缴纳巨额税款，券商、银行与范冰冰洽谈发行首单范冰冰—税款ABS（资产证券化）产品，还款来源为范冰冰每年演艺收入（福布斯预测每年1.5亿元），期限3+3，总规模约9亿元。增信措施，范冰冰与李晨担保。范冰冰粉丝团将设立有限合伙公司借道私募产品全额场内认购。市场人士猜测，范冰冰粉丝团最终会将私募产品向某股份银行质押融资。

看来，范冰冰被罚款，还给券商带来了一个业务机会呢。

“戾气”的正义与偏见

一个明星偷税被举报，进而被查处，搞得民众皆大欢喜，就像贪官被抓恶霸被打，都有点大快人心的意思，这说明了什么问题呢？是范冰冰太失败了，还是吃瓜民众太八卦了？固然有普遍低级趣味爱围观爱热闹的因素，但是，绝不可草率否定他们的判断能力。

记得汉娜·阿伦特在《康德政治哲学讲稿》里表述过，作为人，我们的自由体现在什么地方？是足够多的财富吗？是足够高的地位吗？还是足够高洁的心灵？阿伦特认为，都不是！我们的自由，体现在对公共世界里上演的事件进行“判断”！自由不是封闭的，自由是开放的，有参与，有判断，才有自由。“判断”不是政治家或伟大人物的特有能力，而是每个人的基本义务，政治地思索本身就是一种政治行动。

有人可能会认为，这不是一种群体的仇富阴暗心理又是什么？按照冯小刚十问崔永元的那个博文的说法，这是被搅动的“民间戾气”。但是，如果把自己代入娱乐圈里，他们拍出来的那些最抓人眼球的故事，不都是遵循了“让有

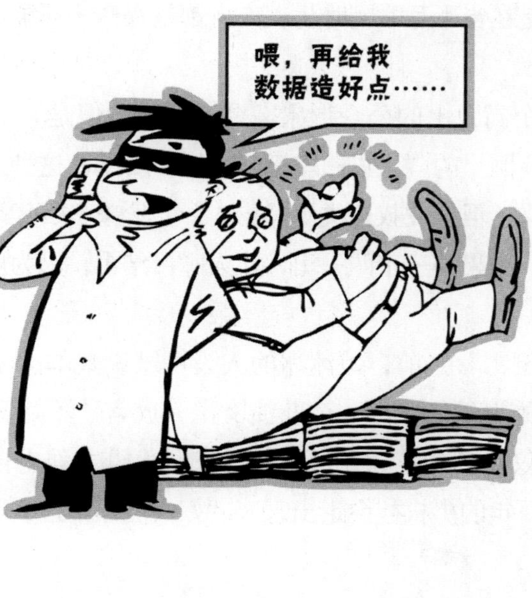

钱人倒霉，让屌丝逆袭”这样的套路吗?

所以，不要动辄指责民众的“仇富心理”，从小就被教育“纳税光荣”的工薪阶层拿几千块钱工资还自觉按章纳税，纳税乃天经地义的事，既是义务更是责任，怎么到了还自称豪门的范冰冰们这里，不仅日进斗金，还可以用阴阳合同这样的欺诈手段偷逃税，心里怎么可能没有想法呢?

所以说，要相信群众的眼睛是雪亮的。希望为富不仁的富人被查处，希望正直善良的屌丝逆袭成功，其实是一种正气，而非戾气。如果非要说成是戾气，那也是发乎正义而非偏见。

而那些不管明星干了好事还是坏事，都要无条件地去做“死忠粉”，乐于为明星护短洗地的人，才是真正的脑残，这恰恰是缺失判断力的表现，这样的人多了，才是社会的歪风邪气的来源。

“倒霉”的偶然与必然

如果不是小崔怒怼冯小刚，范冰冰的税事会东窗事发吗？这几天，大爷我的脑海里总是闪现出这样的一幅画面：小崔被冯小刚逼急了，忍无可忍决定反击，小崔举起一把雨伞，结果，一声枪响，范冰冰倒在地上。

民谚有云：好事不出门，坏事传千里。演艺圈里的名人出事，往往会闹得沸沸扬扬，特别是在当下互联网时代，人人都是媒体，坏事出来了，想盖住比登天还难。

明星塑造一个高大上的公众形象需要一辈子，但是，毁掉自己的形象只需要一秒钟。有些明星的“人设”本来就不堪，所以，这种人整出点什么坏事来，没人觉得奇怪，但像波叔这类“好男人”的形象多少年来不仅家喻户晓，而且还老少咸宜，结果小三小四一出，让人瞠目结舌，因为反差太大，太富有戏剧性了。

而在这次“倒霉”之前，范冰冰的人设可以说基本上还是阳光正面的。一会儿穿龙袍走秀戛纳红毯，一会儿演女皇，放言“不嫁豪门，因为自己就是豪门”，姐不仅貌美如花，还可赚钱养家。人设之独立自信，让人看见了这个时代正从千百年的男权社会走出来，“妇女能顶半边天”不是一句空洞的口号。

这么多年来，范冰冰憋着劲要以高质量的电影作品来终结“没有演技只是花瓶”的口碑，如愿以偿斩获若干国际奖项，在技术层面证明自己“美貌与智慧并存”。

而她与冯小刚一起跻身于某全国性的时代精神大奖，名字竟然还排在一众著名科学家前面，本来是打定主意再在道德层面证明自己一回，完成一个“德艺双馨，内外兼修”的闭环，不料引来质疑与吐槽一片，舆论一边倒地认为有辱与之同台领奖的科学家们，范冰冰“德艺双馨”功亏一篑。

人一膨胀，就以为自己真的可以呼风唤雨无所不能，全然忘了“人狂有祸”的规律。所以说，人设倒塌表面看是运气不好，背后却是心术不正必有报应。

说起范冰冰案发，这事表面上看，纯属偶然。事实上，揭发演艺圈偷逃税这项工作本来并不在小崔的人生规划之内的，人家小崔这几年一直忙老兵口述历史和揭露转基因食品的危害，根本就没有想过去揭发演艺圈偷税漏税的事儿。再说了，本来也不是冲着范冰冰去的，他是因为被冯小刚一再伤害，十年前被他和刘震云的《手机》影射后得了抑郁症，好不容易走出来了，现在听说冯小刚又要拍《手机2》，新仇旧恨一下子涌上心头，抓起阴阳合同就往冯小刚的脸上摔，这下子就把演艺圈掩盖了这么多年的一层窗户纸给捅破了，一场大地震就此被触发。这个结果，估计连小崔自己都没有想到过。

没有小崔站出来喊一嗓子，范冰冰是不是就不会“倒霉”了呢？按照墨菲定律，凡事要发生，就一定会发生，经常走夜路，迟早会遇到鬼。所以说，没有小崔，也会有小吴小李，坏事干得多了，日积月累，要想盖住的难度只会越来越大。

还是那句老话，正义可能会迟到，但从来不会缺席。

“贵族”的戏服与精神

林子大了什么鸟都有。不管在什么时候，总有人会把自己凌驾于规则之上。过去“学好数理化不如有个好爸爸”，拼爹拼出不少自以为是的“贵族”，自视高人一等，处事不讲规矩。例如，多年前的“我爸是李刚”暴露过这个社会某些规则破坏者的特权思想，当然，最后那些拼爹的人，大多都变成坑爹一族了，群众一监督，媒体一曝光，爹就被坑了，拼爹不成反坑爹，一坑一个准。

过去娱乐圈拼爹的情况也挺普遍，而且多数拼的还是干爹。进入流量时代后，娱乐明星发现拼爹不如拼粉丝，粉丝成了票房与钱箱，比什么爹都好使。

不管用什么招数，吸到粉就是吸到钱，一旦拥有了庞大粉丝群体，名利双收自不待言，关键是自我感觉会连升多少级，一呼百应，享受亿万粉丝的崇拜，“贵族”“豪门”，甚至“皇上”“女王”，要啥有啥，人不上天都很难。

范冰冰们的潜意识里面，我只负责貌美如花，你们负责纳税给国家，纳税只是工薪阶层的责任，像她这样被亿万粉丝关注的“豪门”与“贵族”，似乎既不食人间烟火，也不识国家税法。说到底还是与“我爸是李刚”如出一辙的特权思想在作祟。

入戏太深，总是难以抽身而行。没有理解豪门的真正要义，以为穿了身“龙袍”就真的相信自己就是女皇了。大爷我特别反感有些人有点钱就以“贵族”“豪门”自居，不讲规则，不谈契约精神，处处摆出高人一等的架势，这简直就是对“贵族精神”的一种亵渎。

看过《泰坦尼克号》的人都为这部电影中露丝和杰克的爱情故事而动容。其实，更让我们动容的是，在大灾大难面前所展露出来的人性光辉，让人为之唏嘘，也为之赞叹。

真实的历史记录中，泰坦尼克号上发生的故事，是值得现代人反复解读的。

泰坦尼克号首航吸引来的都是一些非富即贵的人，这些人有的是达官贵人，有的是富甲一方的大亨，但是在面对突如其来的灾难的时候，任何人的生命都是平等的，你无法去用金钱衡量一个人到底应不应该活下去，无法利用金钱去确定每一个生命的价值。泰坦尼克号遵从老弱妇孺需要首先得到救助的原则，安排上救生艇的人。

当时船上有一对老夫妻，他们就是施特劳斯夫妇，施特劳斯是全世界最大的百货公司梅西百货公司的创始人，在当时世界富豪榜上排名第二。当时的施特劳斯夫妇已经60多岁，夫妇二人完全符合上救生艇的条件，船员也劝说施特劳斯夫妇赶紧上救生艇，一再说明没有人会质疑他们首先逃生的权利。但是施特劳斯将自己的夫人安排上救生艇，自己却拒绝上去，不过施特劳斯夫人放弃了逃生的机会，她选择了与自己的老伴生死相随，两口子相依相伴沉没在了大西洋底。

在众多的遇难者中还有一位世界首富，他就是阿斯特四世，是泰坦尼克号最有名的遇难者。当时他正带着自己已经怀孕五个月的妻子乘坐这艘邮轮旅行，灾难发生后，阿斯特四世遵循了妇孺首先获救原则，自己主动放弃了被救助的机会，当看着救生艇载着怀孕的妻子渐行渐远，阿斯特四世泪满双眼，默默祈祷，说了一句“我爱你们”之后便随着沉没的轮船淹没在大西洋中。当阿斯特四世的遗体被找到的时候，他已经在大海里漂流了很远，他失去了生命，但是却在诸多的人心中永生。

相信很多人跟大爷我一样，读出了那些即便贵为“世界首富”、商界领袖，面对生与死这样的终极选择时，都坚定不移地保持对规则的敬畏与遵守，保持着人人平等的信念跟财富与权力无关的价值观。

“成功”的短线与长线

有人说范冰冰真是在犯傻，一开始就应该意识到偷税漏税是违法犯罪行为呀，你又不缺钱，不做亏心事，不怕鬼敲门，老老实实把税交上，堂堂正正做人不就完了吗？

尽管范冰冰偷逃税金额巨大，但是，依据修改后的刑法，范属于初犯，缴齐罚款就可免却牢狱之灾。对此有人不服，我倒是认为处罚还是合乎情理的。

因为，以范冰冰所处的环境来看，大爷我还是宁愿相信范冰冰应该是不知道偷税漏税是犯法的，因为她出道太早，从小到大，一路都在娱乐圈里，也没怎么正儿八经地读过书，近朱者赤近墨者黑，别人造假她学着造假，别人偷逃税她学着偷逃税，照葫芦画瓢而已嘛，再说吧，阴阳合同这种高科技玩法断然不会是范冰冰发明的。

当偷税漏税从一种行业潜规则变成显规则之后，参与其中的范冰冰怕是完全忽略了相关法律法规的存在，或者认为有一种“豪门”是可以超越规则的，视规则如无物，不知道是规则的悲哀还是范冰冰的悲哀。

在流量即票房的年代，娱乐圈乱象丛生也不是一天两天的事情，整个行业的生态都是扭曲甚至病态的。

如同A股市场遍地投机取巧者一样，娱乐圈也是一个人人都热衷做短线赚快钱的浮躁之地，不仅是偷逃税这种事情习以为常，数据造假也是公开的秘密。

统计数据造假，票房收入造假，收视率造假……

2018年，爆款偶像节目打造出超级流量明星：蔡徐坤。他的一条微博再次刷新了认知。9位数，1亿多的转发量。庞大的数据，让人生疑。不久后，共青团中央发布博文《你见过一亿次转发的微博吗？》，手动“打假”。微博上，一个账号只能点赞一次。共青团分析了这条微博的转赞比和转发ID构成，提出了可疑之处。

其实，“刷”流量的行为非常常见。流量时代，数据是各家必争之地，是商品代言、影视资源的指向标。资本很清楚地嗅到这些动辄千万上亿转发背后隐藏的暴利。如果说微博数据还能理解成是粉丝的狂欢，那同样注水造假的影视、综艺播放量，无疑是在羞辱观众。

“日播放量超过网民总数”的笑话，早就见怪不怪。编剧宋方金就曾炮轰娱乐圈：人人都知道怎么买假收视率、假点击率、假票房。《三生三世十里桃花》的日点击量是15亿多，《楚乔传》的点击量是400多亿，这意味着中国的人口是30亿到40亿。

人民日报官方微博发布评论称：收视造假的利益歪藤上爬满了密密麻麻的“寄生虫”。不尽快拔藤除瘤，就会继续造成逆淘汰，这是对观众不负责，而文艺繁荣也必是虚妄之谈。“一经查实违法违规问题，必将严肃处理”，瓦解收视造假潜规则，众望所归得人心，再造生态是根本。

这样的土壤里成长起来的范冰冰们，自身的素质就这程度，怎么可能会做到德艺双馨呢？

如果说一夜暴富，名利双收，是短线，那么，德艺双馨就是长线。短线拼心术，长线拼人品。短线看起来聪明伶俐，赚得快，但是，德不配位，必有祸殃，一个“偶然”，就土崩瓦解，到头往往一场空。

长线看起来赚得慢，但是，真正德艺双馨的人不会一直被辜负的，不会被“偶然”打败，要相信，时间会站在老实的人这一边。范冰冰偷逃税最终被查处，说明这个社会，短线看鱼目混珠，长线来看，还是邪不压正。

“命运”的判断与选择

夕阳无限好，偶像近黄昏。看到人设倒塌的明星多了，我们就可以降低对娱乐圈道德水准的期望值。很多人都在现实中遭遇了这样那样的欺骗，被忽悠的次数多了，也就不再轻易相信天花乱坠的好事。

多年前，一位北大毕业的媒体高管在一次演说中表达了她的担心：我唯一的害怕，是你们已经不相信了——不相信规则能战胜潜规则，不相信学场有别于官场，不相信学术不等于权术，不相信风骨远胜于媚骨。你们或许不相信了，因为追求级别的越来越多，追求真理的越来越少；讲待遇的越来越多，讲理想的越来越少；大官越来越多，大师越来越少。

那么，该反思一下为什么不再相信，这里边到底是选择的窘境还是判断的力不从心？

在阿伦特看来，摆脱生命的平庸和自由的虚无，只有作出判断，只有对公共世界里上演的事件运用我们独立的判断能力，世界对我们来说才具有意义。

没有好的判断，就没有好的生活；没有好的生活，我们将陷于危机之中。不仅是掌握权力的人，还有所有生活在命运共同体当中积极追求良好生活的公民，判断力被视为一种重要的人之能力，人之为人从某种程度上来说，就在于我们会不断反思“何为”与“为何”的问题吧。

阿伦特思想的核心内容是一种对人的意义的追寻，个体作为转瞬即逝的生命载体怎样在对抗必然性的过程中获得永恒。当然，如果我们以整个宇宙作为参照，任何人、事、物都将化为乌有，对于阿伦特来说，更重要的是，我们是否可以通过言说与行动，通过事件与故事建造起一个“永恒”的世界，在这个世界里，人们可以找到向死而生的意义。

在多伦多大学罗纳德·贝纳尔教授看来，判断是人们力求于普遍之中为特殊定位的能力。我们会去判断艺术作品的高雅抑或低俗，美妙抑或丑陋；去判断个人行为明智抑或愚蠢，道德抑或不道德；去判断公共政策周详抑或偏颇，可行抑或徒劳。我们时常需要做出判断，一个人是否能够过一种一般意义上的好生活，都赖于他在每个关键时刻所做的判断是否正确。判断作为一种人类基本能力的哲学之思应当远不止对过去的判断，一个身处现实生活中的个体，无可避免地要对周遭的一切做出判断。

可见，判断比选择重要。假如一个人连“是与非”“合不合法”“道不道德”，都搞不清楚，只知道在阴阳合同上各写多少金额可以避税，在偷多少税会比较不容易被发现等技术问题上做出选择，而完全不会顾及选择的正确与否，这样的选择没有意义。

在范冰冰税事的整个过程中，“判断”自始至终扮演着关键角色，民众乐见范冰冰被查处，因为“判断”告诉我们这种行为就是赤裸裸的违法犯罪。小崔曝光范冰冰的阴阳合同，与大众判断是一致的。唯有范冰冰和她的演艺圈里的朋友失去了“判断”，在依法纳税这个问题上，错误判断了自己可以凌驾于“天理人情与国法”之上，可以超越普通工薪阶层，最后发现，这个“判断”不过是一场误会。

为何所有的投资分析方法都无效？

明眼的人啊，大多是迷茫的，所以需要一个瞎子来为自己指路。写到这里，大爷我忽然有个灵感电光火石般蹦了出来：如果说炒A股真的有个可以永远立于不败之地的投资分析方法，那就是精神胜利法！

2018年国庆长假后第一周，A股市场不仅没有乘着节前因为“外资要来了”而拉出巨大周阳线的东风继续高歌猛进，反而在美股诡异高台跳水的惊吓之下，猝不及防，被动跟跌了近300点。

那些在节前豪迈加仓准备猛干一票的投资者，一下子蒙圈了，刚加完仓就遇大跌，短短几个交易日，市值就“水瓜打狗——不见了一大截”，情何以堪？除了哀叹“时不利兮”，还得冥思苦想接下来怎么整。

其实美股大跌不足为奇，毕竟涨了这么多了，树不能长到天上去，该来的迟早会来。

奇怪的是咱大A，美股大涨经年，我们却踩着三寸金莲跌跌撞撞，十年还在原地踏步，不跟涨也就算了，但也不至于人家一摔跤，咱们就直接奔新低去了。

接下来的悬念在于，美股这回是又是一次假摔还是真的气数已尽？如果美股真的见顶了，咱大A何去何从？

为何没有一种分析方法可以幸免?

市场大跌之后，股民们在网上开始了比惨大赛。某位股民晒出的成绩单是“本金50万，剩余资金26万”，因为亏损幅度尚未过半，被网友们视为赤裸裸的炫耀贴。股民们随后晒出的成绩单，亏损大多在60%以上。尽管股民们晒出的成绩未必完全真实，但也足以说明当前市场的惨烈。

散户的真实“伤亡”情况，也许只有在市场最前线的证券营业部才看得真切。许多营业部老总在交流时谈到，以前觉得2015年是资产缩水速度最快的一年，其实不然，因为当时许多人损失的一部分是账面浮盈，所以信心有所受挫但并没有完全倒塌。此外，打板、连涨、送转、妖股等灰色盈利模式虽然难度有所提高，但是，一年还有一两波吃饭行情。

大家都在反思的一个问题就是：过去是风格轮动明显，有时小票走强大票不动，技术分析派赚钱，基本因素分析派不赚钱，有时蓝筹股走牛而题材股萧条，价值投资派赚钱而技术投机派落寞，但是，2018年的情况是，无论是选择哪种投资方法都很难幸免于难，大小通杀，唯一正确的策略也许是空仓了。

为何做不到空仓或者轻仓？究其原因有七方面：

一是指数的估值和点位已经处于十年低位，所以许多投资者不断加重仓位，结果一跌再跌，自然受伤严重。

二是这轮下跌的驱动力量来自政策、货币、外围、贸易战、美元、美联储加息等自上而下的因素，而许多擅长自下而上精选个股穿越牛熊的散户和专业投资者知识储备不够，被打得措手不及就不意外了。

三是在痛苦的去杠杆过程中扛到现在才爆仓的，往往是最后一批也是最有实力的投资者。有一位营业部老总形容说，2015年那波下跌，是一个1000万的账户加杠杆赚到2个亿，又跌回1000万的过程，但是2018年以来，则是从1000万缓慢跌到200万、100万，最后彻底麻木的过程。

四是许多营业部监控的两融账户，最开始是几十万几百万的补仓，到了最后，都是每隔一天几万几万的补仓，挤牙膏似的感觉，说明实在是没有钱了。

五是有些上市公司股权质押接连出现问题，考虑到表外负债，部分上市公司大股东可能已经沦为负资产，从富翁到负翁，只隔着一次股权质押的距离，让人感慨万端。

六是在监管保持严打高压态势下，追涨停板等趋势交易模式快速失效，许多以前在营业部呼风唤雨的中小游资，今年都玩得异常苦逼，动辄断手断脚，两市交易量快速萎缩说明短线操作机会日益枯竭。

七是许多资管产品户和机构账户，由于亏损严重，大都徘徊在警戒线和清仓线附近，基本上丧失了加仓甚至调仓的能力，变成了事实上的僵尸户。

技术分析法：重要支撑破位如何修复?

2018年10月道指两天跌去将近1400点，与标普500指数双双创下7月份以来收盘新低。纳指较2018年8月29日收盘点位跌去了9.6%，即将进入技术性回调区间。

英国HG研究公司创始人兼首席执行官汉斯·戈迪认为，经过一段时间的大幅上涨，你总会遇到修正期，我认为市场已经与基本面脱轨。然而，也有分析师认为，此轮的暴跌只是市场的重新定价，美国中期选举在即，以及美股跌穿了一些技术支撑面，从而触发了程序自动交易等多种因素。

美国德美利证券交易主管汤姆·怀特认为，良好的经济数据继续显示出更强的消费情况和减税效应。他认为市场下一步动向要看未来的事件，会从接下来的财报季中得到线索。

对于大盘，渣打银行判断，标普500指数距离下一个支撑位还有1.5%的空间，2745和2700是接下来观察的重要位置。“这个支撑位的判断，纯粹是从技术面做的分析。”

很显然，即便是欧美市场的技术分析派也对美股见顶表达了某种程度的担忧，假如最后道指与标普的重要支撑有效破位，美股进入高级别的调整浪就难以避免，这对于全球股市都不是一个好消息。

但是不管美股最终是否会击穿有效支撑线，A股的各主要指数却先破为敬。2018年10月，上证指数跌破2638，已经在近几年新低以下猫了数个交易日了。摆在A股投资者面前的技术面无疑是严峻的。快速修复，夺回2638，是当务之急。假如美股继续下跌，外围股市尤其是港股跟随下跌，那么A股走出独立行情的难度系数不小，有如抓住自己的头发飞上天空。

基本因素分析法：拿什么拯救你，我的老板?

市场对于A股跌跌不休的一个主要困惑在于，目前A股的估值比美股便宜了一半，这么便宜了还在跌，真是让人费解。

2018年10月，A股整体市净率为1.53倍，低于上证指数998点时期的1.63倍以及1664点时期的2.02倍。用市盈率对比，A股加权市盈率为13.61倍，低于998点时期的15.42倍，接近1664点时期的12.85倍。

单从估值水平来看，没有理由不认为这就是历史大底，可是看似已经跌到地板上的股票为啥还会跌进地下室呢？看似黄金比黄铜还便宜了，为啥还有那么多的“傻子”在割肉呢?

尽管A股的估值水平已经处于历史最低水平，但是当时A股的走势和估值水平没有半点关系。在已经屡创新低的情况下还能继续下跌，原因在于，虽然很多股票已经足够便宜，但是投资者却不得不卖，甚至越跌越卖，由此引发了市场的踩踏。

我相信许多投资者跟大爷我一样对2015年股市大跌刻骨铭心，那场危机爆发的导火索，就在于清理场外融资，最终大量融资盘被强行平仓，一场大规模灾难由此引发。而眼下这一轮引发踩踏的力量不是融资盘，而是大股东的股权质押。

随着股价持续下跌，大量质押的股票触发了强制平仓的风险，而且股价越是下跌，质押股票被强制卖出的可能性越大。

据较早前的统计数据显示，截至2018年8月底，正常交易公司中共766家公司股价接近预警线，其中跌破预警线公司共707家，涉及质押市值共4586.22亿元；接近平仓线公司共568家，其中500家公司股价跌破平仓线，涉及质押市值共2993.12亿元。

而股价持续下跌，率先扛不住的，还是中小创上市公司的老板们。据Wind资讯数据显示，2018年1—10月，已有近160家上市公司的大股东签署了股权转让协议，其中22家接盘方均为国资，接盘总市值已超过1330亿元。由此，国资被称为2018年最积极的“买壳人”。

2017年全年共有478位上市公司董事长离职。而2018年前9个月已有386位董事长离职，根据现有股权质押比例和超过平仓线的企业数量，显然后面还会有被迫排队离职的董事长。这种情形如果不加以遏制，两年时间，预计将有超过千位上市公司董事长“离职”，超过A股上市公司数量三成。

这一轮股市下跌，其实是融资渠道不畅导致的流动性危机。长期以来，民营企业面临融资难和融资贵的难题，即使在中国货币政策极其宽松的时候，民营企业的融资问题也难以得到解决，而过去几年的去杠杆，更使得民营企业的融资渠道雪上加霜，民营企业大量质押股权来获得融资，自此埋下祸根，对后来的A股市场造成巨大冲击。

可见，市场已经失灵，陷入恶性循环之中无法自行企稳。如果不能迅速斩断这个恶性循环，无论对于投资者、大股东甚至中国经济都是难以承受之重。

靠市场自己出清将会是一个痛苦漫长的过程，即便是美国这样市场化程度很高的国家，遇到次贷危机的时候，政府仍然会伸出有形之手，对陷入流动性危机的金融企业（雷曼除外）进行救助。

对于目前陷入流动性困境的民营上市公司和控股股东，迫切需要有形之手给予有力支持。

精神胜利法：美股跌出A股机会了？

其实，面对这个二战以来持续时间最长的美股牛市，华尔街从不缺乏冷静的声音，不时有大佬警告，美股牛市将会以一场“史诗级的暴跌告终”。

上周，这部“史诗”貌似拉开帷幕了。面对突如其来的暴跌，一向将股市上涨视为政绩的推特总统坚称：实际上，这是等待已久的（股市）调整。特朗普强调自己不赞成美联储现在的动作，认为美联储在犯错误，把货币政策收得太紧。

为安抚市场投资者情绪，特朗普政府随即发布紧急声明，强调美国经济的基本面仍然强劲。白宫发言人桑德斯在声明中力陈证据，失业率处于50年低位，美国企业、家庭获减税等等，称特朗普的经济政策为持续增长创造了坚实的基础。

孩子都是自己的乖，老美坚信美股只是一个调整，牛市依旧在，几度夕阳红。

面对美股大跌，A股投资者的心态可谓五味杂陈。既拍手称快，又忧心忡忡。按照“人都相信他所希望的”这一心理规律，大家自然相信，美股与A股之间存在一种神秘的跷跷板效应，所以美股说不定会跌出A股的机会呢。

于是，结论就出来了：每一次下跌都是良机。

有这样一句话值得深思，“市场最差的时候就是投资最好的时候”。大潮退去，海底也露出珍珠，一些长期价值投资机会已经显现。

在A股最低迷的时候，分析师认为，A股很多个股已出现跌无可跌的现象，这个时候市场上的投资者基本上都被深度套牢，真正下决心割肉的投资者并不多，所以市场成交量都比较低，等这些市场的利空因素逐步消化之后，可能会迎来反弹的机会。分析师还认为，A股的下跌“一步到位”，跌破2638点之后向下空间不大了。如果后市形成反弹，刚好能够形成双底的走势。2018年外资还是净流入的，上半年流入量超过了2000亿。外资对于A股的看法比国内投资者更加乐观一些，不会像国内投资者这么悲观。

在分析师看来，当时中美两国股市所处的位置并不相同。美股是在见顶之后开始回落的阶段，而A股是在逐步筑底的过程，所以A股的位置是在底部，而美股的位置是在顶部。分析师强调，换个角度来看，美股大跌对A股来说不一定是坏事。虽然短期内影响A股走势，但从中长期来看，美股大跌可能会引发一些外资从美股流出，来布局新兴市场，特别是A股这样位于地板上的市场。另外，美股大跌会从一定程度上让特朗普认识到，贸易摩擦对双方经济都会造成很大的影响，也会造成美股的大跌。而特朗普一直把美股上涨归结于自己的贡献，所以美股的下跌可能也会促使特朗普重新审视贸易政策，从而可能推动中美贸易谈判走向实质性的进展。

听得我热血沸腾，仿佛看到了在美股的废墟中，A股拔地而起，像一支火箭。

然而，历史经验告诉我，不管面对多么铿锵有力的分析，最好还是保持冷静的头脑。因为，从过往的结果来验证，基本因素分析基本无效，技术分析技术失灵，咋办啊？明眼的人啊，大多是迷茫的，所以需要一个瞎子来为自己指路。

写到这里，大爷我忽然有个灵感电光火石般蹦了出来：如果说炒A股真的有个可以永远立于不败之地的投资分析方法，那就是精神胜利法！于是，我相信，跟阿Q学炒股的人，结果会令人震惊。

鲁迅在《阿Q正传》中塑造了这个阿Q形象，把这个人物的精神胜利法称之为阿Q精神。他有着妄自尊大、自轻自贱、欺弱怕强、麻木健忘等性格特征。

阿Q与人家打架吃亏时，心里就想道：“我总算被儿子打了，现在世界真不像样，儿子居然打起老子来了。”于是他也心满意足俨如得胜地回去了。中国人的精神胜利法发明固然很早，后来与异族周旋失败，这方法便被充分地利用。

想到这里，大爷我对鲁迅先生的景仰之情又多了一个太平洋的面积，先生的贡献不啻试图通过呐喊去唤醒沉睡的麻木的大多数人，他还通过对阿Q精神胜利法的淋漓尽致的描绘，为我们揭示了这种普遍存在于“国人魂灵”中的精神“力量”。

这种“力量”依然潜移默化地影响着我们对A股乃至全球股市的认知进化。

权威人士发表讲话之后A股都会迎来一波大行情

这么多年来，A股市场实质上还是一个“资金推动的政策市”，这个市场有一个独特的运行规律，那就是政策底与市场底并不同步，政策顶与市场顶同样存在时差，明明政策见底（顶）了，市场仍然会沿着原来的方向运行一段时间，才会出现折返。

没想到一场A股保卫战，半天时间竟然动用了几乎所有的金融领域权威领导，尤其罕见的是，级别上升到了副总理，市场对来自政策层面的“意外”利好给予了热烈的回应，一根大阳线显示的是对后续各项挺市政策出台的预期，毕竟，比钱更贵的是信心，种种迹象表明，政策底似乎触手可及，市场底是否会接踵而至？

权威人士讲话预示会有一轮大行情

2018年10月14日，时任证监会主席刘士余发出了“春天不远”表态，可惜的是，在极度低迷的市场面前，部分投资者习惯性地“选择性忽视”其中所包含的政策指向。

直到2018年10月19日中午刘鹤副总理发表4000字重磅讲话，人民银行、银保监局、证监会，各大部委一起发声，大盘终于长阳突围。

后市如何演绎，会有大行情出现吗？

其实我们回顾一下历史，就可以找到一些惊人相似之处。

远的不说了，就说2004年，也是一位副总理级别的领导针对中国证券市场发表过两次讲话，第一次是在当年的10月，他强调国家非常重视资本市场的发展，并要求当时的证监会和有关部门抓紧落实“国九条”，紧接着在11月正式考察了深圳交易所，具体谈到要解决股权分置改革制度建设、QFII的引入和设立、印花税调降等大约九点重要改革方向，当时市场开始也是“选择性忽视”的，但几个月以后，中国股市爆发了上证指数从1800点上涨到6125点的壮阔行情！

刘主席这次罕见提到的“春天不远”，结合当时中央各部门开始的密集行动，例如央行降准1%，财政部部长刘昆表示正在准备出台更大规模的减税，预计2018年全年减税1.3万亿，这是同时从货币政策和财政政策双管齐下。这之前深圳率先宣布，将通过国资出资百亿元以上解决深圳市部分上市公司股票质押地雷，这种真金白银的救市措施，也得到了广州和北京国资委的呼应。

此次股市保卫战能够提振信心的原因在于，密集出台的挺市措施找准了A股跌跌不休的病根，对症下药，有望收到“回春”之效。

2018年年初以来，程大爷多次撰文指出，A股的大幅下跌不是估值高低问题，根子在股权质押融资风险问题没有得到及时有效的化解。

这就是股权质押导致的大股东流动性风险与投资者信心崩塌。

当时A股市场几乎是 “无股不押”，超过97%的上市公司存在股票质押，质押公司总数达3466家，整体质押市值规模达到4.92万亿元，其中质押比例超过30%的公司有764家，超过50%的公司约150家，部分公司质押比例甚至达到70%～80%，而大股东质押比率超过90%以上的公司超过470家。

股票质押融资自2014年跑步前进，2015年大幅冲高，2016年达到顶峰，2017年之后骑虎难下。根据当时测算，如果不以雷霆手段断然措施加以应对，2018年四季度，A股市场的股票质押风险将迎来集中爆发期。

此次各大金融高层领导无一例外提到了要及时处置股权质押融资风险，相关措施意在切断股东流动性风险与投资者信心之间的负反馈链，多措并举，恢复市场信心。

未来A股走势肯定还有一些反反复复，但历史给我们的启示就是，一定要警惕“选择性忽视”，因为那只是个人情绪化的偏见。

政策底与市场底之间为何会有“时差”？

这么多年来，A股市场实质上还是一个“资金推动的政策市”，这个市场有一个独特的运行规律，那就是政策底与市场底并不同步，政策顶与市场顶同样存在时差，明明政策见底（顶）了，市场仍然会沿着原来的方向运行一段时间，才会出现折返。

政策底与市场底为什么会有时间差？我想可以从政策面、市场趋势和投资者心理预期三个方面寻找答案：

首先，从高层领导提出政策目标，到制定、发布具体政策，再到政策实施，有一个逐步落实的过程，而我们说的政策底，往往是领导人发表看好言论或者提出政策目标的时点，而并非后续政策见效的时点。

其次，市场底部的形成、趋势的扭转，往往表现为急跌、缓跌、震荡再到低点逐渐抬高的过程，少有V形反转。在A股市场规模还比较小的早期阶段，V形反转比较常见，而目前市值达到几十万亿，从资金进场到趋势反转，需要时间消化。

最后，从心理预期看，在政策底已现，而市场底未知的阶段，市场心理是最复杂的，充满了纠结、犹豫、焦灼等各种情绪。这些情绪是由哪些因素造成的呢？

查理·芒格在《穷查理宝典》中总结了人类误判心理学，列举了25种心理倾向。仔细分析A股市场，我们至少可以看到以下几个心理倾向：

一是塔西佗陷阱。在券商中国第161期“程大爷论市”中曾提到过，在塔西佗所著的《塔西佗历史》一书中，他在评价一位罗马帝国领导时说：“一旦这位帝国领导成了人们憎恨的对象，他做的好事和坏事就同样会引起人们对他的厌恶。”

这与芒格说的“讨厌/憎恨倾向”有点相似，当政府部门或某一组织失去公信力时，无论说什么，公众的反应就是“我不相信”。

二是“社会认同倾向”（芒格观点），也就是从众倾向。在下跌的过程中，看空是安全的，看多则需要勇气，跟风骂管理层是安全的，认同管理层则显得另类。在这样的氛围中，保持冷静和独立思考显得格外可贵。

三是惯性思维。下跌见底往往是心理从悲观到绝望的过程，对利空敏感，对利好麻木，即便有少数敏感的人，声音也极其微弱。

查理·芒格在《穷查理宝典》中讲到一个他自己发明的词——“lollapalooza”倾向。我特地在网上查了辞典，这个英文单词本意是“非常出色的人或物”。1995年美国音乐家约翰·亚当斯根据这个词的节奏创作了同名短篇作品，后来还成为一个音乐节的名字。芒格为什么借用这个词无法考证，他解释说“lollapalooza”倾向是“数种心理倾向共同作用造成极端后果的倾向”，可能他想表达的是，“各种心理倾向的相互影响及复合作用”，会造成一个非常超出预期的结果，而这个效应，是“被心理学教科书忽视”的。2018年10月，沪指连续无量空跌，击穿2500点，恐怕就是这种综合效应造成极端后果的体现。

市场心理从绝望转为看到希望，还需要市场走势的验证和证实，心理预期的调整也需要时间慢慢修复。

正是以上这些因素，导致了政策底与市场底产生时滞。

比钱更贵的是信心

搞不清是因为时至深秋气温骤降，还是因为股市迭创新低寒意袭人，反正最近资本市场里的人都特别多愁善感，大家见面了不是谈人生就是谈病痛，再不就是无尽的往事如IPO堰塞湖一般堵在心里，用沉默等待下一次宣泄。

有散户说，假如人生可以重来，一定不会炒股了。有基金经理说，假如国庆长假前不加仓就好了。有上市老板说，如果有来生，一定不会搞股权质押融资……

多事之秋嘛，现实有些残酷，未来烟雨蒙蒙，于是，大家感觉都成了时间的浪子，游荡在曾经沧海的旧梦里，总在幻想，有一架可以穿越时空的机器载着我们，随心所欲地将时间倒带，将生活重启。

然而，生活没有如果，股市也没法“倒带”，哪怕踩着荆棘也只有一路向前。

韦伯曾说：政治是对硬木强劲而缓慢的击打……所有的历史经验都证实一点，除非一个人试图抵达“不可能的世界”，他将无法实现“可能的世界”。

理性的人所坚守的，或许正是这种在“不可能”面前不断开拓“可能”的勇气。

罗胖在《时间的朋友》中分享了这样一个故事：一位73岁的老人，被自己的经纪人骗光了所有的财产。当有人问他以后怎么办时，他说，我背上吉他，继续唱歌。

这个人就是莱昂纳德·科恩。

有意思的是，那个活得像个孩子似的傻根王宝强遭遇了科恩相同的骗子，他也是被自己的经纪人骗了，比科恩更惨的是，宝宝的经纪人不仅骗走了他的钱，还骗走了他的老婆。他没有选择宽恕，而是一边拍戏一边打官司，最终将经纪人宋喆送进了监狱，判了六年，侵占的财产全部被追回，遗憾的是，老婆看来是追不回来了。

我讲到科恩和王宝强的故事，本来没有什么暗示性，但是，一定会有人敏感地联想到A股股民。

确实，这十年来，他们所遭遇的，与科恩和王宝强有某种相似之处。不同的是，钱被“骗”了，他们既无从宽恕，也无处追讨，因为根本找不到那个“骗子”，如果一定要去追问“他是谁”，我也只能轻轻地告诉你，那个“骗子”名字叫作——“时间”。

莱昂纳德·科恩在《颂歌》中唱道：忘却你那完美的献奉，万物皆有隙缝，那是光照进来的地方。歌词带点疗愈的色彩，抚慰了不少人的心灵，陪伴很多人度过艰难的时光。它让我们学会换个角度看待问题，将自己所面临的挫折转变成一种向前迈进的动力 。

科恩选择宽恕并且继续前行，王宝强选择追讨并继续保持孩子般的笑容，好像从来没有受过伤害一样。他们都没有因为对人性的失望而停下来，而是全情投入，与时间同行，努力成为时间的朋友。我们没理由选择放弃！假如我们不去试图抵达那个“不可能的世界”——完美的投资，也将无法实现“可能的世界”——理性的投资。

世间的人和事，没有一样是完美无瑕的。在缺憾、失意、挫折、困苦、磨难的种种缝隙里，有人一蹶不振，满脸颓然，轰然沦陷；有人则愈挫愈勇，生命不息，奋斗不已，即便身处黑夜，仍然从裂缝里看见了遥远的星光。

记住加西亚·马尔克斯的话：生活不是我们活过的日子，而是我们记住的日子。

记住，还有明天！

牛市是政策底、估值底、情绪底、市场底和宏观底的五底重叠

一位资管行业的大咖与我讨论牛市出现的条件时说，那将是政策底、估值底、情绪底、市场底，然后是宏观底（盈利底）“五底”重叠的产物，所以决定性的市场底将是5年甚至10年一遇，市场底一般会领先宏观底3个月至半年到来。

有一个值得A股投资者记住的日子。因为就在这一天，我大A多年来与美股之间“跟跌不跟涨”的畸形关系得到了一次矫正。隔夜美股暴跌，A股无所畏惧，沪指强势飘红，收复2600点大关。有人甚至用“独立日”这样一个高逼格的词语来为这一天喝彩。

确实，大家等待这一天等得太久了。

以前，“美A”关系简而言之就是“吃肉没份，挨打有份”，美股大涨A股不涨，美股小跌A股大跌，搞得A股像是没娘的孩子——只剩爹（跌）。这种感觉简直太让我大A股民憋屈了。

虽然不能以一天的涨跌来确认美A关系从今往后就“你跌你的，我涨我的”、吃肉挨打各不相干这种风马牛关系，但是，从0到1还是值得表扬的，说不定我大A再努力一下，从1到100的机会没准就有了。

有一天美股大幅反弹，第二天我大A果断不跟随美股上涨，全天低位震荡，尾盘拉升，拒不翻红，最终以可控的极微小跌幅收盘，迈出了特立独行从1到2的又一步。

A股终于“站起来”了吗?

A股能不能站起来，何时站直了别趴下，取决于多重因素。只看到一个因素，显然是无法理解2018年A股的激烈下跌的。

如果只看估值，那么估值显然早就见底了，但12倍的平均市盈率之下仍然出现恐慌性杀跌，让人无语。原因在于A股在3000点以下的下跌跟估值没有什么关系，跟股权质押造成的“戴维斯双杀效应”有关，它让大股东资金链断裂同时也让投资者信心倒塌，这才是真正的原因。所以，仅有估值底，市场底是不会来的。

政策底的来临是以权威人士讲话为标志的，并用随后推出的一系列挺市措施来夯实，所以，当市场深陷股权质押这样的危机中时，缺少“有形之手”的干预是不可能化解的，美国的次贷危机也是有形之手的直接干预才得以平息。

政策底出现后，市场底何时出现？从历史经验来看，需要一定的时间，特别悲观的人甚至认为政策底一般出现在半山腰。不过，这两个底之间的时差长短，取决于“情绪底”何时见到。

情绪底有这么几个特征：

第一，是对利空开始麻木。

第二，是对利好开始敏感。

第三，是上涨放量回调缩量。

市场见底也有三大特征：

第一，挺市政策从点到面持续出台。

第二，恐慌情绪呈现明显的边际效应递减。

第三，中长线技术指标得到有效修复。

可见，市场底其实是估值底、政策底与情绪底的叠加。

A股脱离与美股之间“跟跌不跟涨”的魔咒，是情绪见底的一个标志，假如今后A股“特立独行”不是一天两天，而是成为一种常态，那么A股情绪底就可以得到验证。

有一位资管行业的大咖与我讨论牛市出现的条件时说，那将是政策底、估值底、情绪底、市场底，然后是宏观底（盈利底）“五底”重叠的产物，所以决定性的市场底将是5年甚至10年一遇。

这位大咖表示，目前来看，悲观的是，A股的宏观底（盈利底）还有点远；乐观的是，市场底一般会领先宏观底3个月至半年到来。

还是那句老话，行情在绝望中产生，在犹豫中发展，在疯狂中死亡。也可以说，真正的市场底不会是敲锣打鼓地走来，而是蹑手蹑脚地来，不是光天化日之下走来，而是摸黑走过来的，等到天亮了，所有的人都知道是底了的时候，市场其实早已远离了底部。

美股要走“下跌三段式”？

美股从基本面来看，加息是下跌的一个触发因素，举债速度不减和赤字继续增加是长期隐患，但是，美国GDP的表现依然强劲，从这个角度看，基本面似乎并不支持美股就此见顶。

如果绕到技术面去观察，美股见顶（至少是阶段性顶部）的特征却比较明显。

从日线级别的技术形态看，美股三大指数均线系统全部处于空头排列，高位死叉，难以修复。以波浪理论的数浪规则，可以比较清晰地看到一个经典的“下跌三段式”：经历A浪下跌，B浪反弹，当时似乎看到，一个凶险的C浪开始运行。

道琼斯指数2018年10月初首次跌破半年线（25358点），并惯性触摸到年线（24955点），月中重回半年线向60天线反抽失败，再次一举击穿半年线与年线，导致技术面完全破位，目前进入C浪，若以A浪的1.618倍（黄金分割率）测算量度跌幅，即便只是阶段性调整行情，道指的下跌第一目标位可以看到22500点附近。

纳斯达克指数的技术面较道指更为悲观。2018年10月初就跌破年线（7390点），10月中旬反抽半年线（7722点），月中第二次跌破年线，呈现典型的“下跌—反抽—下跌”三浪特征，按照A浪1.618倍计算量度跌幅，纳指的第一下跌目标位可能在6300点左右。

标普500指数的技术面与纳指相似，也是10月初跌破年线（2742点）之后，月中向半年线（2807点）反抽，后来再次跌破年线，依据A浪1.618倍计量度跌幅，下跌目标位指向2400点一带。

看看美股的周K线，感觉大概率也是要见顶了。三大指数全面击穿60周线，道指破24649，纳指破7273，标普500破2713，都是周线级别的技术破位。如果不能得到有效修复，那美股的问题就大了。

A股要走“上升三段式”？

美股是不是见顶还有悬念，然而与美股关联度极大的港股恒生指数从2018年年初的3348点最高点开始，一路下跌，不仅早就跌破年线，而且跌去了9000点，累计跌幅接近30%。即便如此，当时AH股溢价率仍然高达125.8%，这对于近两年涨幅较大的蓝筹股来说，是一个不小的考验。

美股继续下跌，必然会对港股造成冲击，给A股探底之旅增加了很大的不确定性。

当时最大的悬念在于：A股在多大程度上会受到美股见顶的影响？没有跟涨过的A股，未来是不是还会重返继续跟跌的老路？当时出现的“跷跷板效应”，是不是预示美股将会跌出A股机会？

2018年年初以来，港股不断刷新年内新低，应该是受到了美股暴跌与A股剧烈震荡的双重压力。我们应该清醒地认识到，对港股走向起决定性作用的外部因素还是美国股市，美股见顶一旦成为事实，势必对港股形成挤压，H股板块受到的影响会更大一些。从这个角度看，当时蓝筹板块出现了明显分化，2018年以来比较抗跌的高端白酒等蓝筹品种出现了补跌，而当时表现最强劲的券商板块恰好是近两年来蓝筹股中表现最差的品种。

那么，美股见顶影响比较大的还是近两年来跟随美股和港股大涨过一轮的蓝筹板块，对于跌幅巨大与估值合理甚至低估的中小创中的优质品种，反而是一个机会。

这可以部分解释为什么美股暴跌，A股走势却相对平稳的原因。政策底之后，中小创跌无可跌，处于反弹蓄势状态，前期超跌的蓝筹板块如券商股开始见底回升，上证指数与深成指双双收出放量周阳线，比较有力地化解了市场的悲观情绪。

尽管基本面仍然令人纠结，但是A股在技术面却出现了诸多让人惊喜的变化。

从技术指标来看，包括上证指数、深成指、中小板与创业板在内的主要指数都发出了多重看多买入信号，当时程大爷划了两个重点：

第一个重点，主要指数的日线MACD出现了金叉买入信号。

第二个重点，主要指数的周线摆动指标——RSI在超卖区（20）附近全部出现“底背离”。由于周线级别的RSI底背离是一种强烈的看涨信号，尤其是在超卖区出现，意义更加重大。我专门浏览了一下历史数据，这样的技术面情形，近10年来大约出现过4次（不一定精确）：第1次是在2008年年底，第2次是在2010年6月，第3次是2012年年底，第4次出现在2018年10月底，这也是最近6年来的首次，所以，尤其值得投资者重视。

从2018年春节后两周来的走势图看，上证创出2449.20点后，快速反弹至2675点，随后回调至2531点，然后回稳，展开反弹，短线有望走出“上涨—下跌—上涨”这样一个上升三段式反弹浪型结构来。

中小创是资本市场的活力之源

生活中的有些事情需要眼见为实，有些东西，则需要先相信后看见。机会来了，相信才会伸手去抓牢。不相信，只能坐视机会擦肩而过。

有人的地方就有江湖，有江湖的地方就有恩怨，要了断这些恩怨，便少不了酒和武侠，“朋友来了有好酒，要是那豺狼来了，迎接他的有猎枪”。如此说来，茅台跌停与金庸去世，都是江湖上的大事。

A股迎来历史性的时刻，这一天，一面标志性旗帜倒下了，茅台“一字板”跌停，这在茅台上市17年来从未有过。虽然随后它又乘着大盘强劲反弹的东风，基本上收复了失地，但是，茅台的这个一字跌停还是让人心有余悸，总觉得是一个不祥之兆。

茅台跌停那天，大爷我在朋友圈发出感叹：茅台把自己的跌停处女秀献给了今天。

茅台跌停板第二天，武侠小说家金庸老先生去世了。有人感叹，茅台跌停了，“价值投资”的旗帜倒了。可是，他们忘记了，还有“两桶油”呢。“金庸去了，青春没了！”这是啥话呀？感觉是金庸夺走了你的青春似的。若干年后，90后会不会感叹“王者荣耀下架了，青春没有了”呢？

说实话，我对白酒没大好感，这么多年来目睹酒后乱性的丑态多了，觉得酗酒实在是一种自虐行为。每遇饭局迫不得已要喝一点，也很少喝茅台，太贵了，以前喝不起，现在更加喝不起了。

也不怕人笑话，我对武侠小说也没多大兴趣。上大学的时候，看到周围的小伙伴们读得入迷，我也在地摊上买了几本盗版，胡乱读了一遍，由于盗版的错别字太多，也就算是草率地窥见江湖夜雨儿女情长的一点点背影。武侠的世界，毕竟离我的现实生活过于遥远，还是按时完成作业搞定考试找份工资高一点的好工作更要紧。再说吧，像我这样的凡夫俗子，跟这个世界也没啥血海深仇，与生活的恩怨还停留在吃饱饭后想吃口肉的马斯洛需求理论的第一层次，既没有一个大仇人可恶得需要我去拜师学艺、习得武林绝活然后拳打脚踢报仇雪耻，也没修炼到满世界行侠仗义“路见不平一声吼该出手时就出手”的大侠境界，所以，我不迷恋武侠小说，对金庸无感。

仔细想想，大爷我终日躲在小河汊钓鱼摸虾，自知这点三脚猫功夫扛不住江湖的大风大浪，所以，严格意义上说，还真是没正儿八经地闯荡过江湖，更谈不上“笑傲”。经常困惑，一个既不喝茅台又不看金庸的人是不是不该干证券这一行当？

没想到，茅台跌停那天，A股“江湖”上竟然会冒出程大爷的一小段传说——

一位上市公司董事长在他的朋友圈再次分享了“程大爷论市”关于茅台的三篇文章，得到了老板圈里一大片点赞与热烈评论，有一条评论“吹捧”程大爷是“先知”，一年前的文章就预见了茅台今天跌停的必然；另一条则表扬程大爷乃“业界良心”，把这两年来围绕茅台酒与茅台股价的许多不正常现象条分缕析，去伪存真，提示爆炒茅台的危害与风险，在一片“茅台马上要上2000”的叫嚣声中“不合时宜”地表达了严重质疑。

我当然知道自己并非“先知”，也无意去戴“业界良心”这顶绿帽。我相信，要看清A股市场的诸多问题，并不需要高深的专业知识，很多时候仅仅只需要常识。分析师不要有“首席”包袱，散户也没必要有“专家”迷信，常识就是一把菜刀，挥起来笨手笨脚，姿势没法跟金庸笔下的武林高手比帅，但是，不看姿势看疗效，能砍瓜切菜的刀总比那些中看不中用的花拳绣腿要好使。

爆炒茅台是把价值投资往沟里带

贵州茅台自从2001年8月7日上市以来，一直是价值投资的一面旗帜，历经2008年金融危机，白酒行业塑化剂危机，2015年股市大跌，2016年年初熔断，都金枪不倒，从未跌停（2013年9月2日触及151.90跌停板位置，收盘破板，报151.92，跌9.99%），但是这个“活菩萨”却在2018年10月底摔了一个大跟头。

正是从2016年开始，贵州茅台从不到200元的价格一路上涨至2018年年中的近800元，在很多小盘股下跌的“哭爹喊娘”的两年多之内，股价翻了近4倍。

2年多涨幅近4倍，这还是“价值投资”股的表现吗？怎么看都更像是成长股啊。

不可否认，在A股市场，茅台是一家盈利能力超级强大的上市公司，长期持有茅台股票的投资者都获得了远超大盘的收益。

但是，从2017年下半年开始，茅台酒与茅台股票突然飞涨，酒价与股价相互推动，作为一家市值已经堪称巨无霸的酒企，市值半年翻倍，超过万亿，在如此之短的时间内获得如此巨大的涨幅，绝非行业与企业基本面的变化因素推动的，资金扎堆抱团炒作的迹象已经很明显了。

股价越涨，茅台越是被神话，而基金们一边面临监管层对炒作小盘股的严格监管，一边又受制于最低持仓规定，只能在熊市中抱团取暖，扎堆进入以茅台为代表的大盘蓝筹股当中。

茅台股价被炒得疯狂，市场情绪日趋非理性，对茅台的吹捧却如烈火烹油。作为专业人士的行业分析师本来应该比散户要理智一点，但是他们出于各自目的，在股价短期已经翻倍的情况下，不是去主动提示风险，而是不断调高目标价，股价在300的时候目标价定在500，没想到很快就到500了，就把目标价调高到600，600到了就调到800、1200、2000。他们的逻辑很有趣，茅台股价越涨越低估，所以越是需要更大力度地调升目标价。

这是价值投资还是一个局呢？一个“酒局”？

翻开茅台股价的K线图，你就会发现这个“抗跌神器”从来没有出现过2017年这样的疯狂走势，特别是在A股市场整体低迷的大环境之下，这样的走势尤为刺眼。

放眼望去，全世界都没有一个股市的大旗是交给一家酒企的，看看美国这个全球最大经济体，消费能力最强，也没听说卖保健品、卖酒的企业成了风向标，排在前边的都是苹果、谷歌、微软、亚马逊等科技与互联网公司。其他成熟市场同样是以科技与先进制造业为引擎。茅台市值破万亿，远超全球奢侈品第一品牌路易威登，也被分析师喝彩，没有人质疑它的合理性何在。

股市反映的是一个国家发展质量的成色，作为世界第二大经济体的A股市场，竟然让一款白酒长期占据C位，被视作价值投资标杆，这肯定不是什么好事。

烈酒与烟草、赌博和毒品并称为世界四大瘾品，这些东西当然是暴利行业，但是它们再怎么赚钱也成不了伟大的企业，也无法赢得人们的尊重，因为它们的发展壮大不可能让人类的生活变得更加美好，只能变得更糟。

这是一把软标尺。

价值投资的旗帜应该由能让人类生活变得更加美好的“伟大公司”来扛才有正确的导向意义，否则，我们的股市永远只能看到“喝酒、吃药、炒房”这样的价值投资，年复一年，离优化资源配置的功能越来越远。

该是时候改变这种局面了！市场呼唤有质量的科技创新公司来挽回投资者的信心，假如未来茅台还在扛旗，只能意味着A股上市公司的质量继续堪忧，漂亮50的成色确实不足。

走下神坛的茅台才更接近真实的自己，茅台终究是用来喝的，不是用来炒的。从这个意义上说，茅台股价步入回归理性之路，并不是蓝筹板块不幸之开端，反而是A股命运向上的转折点。

投资什么样的行业与公司，也就意味着你在为这个行业与公司所代表的文化与价值观投票。从工具理性的角度考虑，什么公司最赚钱我就投什么公司，但是，从价值理性的角度出发，这个公司或者行业为社会创造了什么产品、带来了美好的东西还是有害的东西，也是一个重要的标准。

幼儿被长生生物之类的假疫苗害了，中小学生被王者荣耀这样的爆款游戏害了，成年人的健康被抽烟喝酒给害了，社会风气被天价烟酒这样的奢侈品给搞得浮躁、虚荣、奢靡……这都不是人们想看到的。谁都不希望我们的世界变得越来越丑，而是希望每天变好一点点。

价值投机与主题投机实质是一回事

A股市场长期习惯以大票还是小票来划分投资与投机，炒大票被认为是一种价值投资，炒小票被认为是一种主题或者趋势投机。

蓝筹股的投机炒作被认为是价值重估，怎么涨都没有人怀疑它的合理性。比如，同一只建设银行，AH股溢价率一度高达30%以上，中信银行AH股溢价率竟然一度高达40%以上，都没有人怀疑这还是不是价值投资？

遗憾的是，大票炒起来，疯狂的程度一点不逊色于小票，一般来说，大票的主升浪同样也是由“主题”或者“趋势”因素驱动的。至于价值投资者会长期持有看好的蓝筹股的说法，似乎也经不起统计数据的检验。

有天看到曹山石的微博，说的是茅台董秘的一番感慨：自1999年担任董秘至今，我手上的数据，持续持有三年以上的机构投资者真是寥若晨星啊。所谓炒茅台就是价值投资之说，在这个“持有三年以上者寥若晨星”面前，似乎不攻自破。机构投资者都没有长期持有，个人投资者持有三年以上的能有多少？

自2017年以来，言必称价值投资，必谈巴菲特、芒格的人确实不少。但2018年以来被腾讯、茅台股价大跌吓跑的人也不在少数。那些打着价值投资的旗帜猛炒大盘蓝筹股的机构，其实只是把投机割韭菜的战场从小票切换到了大票、从单打独斗到抱团取暖而已。

基金在2016—2017年这两年的抱团取暖，也是很多大盘蓝筹最近两年多大幅上涨的重要原因。

但从2018年年初以来，大盘蓝筹股开始转头向下，上证指数从年初最高的3587点跌到了最低2449点，奇怪的是，指数越低，“价值投资”的信仰动摇得越彻底。

大盘蓝筹股从被机构“抢着买”到“比谁跑得快”之间可能就差那么几天的时间，股价越是下跌，机构为了避免浮亏加大，都争相将资金从大蓝筹中陆续撤出。迟早有一天，机构的跑路轮到了以茅台为代表的白酒股，因为，大家玩的都还是趋势投资或者价值投机而已。

茅台的跌停，很多人认为是一些别的原因，比如当时的基本医疗卫生与健康促进法草案中有“禁止向未成年人出售烟酒”的规定，增加了“国家加强对公民过量饮酒危害的宣传教育”的表述。

茅台2018年三季报业绩增速放缓也是一个原因，其背后是奢侈消费的放缓，这些都是经济大环境的影响。

以程大爷之见，不用把问题搞得太复杂，根子上的原因还是2017年以来股价涨得太急，涨幅太大，“树不能长到天上去”，涨过头了，就有很强的补跌要求。

当机构们抱团取暖，把“价值投资”炒成了“价值投机”，茅台的下跌其实已经注定，只是时间早晚。不过，茅台以“一字跌停板”这种近乎决绝的方式来表达下跌的愿望，还是超出了市场参与者的想象。

大股票小股票都一样，风险是涨出来的，机会是跌出来的。分析师越是对高高在上的股票大喊价值投资，投资者越是要高度警惕，小心成了价值投资口号的接盘侠。

投资最难的是保持独立思考的习惯，不要完全被市场情绪所左右，市场越疯狂，越是需要冷静。冷静地看待市场，冷静地看待公司，冷静地看待“专家”们的观点。投资最简单的恰恰是分析方法，大道至简，不要被花拳绣腿吓到了，你手上的菜刀，其实就够用了。

这个市场有一个屡试不爽的规律，那就是，一致性预期很少兑现。一只股票“好”得没人说不是，那就要做好它随时可能变“坏”的准备，比如茅台；反过来说，一个板块“坏”得无人问津的时候，那就是动身去淘金的最好时机，比如说中小创。

中小创将是资本市场的活力之源

A股市场，无论是机构投资者还是中小散户，有一个共通的问题：最该谈风险的时候在谈机会，最该谈机会的时候却在谈风险。有什么样的投资者就有什么样的股市，一个盲目蠢动的投资者群体不大可能塑造出一个成熟的股市来。

无论我们怎样热切期待投资者理性思维尽快养成、期待价值投资理念得以普及，然而，我们还是必须面对A股市场“资金推动的政策市”这一鲜明特性多年来并未有根本性改变这个客观现实，这就是“投资A股一定要讲政治”“炒股要听dang的话”的缘由。“政策底”的信号不可忽视，直白一点说，权威人士出来讲话了，后边必定会配套一系列有利于股市做多的有力政策措施出台，这些政策的落实会带来巨大的增量资金入市，这就是政策底后会出现市场底的基本逻辑。

2018年四季度密集出台的重磅政策大多指向解决民营企业与民营企业家融资难融资贵的问题，加上刘鹤副总理4000字长文，表达了对民营企业的坚定支持态度和解决股权质押危机的决心。

习近平总书记2018年11月1日在京主持召开民营企业座谈会表示，民营经济是我国经济制度的内在要素，民营企业和民营企业家是我们自己人。在我国经济发展进程中，要不断为民营经济营造更好发展环境，帮助民营经济解决发展中的困难，变压力为动力，让民营经济创新源泉充分涌流，让民营经济创造活力充分迸发。这等于是顶层为民营经济的历史地位定调，给民营企业家派“定心丸”，对稳定资本市场的意义毋庸置疑。

中小板和创业板集中了中国民营企业中最具活力的一批上市公司，也是股权质押风险积聚之地。从2015年开始，中小创持续下跌了三年多，创业板指数从最高4037点开始下跌，最低跌到1184点，跌掉了70%，这其中固然有过度投机、估值偏高的问题，也有交易不顺畅的掣肘因素，最具有杀伤力的因素还是股权质押危机导致的股东资金链断裂以及由此带来的投资者信心受挫，最终导致股价与质押风险的恶性循环。

诚然，A股市场长期以来存在过度投机的问题，炒小炒差炒新，资金扎堆小市值公司，主题投机大行其道，大盘蓝筹股反而备受冷落，重题材不重质量的现象较为突出。

让投资者关注的重点回到上市公司基本面，回到高品质的上市公司，这个愿望是非常美好的。但是，价值投资如何定义？哪些公司是高品质的优质公司？价值投资与上市公司所在行业与市值规模是否有关系？这些都是充满争议的问题。

这两年来，机构投资者抓大放小的思路比较清晰，蓝筹股被认为是价值投资的必然标的，而中小创被认为是投机行为的集中营，需要严厉看管。

结果就是以茅台为代表的极少数大盘股被贴上价值投资的标签，要怎么炒就怎么炒，反正没有人想到它的股价也会被操纵，于是，“价值投机”大行其道，并且被当作一种风尚。

反观中小创，则不断被边缘化了。有位券商首席经济学家甚至把“黑五类”这样一个明显带有歧视性的帽子戴到了中小创的头上。由于再融资渠道不畅，重组不畅，减持新规导致股东减持行为受限，中小创公司大股东唯一的办法就是通过股权质押获取资金，加上更加严厉的监管措施导致游资纷纷离场，流动性危机爆发。

为了改变市场日益扭曲的现状，金融监管部门密集出台政策稳定市场预期。2018年10月30日，证监会就罕见盘中声明，表示要提升上市公司质量，创造条件鼓励上市公司开展回购和并购重组。优化交易监管，减少交易阻力，增强市场流动性，减少对交易环节的不必要干预，让市场对监管有明确预期。鼓励价值投资，发挥保险、社保、各类证券投资基金和资管产品等机构投资者的作用，引导更多增量中长期资金进入市场等。

2018年第四季度中央政治局召开会议指出，围绕资本市场改革，加强制度建设，激发市场活力，促进资本市场长期健康发展。这充分体现了政策管理层对资本市场的呵护与期待，有助于资本市场的发展和活力，具有重要的指示意义。

政治局会议再次强调激发资本市场活力，不少市场人士分析，这意味着此前对二级市场交易环节从严监管的格局或有所调整，让一些合法合规的资金入场，为市场提供活跃度，减少行政性的窗口指导与干预，提振市场情绪和风险偏好。

上交所2018年11月2日表示，在交易、会员管理、产品创新等环节，认真梳理业务流程，废止不必要的监管要求，研究出台便利各类机构开展沪市上市公司投资活动措施。配合有关方面，推动降低机构投资者投资成本、财务成本乃至税收成本。

2018年11月2日证监会新闻发布会透露，会党委已向系统各单位、各部门党委（支部）发出通知，要求迅速组织学习习近平在民营企业座谈会上的重要讲话，深刻领会讲话的精神实质、丰富内涵和实践要求，结合资本市场支持民营企业发展的重要职责和功能作用，结合本辖区民营企业发展现状和面临的问题，特别是针对当前民营企业在融资、股权质押平仓风险等方面的问题，深入研究提出支持民营企业发展的具体措施。在优化监管制度、拓宽股权债权融资渠道、营造公平竞争环境、完善政策执行方式等方面进一步加大工作力度，切实支持民营企业发展壮大。

如果说创业板在3000点下跌是估值过高惹的祸，在2000点下跌是股权质押造成的流动性匮乏惹的祸，那么，跌到1000多点了还在加速下跌，只能说是市场参与各方信心崩溃惹的祸了。

只要各项政策落实到位了，投资者的信心恢复了，压在中小创身上的负面情绪自然一扫而光，中小创就有机会成为A股市场的活力之源。如果说中小创的机会是跌出来的，那么一个已经从最高点跌去了70%的板块，反弹起来的力量与空间就不容小觑。

当然，信心这个东西，掉下去快，恢复起来慢，与“病来如山倒，病去如抽丝”同理。但是，你不一定非要看见桃花朵朵开了才去相信春天来了。冰雪消融，春寒料峭，草色遥看近却无的时候，你就该相信春天正在来的路上。

忽然想起佛学大师喜饶嘉措曾和一位伟人那一段妙趣横生的对话。

伟人：佛教说人有轮回，怎样才能让人相信呢？

大师：今天你能看见明天的太阳吗？

伟人：看不见。

大师：那你相信明天会有太阳吗？

伟人笑着说：我明白了！

生活中的有些事情需要眼见为实，有些东西，则需要先相信后看见。机会来了，相信才会伸手去抓牢。不相信，只能坐视机会擦肩而过。

如何保卫你的信用账户？

融资客们的情绪并没有跟市场保持同步，两融陷入“围城”之惑——在里面的想出来，在外面的想进去，有点像钱钟书小说中的婚姻。

习惯性地每天都要看一下两融余额，结果发现，相比2018年四季度A股市场剧烈波动的行情，两融余额竟然出奇地波澜不惊，每天基本上维持在7700亿左右，也就是说，融资客们的情绪并没有跟市场保持同步，两融陷入“围城”之惑——在里面的想出来，在外面的想进去，有点像钱钟书小说中的婚姻。

《禅与摩托车维修艺术》这本书中有一句话写得非常好：当你想快速结束某件事情的时候，那往往意味着，你并不是很喜欢它。

2018年下半年以来，对于A股市场的融资融券客户来说，“快速结束”信用账户里的持仓似乎是一种普遍心态，在持续了大半年的疲弱行情中，融资客的焦灼是显而易见的，这从连续数月的两融余额下滑可见一斑。

由于融券规模太小，无法满足对冲下跌风险的需求，所以，所谓两融业务，其实主要是指融资业务。

“不是我不明白，是这世界变化快”，由于支持A股的各项强力政策频频推出，市场的政策底已经清晰可见，从政策底到市场底或许会有一段距离，但是，多种信号显示A股处于“风险报酬比”值得投资的区域。原有融资客的焦虑情绪有所缓解，之前想“快速结束”的人现在似乎不再急于割肉，而新入市的两融客户也开始跃跃欲试。

两融业务又一次走到了风险与收益之间某个即将来临的转折点上，玩还是不玩？怎么玩才能避免爆仓的噩梦？这是一个让投资者颇为纠结的问题。

融资客多困于“鸵鸟心态”

两融确实是一把双刃剑，玩得好可以加倍放大盈利，玩得不好，老本都可能搭进去。

自两融业务开展以来，程大爷我在经纪业务一线观察到的情况可以用冰火两重天来概括。同样是两融客户，牛市来时皆大欢喜，个个赚得盆满钵满。熊市一到，差别就来了，有的没几天搞得弹尽粮绝，有的则继续如鱼得水，处境天壤之别，就像“幸福的婚姻都是相似的，不幸的婚姻各有各的不幸”一样。

从2018年第四季度营业部两融客户的结构来看，在做两融的从几千块到几千万的客户都有。有人可能会纳闷，几千块钱的客户怎么可以开信用账户呢？因为人家以前也是100万左右大户哦，经历的暴跌多了，慢慢就变成了小散，只是始终怀抱一“颗”大户的鸿鹄之志。

从融资的结构上看，有个营业部负责人对客户做了一个粗略的统计，得到一组非常有参考价值的数据：在负债超过自有资产2倍的客户中，100万以下的小客户占比97.8%；负债与自有资产的比例超过1倍，但小于2倍的客户中，100万以下的小客户占比86.1%；负债与自有资产比例小于1倍的客户中，100万以下的客户占比75.6%。

虽说营业部数据只是一个小的缩影，并不完全准确，但也可以反映出一个普遍现象，即中小客户负债往往较高，而大资金客户，通常把负债比例控制在一定比例内。

另外，从融资占比的角度看，负债超过自有资产2倍的客户融资额占营业部整体融资额的17%；负债与自有资产的比例超过1倍，但小于2倍的客户融资占比42%；负债与自有资产比例小于1倍的客户融资占比41%。由此可以看出，虽然小客户融资比例高，但融资额总体占比不大，所以说，尽管2018年以来，A股市场全年基本上处于跌跌不休状态，其实真正因为两融而爆仓的客户还是个别现象，两融的整体风险还是始终控制在一定范围内的。

股市下跌的时候，网上盛传营业部员工每天没时间干别的事，都在忙着打电话给客户追保，这个说法有点夸大其词了。通过营业部两融追保工作，该营业部负责人告诉程大爷，他认为两融风险基本是可控的，出不了大问题。

为啥要这样说呢?

因为，两融跌破券商平仓线时，券商一般都会及时通知客户补仓，并且会有一定的缓冲时间。大资产客户风险把控程度相对较高，通常把负债控制在一定范围内，跌破平仓线的情况相对较少；而对于中小资金客户，虽然负债比例较高，但可融资的额度也有限，一般都可以通过减少负债或增加资产的方式解除风险。

营业部确实面临繁重的追保和预警的工作量，但资金占比并不大，追保主要是100万以下的中小客户，大客户被追保的并不多。

有些融资客户把自己置于险境的原因是什么?

主要是资金管理与风险控制没有做好，显而易见的表现是：

第一，融资标的过度集中，赌性太大。散户更喜欢持有某只股票后满仓融资买入原来持有的股票，不仅把自己全部的鸡蛋都放在一个篮子里，而且还有把借来的鸡蛋也放进同一个篮子。

第二，偏爱波动率高的融资标的，短线操作频繁。

第三，止损不坚决。赚了就做短线，套住就做长线，鸵鸟心态。

第四，越跌越买，自己拉紧脖子上的绳索。

第五，不能客观面对残酷现实，完全忽略时间成本。

股谚有“不怕错，就怕拖”一说，没有融资的时候，错了，没有勇气面对，可能会落得资产缩水的后果，还付出了机会成本，而融资买入股票后错了，拖着，就不是付出机会成本这么简单。不是拖“病”，而是拖“死”掉。

可见，融资融券客户最容易忽视又最可怕的错误就是没有做好资金管理与风险控制。

融资买入蓝筹股就没有风险吗?

这两年由于市场风格流行“抓大放小”，小票几乎没有任何机会；而蓝筹股则表现得相对抗跌甚至强势，对于两融客户来说，一念之差就是天堂地狱，融资买了小票的基本上痛不欲生，而融资加码大票的，则多少会沾沾自喜。

然而，世事无绝对，股市里很少有一本皇历读到底的走势，所谓的“出乎意料”往往就是人间正道。那些脑子里已经习惯了融资去买茅台怎么都不会错的人最近怕是都蒙圈了。尽管不能说危险的地方最安全，但是所有人都认为最安全的地方常常最危险，这是一个朴素的道理。以白酒、家电为代表的前期强势股开始“强势”补跌，一个月打掉30%以上就跟玩似的，看起来蛮吓人的。

要知道，A股中的蓝筹板块这两年与中小创背道而驰的上升趋势，同样受到港股H股上升的推动，而港股的上升趋势，与美股的迭创新高密不可分。

当时美股见顶迹象明显，这对A股中的蓝筹股不是一个好消息，尤其是蓝筹股的两融客户，是要有思想准备的。美股见顶的预期会对蓝筹股造成压力，通过外围特别是港股，造成H股的下跌，最终会拖累A股的蓝筹股，对处于脆弱平衡状态的融资盘构成巨大压力。

极端情况下，目前的脆弱平衡还能维持吗？

现阶段，融资客户处于脆弱的平衡状态。以中小创为代表的小市值品种大幅下挫后，持有并且融资这些品种的客户，部分维持担保比例已经处于130%的平仓线边缘，有的客户已经多次追保，账户资产所剩无几。对于另外一些持有蓝筹股，并且融资买入蓝筹股的投资者来说，这种情况还未发生。不过，这类客户也并非绝对安全。

以上证50指数为例：2018年四季度从高点回落，下跌幅度超过20%，也就是说，蓝筹股的平均下跌幅度大约为20%。如果投资者在高位以1：1的比例融资，以目前价格计，只要再往下跌10%～20%，就会达到130%的强制平仓线。

当沪指跌破2600点，上证50指数动态市盈率不到10倍，市净率1.12倍，在如此低估值的情况下，蓝筹股再下跌20%的极端情况会不会发生呢？

在A股与境外市场互联互通的背景下，可能存在着这样一个传导路径：美股中期见顶，拖累港股下跌，再通过沪港通对A股蓝筹板块构成压力。

首先，A股蓝筹股在2016年2月到2018年1月这个上涨波段中，与外围股市具有一定的同步性。期间道指从15500点到26600点，最大涨幅72%，恒生指数

18300点起步，最高接近33500点，最大涨幅83%，上证50指数从1900点上涨到3200点，涨幅68%。可以看出，中美贸易摩擦之前，美股上涨对A股蓝筹股的上涨还是有一定的正面作用的。而在发生贸易摩擦之后，A股明显弱于美股，反映了市场的悲观预期。如果美股见顶，即使不会对A股蓝筹板块构成决定性影响，至少也会造成短期冲击。

再从AH股溢价率看港股对A股的影响。2014年11月沪港通开通后，牛市最火爆的时候AH股溢价率达到150%，近两年最高在135%上下，最低约115%，2018年年底约120%，可以说A股对港股的溢价是有天花板的。如果港股受美股拖累下行，AH股溢价率上升，必然会对A股构成一定的压力。

因此，对于持有并融资买入蓝筹股的投资者来说，仍然需要防范极端行情出现的风险。在实际操作中应该考虑以下几个方面：

1. 心理上做好充分准备，防范美股见顶回落对A股的冲击。

2. 在账户处于严重亏损状态时，人的心理倾向于逃避，眼不见心不烦。但是，无论是否愿意，都要看看融资账户的具体情况，关注维持担保比例，提前做好预案。

3. 控制融资仓位，股价一旦发生破位下行，要坚决止损，在熊市中保存实力。重新审视接下来两融怎么玩?

有中小投资者哀叹：行情软件是我等小散玩过的最贵手游，没有之一。

对于有些玩两融玩到爆仓的中小投资者来说，行情软件就不仅是最贵的手游，而是要命的手雷了。可见，不是所有的投资者都可以玩两融游戏，也不是所有的行情都适合运用两融这个杠杆工具去博取更大的风险收益。所以才有投资者适当性管理的制度约束，两融业务需要挑选风险承受能力与心理素质都合格的玩家。

选择在什么样的市场环境下进行两融业务是最考验人投资智慧的事情。

从两融余额的变化可以观察到这样的一种现象：行情进入非理性繁荣阶段，市场风险加剧，一定是两融余额不断创新高的时候；反过来说，越是市场跌得面目全非，进入反复筑底阶段，两融余额会不断刷出新低。换言之，最不合适融资买入的时点，融资买入的意愿越强烈；最合适买入的时点，融资的意愿反而越弱小。

当然，总会有先知先觉的人看到了机会。

就在沪指创出新低的那天下午，有个好久没有联系过的客户发来信息，询问开通融资融券的条件与手续，以及利率与利率优惠等问题。这个客户属于市场上少部分能盈利的那一类投资者，账户资产稳健增长，2018年损失也有限。我很奇怪，因为这位客户以前的投资风格稳健，甚至可以说是偏于保守。以前提醒他可以开通创业板和两融业务时，他明确表示不开通创业板，并且绝不融资，只买沪市主板的大盘蓝筹股。而现在，在大家普遍担心融资风险、被迫追保的时候，他居然主动联系营业部咨询融资问题。

有位投资顾问回答了他关于费率的问题，然后又特别提醒他，目前行情波动很大，部分融资客一般偏向短线操作，随借随还，不宜长期持仓。没想到他说他就是想长期融资。

原来他的逻辑是这样的：融资的品种股息率有5%，如果能覆盖融资成本，即使股市长期低迷，也可以长期融资持股了。而且，融资金额只是自有资金的10%，风险是可控的，不会发生强制平仓。这时我想起股神巴菲特说过的话："别人贪婪时我恐惧，别人恐惧时我贪婪。"恐怕说的就是这位投资者目前的心态。

有融资融券的投资者，在行情不好的时候需要时常关注自己的账户。因为在办理融资融券业务签订合同的时候，合同上一般会明确写明保证金的要求，一旦低于一定的维持担保比例，并且没有在规定的时间内及时补充，就有可能面临被平仓的风险，券商一般也会有及时通知机制，并且给予一定的缓冲时间。如某券商规定如果客户T日（交易日）清算后维持担保比例低于130%，公司会及时通知，客户需T+1日收盘前补交担保物或自行平仓，使维持担保比例不低于140%，否则T+2日券商会采取强制平仓措施。

在一段时间的"跌跌不休"下，很多客户会变麻木，更没有勇气去看账户，甚至在接到券商通知追保的电话时，会有放任不管，随它去的心态。这是不对的！既然用了融资融券账户，就应该知道风险肯定是有的，不管多惨烈的市场行情，都要拿出面对它的勇气，毕竟钱是自己的。如果放任不管，证券公司强平时，是不择机，随机卖出的，自己了结至少可以选择一个相对有利的价位。另外，一旦被证券公司强平，就会被列入黑名单，会限制两融操作。

举个例子，A先生T日盘中信用账户总资产10万，总负债8万，维持担保比例（维持担保比例=总资产/总负债）是1.25，A先生只需要补充4000元或卖出股票1.34万就可以把维持担保比例提升到130%；但如果A先生T日不管，T+1日就需要把维持担保比例提升到140%，需要补充资金1.2万或卖出股票3万；如果他继续不管，T+2日，证券公司就会直接平仓让维持担保比例到150%，卖出股票4万。以上还是在假设T+1、T+2日总资产、总负债不变的情况下，如果A先生的股票继续下跌，那他需要补充担保物或卖出的股票就更多。

对于面临较大压力的中小客户，我们的建议是：1. 多关注自己的融资账户，不要因为跌了，就不敢看不想看不愿意看，面对市场下跌要拿出勇气去关注；2. 尽可能把自己的融资比例保持在安全线以上，不要等到跌破再追保；3. 反弹适当减仓，做些波段，阶段性防御策略，摊低成本。

是“坏孩子”打开了投机炒作的潘多拉魔盒？

价值投资与主题投机是投资的方法论问题。要防止过度投机而不是适度投机，要防范和打击股市违法犯罪而不是打击投机，重点是要守住投机的边界与底线。

政策开道，游资助攻，又一个交易日上证指数、深证成指、中小板指数与创业板指数四大指数齐齐创出一波反弹新高，用“气势如虹”来形容这种走势，实不为过。A股苦熊久矣，好久没有看到过这样让投资者感到安慰的盘口了。

然而，在感到安慰的同时，市场中还是有一种隐约的担忧，那就是：由游资重返市场助力推动起来的这波放量反弹，具有鲜明的“非主流”色彩，深强沪弱或者说中小创强而白马蓝筹股弱的分化格局尤为明显，伴随着题材与垃圾股的投机热炒，监管容忍度有多大？会不会当市场脱离了底部之后又重新回到原来的严打高压态势？可见，这种风格转换的持续性一直饱受质疑，有分析师私底下交流时认为，下一阶段监管部门对待游资的态度会影响中小创反弹的力度与高度，进而会影响主板市场的反弹空间。

游资是股市生态的一部分

2018年四季度，创业板成为市场的焦点，指数涨幅之大令人惊讶。如此迅猛的涨势一扫2018年以来持续下跌的颓势，创业板为啥这么猛？直接原因是政策支持各路资金入市，市场热钱彻底被激活，成交意愿也明显回升，一线游资更是强势回归，两市成交量创下多项纪录。

从资金流向观测，游资应该是中小创强劲反弹的重要驱动力。不过，努力重返市场的游资在过度投机与制造妖股的指责之下，还是备感压力，但是他们的回归确实为一度处于流动性匮乏的A股市场提供了宝贵的流动性。

一切缘起于证监会官网在交易时段发布的那个声明，表示将优化交易监管，增强市场流动性。游资们先是将信将疑，后来疑虑逐步打消加油干，交易环境的回暖带动了活跃资金入场，加速了个股的流动性。

而这似乎是一个让管理层喜忧参半的现象。

喜的是，由于游资的积极参与，A股的流动性得到了明显的改善，成交量大幅增长，创业板成交屡创历史天量，特别是中小创走出了暌违已久的持续反弹行情，股权质押的风险得到了一定程度的缓释，投资者信心快速恢复。

忧的是，个股连板开始出现，一批妖股蠢蠢欲动，从交易低迷到游资亢奋，市场会不会出现从一个极端走向另一个极端？特别是游资会不会自我失

控，走回过度投机甚至于非法操纵股价的老路？

围绕游资的是非总是不断，尽管妖股等现象让游资一度被当作市场的坏孩子，但专业人士有不同的看法，他们认为，游资和坐庄操纵并不能完全等同，游资只是跟风市场合力，是市场合力中买得最多的，游资本质也就是个大散户，而坐庄则是用很多账户进行对敲，配合虚假信息制造市场合力的假象诱导散户跟风，然后高位派发，本质是一种欺诈犯罪行为。

没有逾越法律法规边界的投机行为则是市场的一部分，游资为市场提供了流动性，是市场的润滑剂，如果过度压抑投机，则市场可能出现流动性枯竭。

个股的连板走势，一般被看作是一段大行情启动的标志。有位资深股市玩家甚至认为，自1999年以来，每次处于市场底部时，如果没有连板是不可能启动行情的。比如，至今让人念念不忘的5·19行情就是从东方明珠的七连板开始的。还有就是，2005年的牛市和2015年大反弹也均是从个股的连板行情开始的，只有大级别的连板行情才能点燃市场信心。

其实，健康的金融市场不应该排斥投机，不可因噎废食，担心游资扰乱市场而将他们赶出去显然不是可取的态度，应充分认识游资重返市场的积极意义，他们对市场的走好还是有比较大的贡献的。

在期货市场里，大家很容易接受投机者的存在甚至99%的交易者都是投机者的这个结构。因为，如果没有大量投机者的存在，那么以对冲风险为目的的套期保值者就没有了交易对手，期货市场价格发现与套期保值的两大基本功能就成了无源之水无本之木。

到了股票市场，普遍的态度则是，价值投资才是阳光大道，投机交易被视作旁门左道，所以大家对“投机”两字大多讳莫如深。如果一个市场只有价值投资者，没有趋势投资者，没有短线投资客，这个市场是很危险的。无论是期货市场还是股票市场，只有一种类型的交易者是无法达成高效率的交易的。可以设想，如果只有套期保值者和价值投资者，很容易出现流动性匮乏并导致交易不顺畅的问题。

优化资源配置需要有人愿意在追求高收益的前提下承担高风险。监管的任务是保障信息的公开透明，监督交易行为符合交易规则，打击内幕交易和操控市场，而投机者则需要买者自负，愿赌服输。

需要守住投机的边界

价值投资与主题投机是投资的方法论问题。要防止过度投机而不是适度投机，要防范和打击股市违法犯罪而不是打击投机。

这两年的白马股行情里，中小创的跌幅异常惊人，2018年10月份之前，几乎单边下跌，输得最惨的是喜欢炒波动率大的小市值股票的游资们。由于小票黑天鹅满天飞，连环爆雷闪崩，加上流动性不足，游资又喜欢追涨杀跌加杠杆，所以每一次炒作基本上都以惨败收场，伤情比买白马蓝筹股的投资者严重得多。

管理层喊话后，明确表态今后会把市场交给市场，对交易干预减少给予了游资们信心，政策支持成了游资们积极入市的关键推手。

被赶出市场的游资堰塞湖，就此被挖开了一个缺口，资金于是开始加速回流A股。

潘多拉的魔盒又被打开了?

孙悟空可以一个筋斗云翻出十万八千里，可以大闹天宫，可以潜入海底，可以玩百变游戏，可是他还是逃不出如来佛的手掌心，还有就是，师傅一念紧箍咒，他就除了满地打滚求饶就没别的招了。

所以说，也没必要过度担心游资这只“泼猴”会搞出太大的“破坏”，如来佛和师傅都在那边看着呢，就算有时候睁只眼闭只眼装装糊涂，大师兄要是“忘乎所以”，任性越界太远了，收拾他也就是一个指头的功夫。

对“泼猴”们来说，也要知道活动半径在哪里，即便是政策容忍度提高了，游资回归A股拥有了更大的腾挪空间，这也不意味着投机可以没有边界。

那么，投机的边界在哪里呢?

第一，指数空间上不能偏离宏观基本面太远。

政策底之后是市场底，一般来说，市场底会早于宏观（企业盈利）底3—6个月，如果会出现大牛市的话，宏观见底应该是充分必要条件，否则大盘还只能以超跌反弹对待，只是由于之前跌幅太大，反弹幅度会颇为可观。当然，短期内要是出现非理性的暴涨，那就可视作投机过度了。

第二，个股空间不能偏离合理估值太远。

无论是白马股还是中小创，都不能过分偏离合理估值，这个合理估值可以是蓝筹股用PE（市盈率）或者PB（平均市净率）衡量的，也可以参照成熟市场对科技股的估值测算的，甚至还可以是垃圾股的“壳”资源价格与市值对比得出的，虽然无法做到精准估值，但是炒过头了，偏离太远了，还是要小心。

需要明白的是，中小创三年跌去70%的惨剧并非完全是估值泡沫爆裂所致，事实上，许多基本面相当良好的成长型公司也跌得面目全非。究其原因，还是由于股权质押导致上市公司大股东资金链绷紧甚至断裂，这个糟糕的状况又导致了投资者对股价下跌的悲观预期，股价下跌又导致上市公司资金链更加紧张，投资预期越来越悲观，这个负反馈没有强有力的手去打破它，股价的下跌就难以停止。说到底，中小创持续大幅度的下跌基本上摧毁了投资者对中小创的信心。

决策层正视上市公司股权质押危机之后，一系列化解危机的措施陆续出台，投资者对质押风险的悲观预期基本上见底了，中小创本来就是严重超跌状态，反弹只是填补超跌的坑，属于“矫枉过正”的范畴，所以一定要破解“蓝筹股大涨正常，大跌不正常；中小创大跌正常，大幅反弹不正常”这种谬论，不管是大票还是小票，涨过头了就有调整压力，跌过头了就有反弹的要求，这就是金融市场的永恒不变规律。

第三，交易行为不能偏离法律法规太远。

有个朋友说，投资者偏好越来越多元化，就像美女中有的特喜欢小鲜肉，有的特喜欢吴秀波一样，萝卜青菜，各有所爱。

但是，投资理念与风格可以不同，内幕交易和操纵市场等违法犯罪行为却必须远离，法律法规还是碰不得的高压线。大数据时代，所有的交易行为都长期留痕，申报、交易以及资金流水都有据可查，如果监管怀疑交易存在问题，随时可以通过系统留痕调查取证，查实违法违规行为可以择机进行处罚。

监管处罚的标准是违规而非监管偏好，现在监管克制住了对市场的过度干预当然是好事。而游资也要明白一个道理，不要玩得太嗨了而忘记了边界，真的干出违法违规行为来，相信也逃不脱恢恢法网，要小心秋后算账。

证监会新闻发言人常德鹏2018年11月16日表示，近日证监会依法对裕鼎公司操纵“湘油泵”案作出处罚。上海证监局依法对北京大观操纵“浙江鼎力”案作出处罚。常德鹏强调，证监会将对操纵市场违法行为保持一贯的高压打击态势，惩处触碰法律红线的违法行为人，保护广大中小投资者的合法权益。

深强沪弱格局暂难扭转

现在不要去纠结于该“投资”还是该“投机”，现在是抓住机遇把钱挣了的时候!

程大爷自2018年10月中旬开始，已经在券商中国专栏中多次旗帜鲜明地指出了中小创的历史性机会来临。这一轮中小创的反弹有望奉献一批10倍牛股!理由在于政策密集指向中小创，尤其是证监会发表的对于监管的声明，罕见表态将会提高对交易行为的包容度。所以说，目前是一个比较特殊的市场环境，从“政治正确”的角度考虑，化解股权质押危机需要中小创的一波超级力度的反弹，而白马蓝筹见顶之后，调整还没有结束，因此，“价值投资”可以暂时放一放，但不是放弃。

毕竟，两点之间，曲线最美。

还有一个让投资者感到困惑的问题是，既然注册制都要来了，创业板凭什么还能率先创出反弹新高?是纯粹瞎炒还是确有道理?

2018年10月中旬以来，程大爷一直在提醒投资者注意市场风格正在发生转换，还是需要及时调整策略与仓位，价值投资者不要刻舟求剑，主题投资者可以适当激进一点，不要在该谈风险的时候谈机会，在该谈机会的时候又在谈风险，理由无他，机会是跌出来的，中小创跌去了70%，就是来个反弹，弹个30%，那也是相当可观的了。

自从2018年11月5日习近平总书记在上海进博会宣布上交所会推出科创板并进行注册制试点之后，市场担心这个资本市场的重大举措会不会对中小创构成较大的压力。无论是从扩容的角度还是注册制的角度，对原有中小创上市公司的估值还是存在向下的牵引作用力，如果不是因为这个问题，中小创的反弹行情可能会发展得更快一些。

程大爷我对创业板继续看好的理由有以下几点：

第一，创业板指数跌幅太大，修复的时间与空间都还远远没有到位。

第二，创业板估值并不高，有一批高品质的科技创新型公司仍然处于严重低估状态，所以说，创业板目前填的只是股权质押危机挖下的大坑，这个坑是在创业板估值底部开挖的，随着质押危机的逐步化解，回填的力度就是报复性的。

第三，上交所的科创板与注册制试点一定是慎之又慎的，制度设计与上市门槛相比创业板只会高不会低。假如科创类公司的估值向纳斯达克看齐的话，可以预期未来科创板的估值不会低。

第四，有总是踏错节奏的投资者哀叹，“白马股行情套在垃圾股里，垃圾股行情套在白马股里”。其实，做投资的人需要明白物极必反的道理，“盛极必衰，否极泰来”，钻石涨过头了难免涨不动，垃圾中也会有可以回收的宝贝。

不会编程的人没法谋到金融好差事

金融科技已经全面渗透到券商的组织架构、业务节点与管理流程。在华尔街和国内的一些顶尖财富管理机构，具备一定的编程能力是对前中后台员工的基本要求，就连风控与合规部门这样的后台员工都需要自己写程序，不会编程就跟不会写字一样，处于随时被替代的威胁之中。

一年多来一直大幅跑输银行保险的券商板块在2018年四季度可以说有点咸鱼翻身的味道，当然，这种上涨同时伴随着很多专业投资者的质疑声。2018年上市券商业绩这么差，股价却涨成了一朵花，这个巨大的背离现象让人费解。之所以质疑，是因为上市券商半年报披露的数据就很寒碜，除了前几位头部券商的业绩还挺得住之外，十名开外都是呆若木鸡的节奏。

等到2018年三季报出炉，大家就更加“冇眼睇”了。不仅业绩全面下滑，部分中小券商更是出现了近年罕见的亏损。

然而，就是在这样的业绩面前，券商股却展开了一波极为犀利的上涨行情：从2018年10月19日至11月19日，券商ETF从0.584一路涨到0.803，一个月最大涨幅高达37.5%，而同期上证指数最大涨幅不到11%，表现已经很不错的创业板指数最大涨幅20%，对于券商这样一个以大盘蓝筹股为主的板块，短期内这样的涨幅，可以用“惊人”两字来形容了。

券商股是大行情的先行指标

啥情况啊？业绩最差的时候，股价反而要大涨，甚至比在券商业绩最好的时候涨得还要厉害？不要说散户没看懂，基金经理都没看懂！

2018年以来，股市一直处于天寒地冻状态，被讥笑为“看天吃饭”的券商行业，在幸灾乐祸者看来，这个苦逼的行业，秋天没到就直接“入冬”了，老天爷不赏饭，眼看就要走上拿碗讨饭的绝路了，那就自求多福吧。

其实，你要是经历过两次以上的牛熊周期的话，就很可能得出这样一个判断：

这么多年来，虽然A股市场基本上没有起到经济发展晴雨表的作用，但是，券商板块倒是在每一次大级别行情中扮演了先行指标。

具体来说，行情见顶之前，券商板块先跌，行情见底之前，券商板块先涨。

跟其他蓝筹股不同的是，券商行业业绩最好的时候市场处于顶部，业绩最差的时候市场处于底部，所以，对于券商的操作来说，最好是逆周期去思考，估值低的时候市场多处于亢奋状态，系统性风险大，估值高的时候市场极度低迷，系统性风险小，故有“在10倍PE时卖出，在100倍PE时买进”之说。

券商板块修复性行情还在路上

每到股市低迷，就有人关心券商的日子过得咋样，不管是什么季节，总有那么一些好心人关切地问道，券商如何过冬？棉袄准备好了吗？

大爷我好早以前就写过一篇文章，券商没有冬天，只有春天和秋天。当然，我说的主要是实力雄厚的优质券商，对这些券商而言，一般都会提前准备好了棉袄或者羽绒，只不过都是放在衣柜里备着，春天和秋天嘛，平日里基本上就是衬衣领带，西装革履，就算内心忐忑也会笑容满面，精气神一样不落下。

所以，不要用老眼光看待券商行业了。券商的江湖早已经不是那个业务高度同质化、收入高度依赖交易佣金、为抢几个散户打破头的爬行动物世界了。

大爷我梳理了一下，发现对券商行业不必过于悲观的理由有以下几点：

第一，从全行业来看，大多数券商还是要看天吃饭，但是，头部券商开始摆脱这种听天由命的被动状态，从业绩的波动率来看，市场疲弱、交易萎缩等因素对大券商与小券商的影响已经不再“步调一致”了，头部券商业绩抗周期的趋势越来越明显，也就是说，券商之间业务同质化现状开始瓦解。

第二，有人担心外资券商加速涌入会对国内券商行业带来不利影响，其实，国内头部券商早就开始了国际化的布局，中信、中金、华泰，国际化的步子相继迈出去了。

例如，国内首例GDR（全球存托凭证）项目也快落地了，华泰证券公告称，公司已向证监会递交了关于拟发行全球存托凭证并在伦敦证券交易所上市的申请材料，并获证监会的正式受理。

据专业人士分析，此次GDR的发行将支持华泰证券的国际业务增长、进一步扩大海外业务、增强资本实力，从而提高其核心竞争力。

第三，有人仍然担心股权质押对券商行业的负面影响，但是各地相继推出的纾困基金已经取得了一定成效，质押危机正在不断得到化解，对券商来说，股权质押有望从危机转为机会。

据不完全统计显示，截至2018年11月18日晚间，一周时间已经有116家公司发布公司股东解除股份质押公告。此前市场担忧证券板块业绩受股权质押风险影响，跌幅较大。未来随着股权质押纾困行动的推进，加上市场情绪回暖，之前跌幅巨大的证券板块就可能出现较大的修复性行情。

第四，科创板与注册制试点，对券商来说，不是利空而是利好，券商投行业务和直投业务迎来较大机遇。

要用科技股的标准挑选券商股

券商股的后市，短期看超跌反弹，中期看业绩弹性，长期看科技含量。

波士顿咨询公司发布的2018年全球数字财富管理报告显示，截至2017年年底，中国的互联网财富管理规模已达到6000亿美元，中国个人持有的可投资资产总额高达188万亿人民币。充分运用金融科技手段为客户提供全面财富管理服务，深挖数据潜在价值，提升客户体验，正成为证券公司业务发展的新模式及重要战略选择。

科技赋能金融，在人类历史上还从来没有看见过这两个行业像现在这样勾肩搭背，甚至如胶似漆。

看看国际上的那几家券商豪门正在干的事，就应该知道国内券商的未来在哪里。不记得是高盛还是大摩放出口风，宣称自己正在成为一家高科技公司。这个愿景正在为国内头部券商所模仿，它们纷纷加大了对金融科技的重视，致力于打造金融科技核心竞争力，大力推动从技术支撑服务到技术驱动业务发展的跨越。

不远的将来，我们在评价一家券商核心竞争力的时候，最为看重的两个指标可能是：

第一，年研发经费与年营业收入的占比。

第二，研发人员与员工总数的占比。

2018年券商三季报依然交出了一份不甚理想的成绩单，行业步入“凛冬”，券业人员流动也比往年的数据要更引人关注。

根据中国证券业协会公布的数据，120家证券公司及子公司，2018年11月11日从业人数共33.77万人，较年初的34.24万人减少了4708人。从业人员整体减少确实是不争的事实。其中经纪人减员数量最多，不到一年时间减少了5254人；一般证券业务从业人员同期减少3113人。投资顾问和分析师的人员数量则在增加，其中投顾作为稀缺资源，同期增员3406人，分析师的数量则增加267人。

一边是海水，一边是火焰，从全行业来看，可替代性强的普通岗位裁减势头最猛，而TMT（科技、媒体和电信行业）领域的人才却成了香饽饽，被券商高薪征揽；业绩受制于股市行情的中小券商员工流失较多，而业绩与股市行情关联度相对较小的头部券商员工队伍基本稳定。

2018年9月份以来，银河证券、华泰证券、中金公司、申万宏源等多家券商陆续启动了2019年校园招聘，逆势吸纳人才力量。从校园招聘的岗位看出券商业务格局的调整策略。

据券商中国记者调查发现，已公布校招信息的多家券商中，人才需求高度集中于财富管理、信息技术等岗位。例如，华泰证券的校招岗位重点是网络工程师、信息安全工程师、电气工程师、软件开发工程师和数据挖掘岗等技术岗位，而申万宏源公布的校招计划中就有信息技术专场招聘，广发证券也举办了金融科技专场招聘。

可见各大券商对信息技术人才的需求有多么迫切了。

关于校园招聘出现的这个趋势性变化，银河证券副总裁罗黎明接受券商中国记者采访时道出了行业转型的迫切愿望。人力资源配置更多地向TMT领域倾斜，一方面是布局财富管理行业国际化的需要，需要加紧提升对战略客户和专业型投资者的服务水平，另一方面，大力提升金融科技应用能力是头部券商保持领先优势的武器，也是落后券商弯道超车的机遇。持续发展互联网金融业务，满足广大客户日新月异的差异化服务需求，持续提升客户体验，是券商的使命。

发力金融科技，增加预算投入，以金融科技提升综合金融服务能力，寒冬中练兵，积蓄力量，以期在下半场开赛时抓住机会实现弯道超车，已经成了券商行业的共识。

头部券商纷纷加大对研发的投入和研发人才的引进。华泰、中信、国君、广发、银河等券商在研发投入上都非常激进，例如华泰证券，2018年中报数据显示，截至2018年6月底公司IT研发人员数量已达655人，这个数字还在继续增加，并没有受到下半年行情低迷的影响。

金融科技已经全面渗透到券商的组织架构、业务节点与管理流程，过去我们认为只有信息技术部门与金融创新部门需要更强大的信息技术作为支撑，现在开始，在华尔街和国内的一些顶尖财富管理机构，具备一定的编程能力是对前中后台员工的基本要求，就连风控与合规部门这样的后台员工都需要自己写程序，不会编程就跟不会写字一样，处于随时被替代的威胁之中。

国内头部券商一方面大量压缩营销岗位的普通员工，一方面又在通过“校招”和“社招”途径，大举招聘TMT方面的专业技术人才。

工欲善其事，必先利其器。移动互联时代，得“手机”者得天下，可以毫不夸张地说，手机是所有券商的战场，是兵家必争之地，所以一款券商APP正是一家券商科技开发能力与应用水平的集大成者，是竞争的武器甚至撒手锏。

头部券商纷纷投入重金打造功能强大的掌上武器，加速迭代，搭载智能科技的最新成果，将智能科技和财富管理紧密结合，致力于为客户提供量身定制的解决方案。

随着技术研发力量的不断提升，头部券商推出新产品的技术含量也在提升，所以在发布其新产品的时候，越来越富有自信。以往，人们习惯于看到苹果、华为这样的科技公司或者宝马、奔驰这样的全球品牌推出新品的时候会在一些地标性建筑举办隆重的发布会，但是，还几乎没有看到一家国内金融机构更不用说一家中国券商选择地标建筑举办新品发布会。

成见总是用来打破的。

2018年11月22日，华泰证券就选择在北京水立方发布了涨乐财富通APP6.0版。

这场美轮美奂的水立方发布会可以说是开了券商行业先河，特别是在整个证券行业处于景气低谷的2018年，还是让人对证券行业的未来多了一份美好的期待。

也许有人会认为这不过就是一场秀，但是，认真看一下升级版的具体内容，就会发现亮点多多，展示出了金融科技在财富管理领域的一些方向性的成果。这是继涨乐财富通APP5.0在一年前开启券商人工智能战略布局之后，华泰证券全面探索金融科技赋能财富管理转型的重磅力作。

新版涨乐财富通APP依托华泰证券高效的全业务协同体系和行业领先的研发能力，通过人工智能、云计算等前沿应用科学深度挖掘潜在客户需求，全新推出“泰牛智投”“智能家族”“智能实时账户”“涨乐课堂”“专家”“涨乐U会员”六大核心模块，并对数十项基础服务进行更新升级。

2018年11月23日，海通证券正式发布e海通财APP 7.0 版本，以三方面重磅革新践行公司科技战略：

一是业内首家自主研发的PC客户端与e海通财APP账户全打通；

二是会员体系全面升级，突出互联网化、平台化、个性化优势；

三是“智能选股、股票策略、理财策略、指数估值”四模块打造海量智投。

近几年是国内券商科技开发与应用水平突飞猛进的一个阶段，行业整体上了好几个台阶。

几年前，随便一家券商只要是通过互联网开展业务就被称为“互联网券商”，享受比其他传统券商要高得多的估值溢价。现在，几乎所有券商都利用互联网开展业务，也就是说大家都成互联网券商了。因此，头部券商要获取差异化竞争优势，并获取更大的市场份额，没有别的捷径可以走，只能靠实打实地投入，利用科技的助力，巩固其领先地位。

假如炒股是一场真人秀

LUN LA PIAN

论辣篇

要不惜代价去拯救陷入股权质押麻烦中的民营企业

对于上市公司或者实际控制人来说，需要严格遵守规则、承诺与信用，一被拯救立马就要跑路的人应该被唾弃而不是被仿效。所有置身于金融这个“杀戮战场”的人，不仅要努力“活下去”，还要努力活成“一个好人，一个正直的人”！

闲来无事，把斯皮尔伯格导演的奥斯卡奖大片《拯救大兵瑞恩》又翻出来看了一遍。在近三个小时血腥的战争场景中，程大爷我满脑子都是金融市场的残酷无情。

20世纪90年代，有一位来自台湾的期货专家跟我说，《华尔街》与《杀戮战场》讲的是同一个故事。那个时候我还太年轻，并不能完全理解这句话的含义。从期货到股市，一路走过来，见过太多市场的跌宕起伏风云变幻，所以，在看战争片时总是情不自禁地联想到金融市场，慢慢地理解了这两者之间的相通之处：

第一，身处恶劣的战争环境，比如丛林与沼泽，首先得想办法活下来。活下来意味着一切，这也是金融市场的第一法则。

第二，信念与使命是战胜脆弱性并最终获得胜利的有力武器。战争如此，投资如此。

第三，“得付比”（投资中的风险报酬比）是衡量所有行动“值不值得”去执行的基本尺度。但是，这把尺用在物质层面上很容易理解，而一旦上升到国家利益、人性与社会责任这些宏大主题高度之时，往往会引起极大的争议。

第四，利益冲突面前人性得以充分暴露，战场与金融市场都是人性的试金石。

拯救的意义

如果说战争大片《血战钢锯岭》讲述的是信仰的力量可以创造奇迹，那么，《拯救大兵瑞恩》则抛出了一个关于“得付比”的难题：付出一个看似大得多的代价去拯救“瑞恩”（代表一个微小的得到），值不值得？

这部影片主要是讲述了第二次世界大战期间，当百万大军登陆诺曼底时，米勒上尉率领一支八个人的小分队深入敌后，去寻找空降部队的一名士兵——詹姆斯·瑞恩。因为他是家中四兄弟中的老小，而他的三个哥哥都已相继阵亡。马歇尔将军怕这颗独苗再出意外，使伤心的母亲绝望，于是做出不惜一切代价将这唯一的儿子送还母亲身边的决定。

八个人冒着生命危险去寻找一个不知生死的人，迎接他们的将是战火的洗礼和生命价值的重新认识。拯救的旅程也是一条通往死亡之路，人性在战争中受到考验。我不想就影片的情节多作介绍，我想探讨的是，它所想表达的东西——拯救的意义。

“生命诚可贵”，而在战场上，那一张张长长的死亡名单，是那么轻易地从播音员的口中读出。“用八条生命去拯救一条生命”，这样的生命“得付比”带给我们的是更多的困惑。

为什么要这样做？在影片中，分队的一些成员一开始也有同样的困惑，“为什么用我们的生命去换取别人的生命，难道我们没有母亲，没有兄弟姐妹？我们不是一样在战场上拼死拼活？凭什么瑞恩就有这个特权？”

这样的生命“得付比”也只有在战争中才可能出现。战争是无情的，在战争中这样的情形又何止瑞恩一人呢？然而，导演刻意传达出来的价值观却是：珍惜生命和帮助他人。在影片中，拯救队员因为帮助瑞恩而知道家庭的温暖和生命的可贵，而瑞恩因为米勒上尉和拯救队而感悟用自己的生命去保护、照顾更多需要拯救和帮助的人们。尽管战争的爆发对于个体而言是不能选择和回避的，但是帮助他人是可以选择并且作出决定的。

回到A股市场来，假如这是化解股权质押危机的一次解救行动，我们可以对号入座，找到电影中几乎每一个角色在现实中的原型：

第一，谁是“瑞恩”？

因为股权质押而陷入困境的民营上市公司（和它的大股东）。

第二，谁是“伤心的母亲”？

在股票市场长达十年的连绵下跌中失去了大部分本金的中小散户，现在，他们仅剩的一点点资金还套牢在那些因为股权质押而陷入流动性困局的中小创上市公司中。如果这些公司最终因为流动性问题而玩完，那么支持它们的散户会不会彻底绝望？

第三，谁是“马歇尔将军”？

这个只可意会，不可言传了。为了不让“伤心的母亲”失掉她仅剩的一点希望而陷入绝望的境地，他下达命令不惜一切代价，拯救瑞恩。

第四，谁是“米勒上尉和拯救队员”？

米勒上蔚应该是一位级别不很高，但是富有责任担当以及指挥才干的专家型领导。

拯救队员包括地方各级政府、四大资产管理公司、保险公司、银行和券商。

拯救行动，看似在救“瑞恩”，其实是在救那位“濒临绝望的母亲”——投资者的信心，而这正是A股市场最终走出低迷的希望所在。

残酷的战场

拯救A股“瑞恩”的行动，是在一个残酷的背景下展开的。

从外部因素看，中美贸易摩擦给我国经济和市场预期带来诸多不利影响。

从内部因素看，现阶段中国正处于转变发展方式、优化经济结构、转换增长动力的时期，导致经济扩张速度放缓，叠加消费结构升级，需求结构调整，对供给质量和水平提出更高要求，给企业带来转型压力。

而民营企业贷款难贷款贵的问题突出，部分金融机构对民营企业惜贷不敢贷甚至抽贷断贷，造成企业流动性困难。还有就是政策落实不到位，保护产权、平等参与市场竞争、平等使用生产要素等方面喊了多年，还是飘在半空中。

企业层面上，民营企业自身的经营理念、业务模式与经营风格也存在一些问题。比如，有的企业经营较粗放，盲目上规模，过度加杠杆导致负债率高企，还有就是在环保与社保等方面缺乏规范和稳健的意识，无法满足和适应监管执法趋严的要求。

在股权质押融资上出现风险的民营上市公司，大多存在短债长投、融资期限错配的缺陷，股票质押融资来的钱，期限多为一年，而所投项目投资往往几年才能见效。还有部分民企依赖“影子银行”融资，在减持新规、资管新规、股票质押新规以及金融去杠杆等政策措施出台之后，马上就会遇到表外融资转表内的难题，导致融资环境恶化，资金链绷紧。

这些因素的叠加，导致A股市场在2018年年初以来，就面临投资者信心不足，资金持续流出，股价阴跌不止的问题。尤其是中美贸易战开始后，在极低的估值水平之下，A股反而进入了加速下跌阶段，没有自行见底的迹象。

2018年10月中旬，跌穿2500点后的A股，悲观已到极限。

当时总市值已不到43万亿的A股里，大面积的上市公司正因质押爆仓、平仓风险，面临极为严峻的股权稀释、授信压缩以及商誉毁损等连环险滩。

根据Wind资讯数据显示，A股3400多家上市公司中，共有2422家的大股东存在股权质押情况，质押总股数5984.73亿股，占A股市场总股本的近10%，质押总市值为3.95万亿元。其中，约有600只个股的股价，低于股东质押平仓线。

股市持续下跌，大股东质押比例升高。从2018年年初到10月底，上证指数下跌21.42%，创业板指数下跌27.93%，小于30亿元的小市值上市公司上升到1182家，占全部上市公司的比例高达33%。两市总市值不断缩水，质押融资纷纷补仓，沪深两市大股东质押股份占其持股数的比重超过70%的上市公司有864家，其中民营企业753家，民营企业占比87%。

随着上市公司大股东质押风险爆发，导致企业股权不稳定，反过来又加剧了民营企业的资金紧张局面。融资不畅、股权不稳，民营企业陷入经营困境。

在这样的残酷环境之下，依靠市场自行出清将会付出惨痛的代价，是无法承受之重。“有形之手”出手虽然不是最优解决问题的方式，但是它能有效阻断恐慌情绪的传导，稳定投资者情绪和市场信心。

“值不值得”的争议

对于陷入股权质押困局的民营上市公司，该不该救？值不值得救？这个是一直争论不休的焦点。原因是前段时间，对民营企业的作用与地位，忽然出现了很多杂音。

在关键时刻，刘鹤副总理以一篇4000字长文做出了一个定调。他表示，社会上所谓“国进民退”的议论，既是片面的，也是错误的。他特别强调，必须坚定不移贯彻基本经济制度，坚持“两个毫不动摇”，一方面毫不动摇地巩固和发展公有制经济，另一方面毫不动摇地鼓励、支持、引导非公有制经济发展。

而在实际执行过程中存在一些误解和偏差。比如说有些机构的业务人员认为，给国有企业提供贷款是安全的，但给民营企业贷款政治上有风险，宁可不作为，也不犯政治错误。这种认识和做法是完全错误的。

他说：“我们必须从讲政治、讲大局的高度认识这个问题。”民营经济在整个经济体系中具有重要地位，贡献了50%以上的税收，60%以上的GDP，70%以上的技术创新，80%以上的城镇劳动就业，90%以上的新增就业和企业数量。如果没有民营企业的发展，就没有整个经济的稳定发展；如果没有高质量的民营企业体系，就没有现代产业体系，支持民营企业发展就是支持整个国民经济的发展。那些为了所谓“个人安全”、不支持民营企业发展的行为，在政治取向上存在很大问题，必须坚决予以纠正。

中国央行行长易纲也在2018年G30国际银行业研讨会上首次对国企“竞争中性”原则表态道，为解决中国经济中存在的结构性问题，将加快国内改革和对外开放，加强知识产权保护，并考虑以“竞争中性”原则对待国有企业。

各种争论戛然而止。各级政府部门认识到解救因股权质押融资出现困难的民企上市公司，是支持民营经济发展的一部分。

自从2018年11月1日召开民营企业家座谈会之后，各级政府纷纷出台扶持民企的各项举措。有人统计了一下，央视新闻联播每天关于支持民营企业发展的新闻不少于5分钟，这是过去从来没有过的事。

各路资金和各级政府积极组建纾困基金，救助陷入流动性危机的上市企业（主要是中小创民营企业）。在很多业内资深人士看来，随着这一轮持续下跌，A股估值水平已经接近历史低位，存在较高的长期投资价值，参与这次A股股权质押救市的资金，有望在未来数年内取得不错的收益回报。

部分民营上市公司基本面良好，股价却受累于系统性风险，出现持续下跌，并由此引发了投资者对质押平仓的担忧，市场过度反应从而导致二级市场股价进一步杀跌。当大股东质押融资危机得以缓解之后，随着市场止跌回暖，预计其股价将回升至正常水平。

整体而言，经历大幅下跌的中小创公司，现阶段估值较低，出现了足够的安全边际。

以2018年10月底的数据来看，市盈率PE小于30倍的公司301家，占比35%。市净率PB小于2倍的公司489家，占比57%。2018年年初至10月底，质押率超过70%的公司股价的平均跌幅40%，而同期上证指数的跌幅为20%。股价调整显然已经过度。尽管部分上市公司出现了股权质押危机，但是企业的盈利能力似乎并没有受到影响，大部分公司盈利良好。

在大股东质押比例超过70%的864家上市公司中，2017年及2018年上半年，归属母公司股东净利润均保持正增长的有306家，占比约35%。2018年上半年，57家公司归属母公司股东净利润超过10亿元，占比6.6%；396家公司净利润1亿至10亿元，占比45.8%。

部分高质押比例公司价值投资机会涌现，适时参与纾困行动，既可以帮助大股东解决财务困境，又能分享到民营上市公司经营改善、估值修复之后的收益。

比预期好得多的上市公司基本面吸引了更多的金融机构响应政府号召加入纾困行动中来了。比如，四大AMC（资产管理公司）已介入10多家上市公司的债务重组及资本运作一揽子量身定制的综合金融服务方案，意在恢复企业的造血能力。

头部券商则纷纷成立FOF基金，加入化解股权质押风险，拯救遇到困难的优质民营上市公司的行动中去了。

被拯救者将如何“报答”？

高层定调，政策托底，化解股权质押风险的各路纾困基金如何平衡自身的社会责任与市场机会？这是眼下的一个课题。

有位大型券商的老总坦言，建立纾困基金帮助陷入股权质押危机的上市公司，不仅仅是券商应该担起的社会责任，也是一次市场化的业务机会。不过，目前在帮助部分遇到质押风险的上市公司时，金融机构原有的一些风险控制手段，也引来了一些疑问。比如，对于原有股权质押出现困难的民营上市公司，作为资金融出方的金融机构，由于不能采取强制平仓，往往采取罚息方式施加压力。但是，罚高息不是最好的办法，会搞坏上市公司大股东的信誉，损害其尊严与影响，不利于圆满解决问题。

此外，在关于如何帮助陷入股权质押麻烦的上市公司走出困境这个问题上，金融机构的宏观管理层面与微观执行层面仍然有不同的态度。比如，金融机构的业务部门与后台风控部门之间，由于出发点不同，时常存在一定的矛盾。

业务部门与客户的关系更密切一点，陷入危机的这些上市公司，当初可能就是营业部老总历经千辛万苦好不容易营销来的大户。这些大户对营业部的贡献还不止于股权质押业务所带来的利息收入，而是包括资产、交易量、理财产品销售在内的方方面面，假如因为股权质押问题解决得不好，造成客户对该券商不满意，最后流失掉了，对营业部来说，就是核心客户的严重流失，损失惨重。所以，他们主张从“宽”。

而对公司层面，主管部门往往只关心这项业务的本金安全、收入与风险，对其他业务并不关注。所以力举从“严”。

金融行业或者资本的本质是逐利的，这也决定了他们常常顺周期开展业务，结果就是“晴天拼命送雨伞，下雨立马收雨伞”这种特点。一旦出了风险，不管是市场风险还是企业流动性风险，立马就要翻脸收回资金，真的是“翻脸快过翻书”，这就是资本的“贪婪”本性决定了的。

但是，在对待股权质押出现风险的上市公司或者大股东时，不可简单粗暴地像对待其他个人债务人那样。决不可把上市公司大股东往死里逼，要知道，一旦把他们逼急了，逼到绝望的份上，他们可能真的会自暴自弃。如果不能做到雪中送炭，也尽量不要落井下石或者釜底抽薪。要相信，绝大多数被拯救者会以行动证明自己被施救是值得的，配得上这样的善待。

当然，也有个别假“瑞恩”让参与拯救者感觉被“辜负”了。例如，刚刚拿到北京海淀区政府联手江苏银行北京分行发出的5000万元“纾困优质民企贷款”的博天环境，随即发布了清仓式减持公告，三大股东减持不超31.35%股份。市场一片困惑不解：民营企业一拿“救市基金”，股东就跑了，国资到底纾困了谁？

对于被拯救的人来说，需要用什么样的标准来量度被救是成功的，或者说，拯救行动付出的代价是值得的？

那就是，这些在股权质押中遭遇麻烦的上市公司大股东，不仅是脱离危险活了下来，而且作为一种“报答”，无论以前做得如何，今后，他都应该努力去“做一个好人”！

正如，获救后的瑞恩所做的那样。影片的最后，在生命即将离去，米勒上尉哽咽着在瑞恩的耳边说道：“Earn this，earn it.”（别辜负）……一定要活下去。这句临终的遗言，影响着瑞恩的一生：“做一个好人，做一个正直的人。”40年后，瑞恩站在米勒上尉的墓碑前，用颤抖的声音问他的妻子：“Am I a good man？”“Am I still living well？”他明白，好好好地活下去，便是对米勒上尉最好的报答。

是的，对于被拯救者而言，“别辜负”就是一种责任，“好好地活下去”，努力让“伤心的母亲”得到慰藉而重新燃起对生活的信心，别让那些为此付出努力的人失望，这就是最好的报答。所以，对于上市公司或者实际控制人来说，需要严格遵守规则、承诺与信用，一被拯救立马就要跑路的人应该被唾弃而不是被仿效。

所有置身于金融这个“杀戮战场”的人，不仅要努力“活下去”，还要努力活成“一个好人，一个正直的人”！

“傲慢与偏见”如何让股指期货一再背锅?

期货市场从开始到现在，有些人都是戴着有色眼镜看待它的，由于“期货”总是与“投机”相提并论，于是“傲慢与偏见”便如影随形：每当商品市场大涨，“期货抬高物价刺激了通胀”的指责就时有出现，每当股票市场大跌，马上就会有人指责“股指期货大跌打压了股市”。

差点被市场遗忘了的股指期货，又开始成了一个热门话题。这一次是因为中金所网站披露的一个信息：自2018年12月3日起调整三项股指期货交易标准。

由于下调股指期货交易保证金及手续费，放宽日内交易限制，实质性利好股市成交量。所以，随后A股市场中的期货概念板块应声上涨，说明投资者将股指期货恢复常态化交易视为一个难得的历史机遇，有利于股市与期市两个市场流动性的进一步改善。

关于股指期货这个问题，大爷我还是有一定的发言权的。因为我是中国最早从事期货行业的那一拨从业人员（新中国成立前的就不算了），从国际金融期货到国内商品期货，从外汇到原油，从SP500到恒生指数，从东京红豆到大交所大豆，几乎都干了一个遍，长年在三大证券报写期评专栏，出版了国内第一本关于股指期货的畅销书——《期指兵法》。我干期货的年代，现在很多期货公司的老总们当时都还是一些学徒级别的小弟……说这些不是为了炫耀，而是想说明一下：对于期货，特别是股指期货这个品种，我是比没有经历中国期货市场发展全过程的人要理解得深刻一点。

梦回2015年，被妖魔化的“投机”与被阴谋论的“恶意做空”让股指期货背了一个金融市场不稳定因素的“骂名”。

多年过去了，事实证明，就算把股指期货的手脚绑住了，A股市场的非理性波动并没有明显的改观，这让管理层开始重新审视并评估股指期货的积极意义。现在股指期货基本上回到了常态化监管，我跟许多业内人士一样，感到欣慰。

“傲慢与偏见”的形成

期货市场从开始到现在，有些人都是戴着有色眼镜看待它的，由于“期货”总是与“投机”相提并论，于是“傲慢与偏见”便如影随形：每当商品市场大涨，“期货抬高物价刺激了通胀”的指责就时有出现，每当股票市场大跌，马上就会有人指责“股指期货大跌打压了股市”。这种偏见在2015年股市大跌之后一度到达了某种极端程度。

沪深300股指期货合约自2010年4月16日起正式上市交易，标志着国内股指期货正式闪亮登场。在这之前，关于中国需不需要股指期货、股指期货是否会出现过度投机、是否会加大股市的波动并给金融市场的稳定带来不可控的风险

等问题就一直争论不休。这个争论关注的焦点并非空穴来风，而是有其历史原因的。

其实，对标A股市场的这个股指期货并不是出现在中国内地金融市场的第一个金融期货品种。早在20世纪90年代初，在国内商品期货交易所还没有成立之前，外汇期货、利率期货和股指期货等几乎所有境外金融期货品种就开始登陆国内中心城市。

开办这些业务的几乎清一色都是来自港澳台金融机构。早期的高级管理人员和技术人员也是来自境外，而从业人员是那些有较高的文化水平并敢于尝试新生事物的年轻人。

然而，在相关的法律法规不健全的情况下，境外期货一哄而上，从业人员品行鱼龙混杂，境外期货与国内的现货之间没有任何关系，沦为一种纯粹的博傻游戏，结果出了很多问题。比如，对赌行为盛行，甚至还有干脆卷款跑路的，造成早期参与境外期货交易的投资者损失惨重。1995年的时候，国家有关部门强令暂停了境外期货业务。

在股指期货推出之前，我国在90年代就推出了利率期货，也就是大家所熟知的国债期货。多空激烈的对抗最终演变成一场操纵市场的闹剧，327国债事件成了金融市场一个经典的风险案例。

境外期货关停，国债期货歇菜，国内商品期货开始火了起来。但是，这个火也是虚火，烧起来也是不得了的。人们很快发现，国内商品期货的疯狂程度一点不逊色于境外期货，海南橡胶咖啡、郑州绿豆、天津红小豆，不是多逼空就是空逼多，而且是纯投机，价格发现与风险对冲功能几乎没有。

1999年《期货交易暂行条例》出台，国内期货业经历了史上最严的清理整顿，一大批期货交易所被关闭，一大半交易品种被废止，仅剩的几个品种也是被大幅度提高了交易保证金，开平仓都有严格限制。一时间，行业坠入冰窟。

经历清理整顿之后，国内商品期货市场慢慢走出低谷，价格发现与套期保值的功能得到体现，许多品种的定价权和话语权逐步转移到了中国的期货交易所。例如上交所的有色金属，大交所的大豆和豆油，对国际市场的价格都有影响力。

现在国内的生产商和加工商越来越多地关注商品期货市场的价格变动趋势，通过期货市场进行套期保值也成了许多企业的标准业务内容。现在再也没有人会怀疑商品期货市场对于经济发展的重要意义了。

中国的商品期货市场发挥价格发现与风险对冲功能的有效性跟欧美成熟市场之间的差距在快速缩小，可以说是用了不到20年的时间，走过了欧美200多年的路。

可能是90年代的期货乱象落下了严重的后遗症，国内金融界此后多年，对于金融期货的开展总是心有余悸，一朝被蛇咬，十年怕井绳，担心金融期货要是出了问题就会是大问题，影响的广度与深度都是商品期货所不能比拟的。

但是，一个金融期货缺席的期货市场是不完整的，甚至于是残缺不全的。因为，从全球金融市场来看，金融期货的交易金额在总交易金额中的比例是绝对的大头，参与金融期货的交易者也同样是占了绝大多数。可见，没有金融期货，金融市场的定价权就只能旁落在别人手里。全球四大指数公司之一的富时指数有限公司就曾经抢先一步在新加坡交易所推出了新华富时A50指数（2010年更名为富时中国A50指数）。

发烧了不能怪温度计

跟国内的商品期货市场不同的是，由于股指期货与A股市场是紧密相连的，A股市场有数以亿计的投资者，股指期货的波动可以说是牵一发而动全身，它是股市与期市投资者都会关注的一个衍生品，而商品期货市场主要还是生产商与加工商以及专业期货投资者在参与，离普通股民有点远。

中国的股指期货在反复论证中得以推出，从广度与深度上看，对A股市场的影响都是巨大的。所以，股指期货上市后，围绕股指期货的是非仍然没有停歇的意思。

争论的焦点在以下几个方面：

第一，是否与股票市场现有的制度和规则相互矛盾?

与境外股票市场和期货市场基本上都是T+0模式不同的是，目前A股市场实行的是T+1模式，而股指期货实行的是T+0模式，两者之间由于交易规则的差异，股指期货能不能有效发挥其价格发现功能，让人怀疑。

第二，是否为过度投机推波助澜，并加大股市的波动率？

在全球主要股市中，A股的换手率与波动率都是遥遥领先于其他股市的，现在又来了一个既可以保证金交易（实质上相当于10倍杠杆）又可以T+0回转交易的品种，会不会加重投机氛围，导致股市大起大落？

这里特别需要强调的是，市场对“投机”还是抱有深深的成见，总是把投机妖魔化。

其实，投机是金融市场的一部分，合法合规的投机者为市场提供了流动性，让套期保值得以顺利实现。股指期货具有价格发现功能，它是现货市场的先行指标，是市场情绪的温度计。套期保值者通过期货市场卖出合约而不是直接抛售股票，从这个角度来看，股指期货不仅不会加大股市波动，反而还有利于股票市场的稳定。

健康的期货市场既需要套保也需要投机，限制股指期货交易之后，市场的投机力量不足现已影响股指期货功能的发挥，套期保值交易无法做，盘面升贴水不合理也造成了价格发现功能无法实现。

第三，是否对中小投资者不公平？

股票交易基本上没有资金门槛，而参与股指期货的门槛相对而言要高很多，普通散户是参与不了股指期货交易的，只能当作是一个股市风向标来参考一下。而拥有资金优势的机构与专业投机者则可以同时在两个市场进行交易，假如当天买入股票发现买错了，可以用很少的保证金卖出相同价值的期指合约来锁定下跌风险。而散户买错了，当天是不能卖出股票的，也没法通过股指期货来对冲。这样就有一个问题，即大户可以通过股指期货来做套期保值，而散户则只能自求多福，对散户不公平。

这个问题的解决，有赖于A股市场逐步从散户为主的格局向机构投资者为主转变，未来A股市场越来越不适合散户，散户通过购买基金和理财产品等方式来参与股市，将是一个大趋势。

第四，是否存在拥有资金优势的大鳄跨市场操纵的风险？

这个问题也是大家比较关注的。理论上来说，通过操纵少数几只权重股，确实可以影响到指数的波动，或者，快速拉抬股指期货来影响现货价格也会在短时间内成功。但是，由于市场中各种套利资金的存在，假如交易规则没有受到人为限制而加大交易摩擦，也就是说套利交易是顺畅的，期货价格与现货价格的基差不大可能长时间处于不合理水平，操纵获利的难度很大，几乎是不可能的任务。此外，在大数据与人工智能等技术手段不断进步的年代，跨市场操纵也会难以逃避监管的打击。

第五，是否为“境外敌对势力”恶意破坏我国资本市场提供了可乘之机？

果然，在2015年中的那轮股市大跌中，有人找到了下跌的原因正是“境外敌对势力”恶意做空中国股市，而股指期货正是他们达到其不可告人的目的工具。

证据似乎也找到了：一是俄罗斯的数学天才成立了一家公司，绕道国内某期货公司利用算法交易优势，在极短的时间内赚取了百倍的利润。二是一家名为“司度”的境外贸易公司先后跟国内几家券商合作介入了国内的股指期货交易。中信证券和国信证券因此还遭到了监管部门的处罚。

基于这样一个判断，2015年8—9月，中金所连续出台股指期货限制政策。

由于对股指期货从保证金比例、交易手续费和投机开仓与套保开仓都做了合约手数上的严格限制。按照这些措施的要求，股指期货的投机交易基本上没法做了，而由于投机盘不足，导致流动性严重不足，期指对现货指数基本上处于贴水状态。

在高保证金、高手续费和日内开仓数量的限制之下，股指期货的价格发现与风险对冲功能几近失效。很多量化对冲基金因为无法对冲，也不得不停掉产品或者更换策略。

然而在此之后，股票市场并没有因为绑住了股指期货的手脚而走出期望中的牛市，反而在流动性危机中跌跌不休，单日千股跌停屡次上演。2018年10月中旬跌破了2015年的“救市底”，可见股指期货并不是股市下跌的真凶。

三年多来，股指期货经历了几次松绑的调整，但是力度很小，离恢复常态仍然有一定的差距。不过，司度这个案子之后也被监管部门认定为证据不足，并撤销了2015年对中信、国信等与司度有关的处罚。由此可见，所谓“境外敌对势力”恶意做空的猜测，戏说的成分比较大。让股指期货为2015年的股市大跌背锅的问题，至此基本上得到了纠正。

别再让“傲慢与偏见”耽误制度建设

从2015年股市异常波动至今，三年间大量事实证明股指期货不应为股市低迷背锅。而监管层近期在国际期货大会上提出的“股指期货常态化”，标志第三次松绑不再仅仅是权宜之计，而是中国期市和股市正实质性进入新的历史阶段，股指期货正形成持续放松的预期。股指期货增仓升水将进一步坚定广大机构投资者的持股信心，而成本显著降低又将实质性推动衍生工具对冲机制效能的充分展现。

何为常态化交易？证监会副主席方星海就提出，要持续扩展期货市场的广度和深度，其中包括做好股指期货恢复常态化交易的各项准备。

中金所总经理戎志平也表示，从某种意义上说，衍生品市场比股票市场和债券市场更为重要。资金大进大出使市场更不稳定，而衍生品市场则可以平抑这种波动。

2017年2月、2017年9月，股指期货已经经历两次松绑。这波松绑后，股指期货保证金比例基本上调整至2015年股市大跌前的水平。

对比2017年的前两次调整，虽然总体依旧保持小步走的节奏，但股指期货交易常态化的步子迈得更大了，而这对整个资本市场都具有积极意义。

第一，短期来看，恢复股指期货常态化交易，无论是保证金比例的调整，还是手续费费率的下降，都有利于金融机构降低成本，提高资金的使用效率。同时，股指期货渐渐恢复常态化，也有助于量化对冲基金的发展，可以为资本市场注入更多流动性。有业内人士表示，调整股指期货交易安排，激活对冲基金行业，将为A股带来2000亿～3000亿元的增量资金回归，甚至有可能更高。

第二，长期来看，股指期货常态化有利于现货市场风险对冲需求得到充分满足，有利于平滑股票市场的波动率，防止大起大落。A股市场对风险管理的需求是巨大的，股指期货已被成熟市场所证明是市场必不可少的风险管理工具。目前，A股市值高达40多万亿元，在复杂的内外部环境下，股指期货交易受限等于让股票投资者由于得不到必要的风险对冲工具保护而处于“裸奔”状态。

第三，股指期货常态化有利于价格发现功能的实现，增加了投资者判断长期市场趋势的分析工具。境外成熟市场的实践表明，金融衍生品并非洪水猛兽，其价格发现功能有助于价值与价格中枢的形成，一个功能健全的股指期货市场，有利于提高股票市场的运行质量。

第四，股指期货常态化有利于中国资本市场的改革开放，促进A股市场的国际化进程。A股已经纳入MSCI指数和罗素指数，外资开始加速进入A股市场，股指期货常态化，有利于中国资本市场建立与国际接轨的交易规则与运行机制，既利于国际资本走进来，也利于国内投资者走出去，让金融市场的国际化步伐迈得更加稳健。

记得改革开放之初，关于“真理标准”大讨论得出了“实践是检验真理的唯一标准”这个著名论断，把这个标准用在金融市场的制度建设上，围绕股指期货的是非曲直，从过去的实践中得到了检验，答案不言而喻。

总之，千万不要让“傲慢与偏见”耽误了中国资本市场的制度建设。

财富管理需要改名更需要改思路改配方

未来的金牌投顾既要具备资产配置的能力，还需要擅长亲情服务与展示同理心的本领，更重要的是，这两样本领都是基于大数据分析的有的放矢，是个性化的，为客户度身定做的。所以，未来的金牌投顾一定与以往迥然不同，一定不是股评家式的，而是数据挖掘与统计专家，不懂编程的投顾将难成为金牌投顾。

这两年关于券商的新闻和议论多了起来。不过，大多数新闻都是负面的，顺带着的议论也几乎是一边倒的悲观与同情。

从2018年年头说到年尾的无非就是这些事儿：两市交易量又创地量，券商某月业绩环比同比都下滑，某季度亏损券商超过半数，境外券商进军内地抢食，降薪裁员，写诗讨薪，董事长换人，投行、资管、研究高管英年早逝……就差跳楼和私奔的了。作为一位一直“在场”的券业老兵，我听懂了这中间的冷嘲热讽、幸灾乐祸以及焦虑不安。

当然，也不乏振奋人心的，比如上市公司中信证券发布了第六届董事会决议公告：公司经纪业务发展与管理委员会更名为财富管理委员会。紧随其后的还有银河证券经纪业务部，据说也要改名为财富管理部了。可以预期的是，很快会有第三家改名的，改名热有望从星星之火发展成燎原之势。这是一个好现象。

券商经纪业务改名的消息，圈外人可能没怎么留意，但是在券商行业还是引起了很大的反响。至少在大爷的朋友圈里，就有好几个头部券商财富管理条线的大咖分享点评，掩饰不住内心的激动。

大爷我也同样激动了一下，因为像中信这样的行业标兵也旗帜鲜明地在部门架构上拿掉了“经纪业务”，换成“财富管理”四个鎏金大字，这就等于是与传统经纪业务划清界限了啊，可见行业头部券商转型财富管理的态度有多么坚定了。

态度决定一切，在券商行业从整体上处于“小年”的2018年年末，老大哥的这个举动，让大家仿佛看见了走出泥沼的方向。大爷我激动之余，还是想说大实话，其实中信证券真的不是第一家把“经纪业务”改名为“财富管理”的券商。

在排名前五的头部券商中，至少有一家早就把经纪业务总部改名为经纪与财富管理部了。只是前两年券商行业的日子过得不错，至少不像今年这么苦逼，而且经纪业务这块券商的“口粮田”总产量够大，交易量还在那里摆着，转不转型还看不见太明显的差别，提前转型的券商可能还处于投入期，收获期还没看见。而中信证券这次的更名引起行业大咖们关注，相信跟眼前的这个市场环境有关。

因为，一般来说，人在艰难的日子才会怀着一颗谦卑之心，而在得意的时候，总是对别人的未雨绸缪嗤之以鼻。当然，还有人就是后知后觉的，像长颈鹿——据说星期一打湿了脚星期五才会感觉到。

大时代早已来临，无人可以置身事外。

不要跟大趋势对抗

关于经纪业务转型的问题，我在券商中国专栏中写过好几篇文章来加以探讨，我曾经谈到了三大趋势不可阻：

第一，通道免费是大趋势。

互联网思维给商业社会带来了一系列革命性的改变，甚至重新定义了商业的概念。在充分竞争的环境下，一门生意的绝大部分产品与服务可以都是免费的，它的盈利只来源于独一无二的差异化产品与服务。如果你的服务与产品是与别人完全同质化的大路货，那就不可能有利润，因为存量博弈的结果可能是利润为零。优秀的企业必定会通过技术与服务的创新来寻找差异化，在利润为零的产品与服务之上创造新的利润增长点。

所以，不要一谈到零佣金就说成是恶性竞争好不好？你用微信付了钱吗？用微博付了钱吗？为什么人家成本费都不用收回，花钱研发，不断改进，然后一分钱不收免费给你使用？

现在的杀毒软件还能卖钱吗？360就把它搞到了免费，当初有多少人认为周老板肯定疯了，这么损人又不利己的事儿，他图什么？现在杀毒软件还是免费，但360已然找到了自己的盈利模式。

再回忆一下当年格兰仕微波炉把价格从几千块钱一台搞到几百块这件事，难以置信，以为这事儿准是不计成本的恶性竞争，现在微波炉还是几百块一台，格兰仕垮了吗？

第二，服务收费是大趋势。

用互联网思维看市场，把佣金率打到零，牺牲交易通道的利润，赢得更多的客户，然后从其他途径把钱挣了，“羊毛出在猪身上”，这不正是许多科网股的套路吗？比如说，在券商营业部的收入构成中，息差收入的占比越拉越大，甚至超过了佣金收入。

投顾服务的大力推行，有望加速取代通道服务，成为经纪业务的重要收入来源。在相关政策措施出台后，未来优势券商可望在咨询收费、账户管理费、客户盈利的后端分成等服务收入方面取得显著进展。

通道免费，服务收费，财富管理就是做这门生意的。

第三，全业务链是大趋势。

得客户者得天下，是服务行业的金科玉律。券商经纪业务引进和积累下来的客户资源是券商其他业务的重要载体。无论是资管、投行还是研究业务，离开经纪业务的客户资源，可能就成无源之水，无本之木，难成大器。

可见，经纪业务直接创造的收入在券商业务收入中的比重会下降，但是它为其他业务板块的收入增量提供了客户来源，它不仅是金字塔的底端，更是整座金字塔的地基。

扩大高净值客户群体数量，引进、盘活、做大客户资产规模是提升有效市场份额的有效途径。只有当市场份额提升到其他竞争对手望尘莫及的水平，才可以说明经纪业务的财富管理转型获得了某种意义上的成功。专业化的投资理财能力、资产配置能力以及多元化的收入结构是建立在客户规模持续增长的前提条件之下。

从这几大趋势来看，第一个大趋势目前已然成了行业共识。第二个大趋势，说的正是财富管理转型，财富管理部门将不依赖过往的佣金薅羊毛模式，投顾通过优质服务收费将是未来的主要收入来源，这个正在成为行业共识。第三个在头部券商中已然成了一个共识，但在全行业来说，还有待进一步提升认识。

态度比名字更重要

在几年前对于未来券商竞争力思考的文章中，我一直在思考未来的行业领袖会是什么样子的。

有远见的券商不惜牺牲短期利益去打开未来的生存空间，它们坚定不移地扩大客户数量，做大客户资产规模，提升市场份额，为财富管理转型打下坚实的基础。

放眼未来，靠牌照赚钱肯定没有前途，靠通道收费肯定没饭吃。对于一家头部券商来说，拥有强大的经纪业务或许会有辉煌的今天，但是过度依赖经纪业务直接创造的收入，很可能不会有灿烂的明天。

所以说，未来的行业领袖只会从财富管理领域的佼佼者中产生，那一定是具备获取源源不断的服务收入能力的券商。

我曾经有过这样的困惑：不知道谁会在未来的行业变革中笑到最后，但是从上述角度去观察，有以下这些特征的券商无论今天多么风光，却很可能没有明天：

第一，经纪业务收入在公司总营收中占比过高的券商没有前途；

第二，交易佣金收入在经纪业务收入中占比过高的券商没有前途；

第三，佣金率还在高位的券商没有前途。

在市场平均佣金率已经向谷底跌落的大趋势下，有的券商佣金率还在半山腰，未来出现补跌并下滑到谷底将是大概率事件。

只有没落的企业，没有没落的行业。单就通道收入来说，券商经纪业务无疑早就是红海，而从财富管理的角度去看，经纪业务无论改不改名都不要紧，关键是态度要尽快摆脱原有的薅羊毛思维，回到为客户创造价值并分享价值的与客户共同成长的轨道上来。那么，经纪业务拥有的巨大的客户资源与营销渠道优势在导入财富管理的理念与方法之后，一定会是广阔天地大有作为。

前几年我还用了三个指标来判断经纪业务的拐点何时出现：

一是经纪业务收入在一家券商总收入中的占比下降到50%以下。

二是经纪业务的佣金（纯通道）收入下降到这家券商经纪业务总收入的50%以下。

三是服务收费（投顾服务、研究咨询、财务顾问等）收入占比超过50%。

本来我以为这个拐点的出现还会有几年，没想到前两个指标会如此迅速地被超越。

据券商中国记者统计，就营收占比来看，2018年前三季度经纪业务收入占比为26.18%，已经不再是多年来雄居券商第一的营收来源，这个比例甚至还低于自营业务收入占比，后者达到了27.80%。

这一组数字（来自券商中国）很能说明问题：

2016年前三季度，经纪业务的主要业绩指标——代理买卖证券业务净收入（含席位租赁）一项占营收的占比为33.51%，稳居营收第一来源，自营收入、证券承销及保荐收入占比都不超过20%；

2017年前三季度，该项收入占营收的比例下降至27.98%，依然为营收第一来源，不过地位岌岌可危，自营业务收入紧随其后，占营收的比例已经达到了26.55%；

2018年前三季度，经纪业务指标占比进一步下滑。

自有国内券商开始，经纪业务就一直是券商最大的营收来源，收入占比最高的年份可以达到80%甚至90%，但是这个占比近三年来出现了断崖式的下跌。

这个下跌趋势是不可逆的，这完全就是砸饭碗甚至砸锅的节奏。大家忽然发现，没有路径可以依赖，留给券商经纪业务的时间不多了，可选择的转型路径也不多，“自古华山一条路”，这条路就是财富管理之路。

财富管理是一门技术活

券商经纪业务改名之后，接着就要看是不是“改思路改配方”了，不然，就只是换汤不换药而已。

随着经济的不断发展，投资者也正在从个人股票投资市场向家庭综合财富管理方向转变，需求和财富增长都呈现多元化趋势。未来的证券投资顾问，也将成为客户的财富管理顾问，形成更为长效和多元的用户黏性，让券商成为个人投资者的财富管理加油站。而传统的投顾服务，受限于规模、效率及成本，无法满足我国庞大且快速增长的个人财富管理需求。

近年来，如何将金融理论与人工智能、大数据、云计算等技术相结合，用智能科技武装投资顾问，成为许多机构关注的焦点。恰好去年的这个时候，我读到了好多篇诸如“某机构用智能科技为金融服务赋能的报道”，那个时候，金融科技是一个热门话题。

有一个报道是关于中信证券与金融界的战略合作协议签署仪式。双方表示将在投资顾问服务领域开展合作，探索如何用智能科技为证券服务赋能。此外，双方还将在财富管理领域展开智能资产配置研究的合作。在这个文章里，中信证券明确把智能科技与投顾服务放在一起。其相关负责人表示一直关注金融科技的发展与应用，非常期待通过双方在投资顾问以及财富管理领域的合作，为投资者提供更为优质的服务体验。

那个时候，各大头部券商的经纪业务条线的高级管理人员对财富管理转型早有共识。在行业监管逐渐趋严、佣金费率持续下降、技术依赖不断增强的市场环境下，证券经纪业务的市场集中度和盈利能力均呈现下降趋势，而金融科技能力必将成为证券服务的核心竞争力。

券商借助财富管理业务谋求转型已经是行业的大势所趋。随着券商经纪业务将从上半场——价格战走向下半场——服务战，行业集中度将由降转升，综合服务能力强的头部券商将会脱颖而出，财富管理的核心竞争力将是投顾服务能力。身处科技与金融的交汇点，谁能为用户创造价值，谁就能与客户分享价值并留住客户，还可以通过良好的口碑效应吸引更多的用户，形成科技促服务，服务促效益的良性循环。

中信证券的这次财富管理转型，不是一个孤立的机构更名，而是会有从理念到方法的体制性的变革，核心是智能科技先行。财富管理都需要通过投顾落地，这基本上也是行业共识，争议在于，我们需要什么样的投顾？是机器还是人？是股评家还是资产配置专家？是心灵按摩大师还是编程高手？

我想，在回答这些问题之前，我们需要解决一个问题，那就是，你为你的投顾提供了一个什么样的工作平台？所以，好的财富管理一定是靠“人和平台”两条腿走路的，理想的状态应该是人与平台的融合。

目前为止，把投顾工作平台做得很好的券商可以说寥寥无几，因为需要花大力气和大价钱去投入研发。这对于中小券商来说，既有认识不够的问题，也有经费上无力承担的问题。所以，多数投顾平台都是引进第三方软件公司做一个凑合着用，这个方面与自主研发的头部券商一下子就拉开了很大的距离。

不管好与孬，平台大家都有了，现在就需要配置投顾了。大家忽然发现，市场上成熟的人工投顾不好招聘，大家都要抢，条件门槛竞相降低，发现还是僧多粥少，找不到人。人不好找，大家想到干脆找机器。这几年，国内包括银行、券商、基金在内的财富管理行业都在人工投顾与智能投顾（机器）之间有过摇摆不定，各大机构都在大力投入并积极尝试，有人甚至放言智能投顾完全可以取代人工投顾。可惜的是，理想很丰满，现实很骨感，喧嚣了一阵子之后，大家发现客户并不乐意接受。

大爷我就这个问题专门请教过一位机器人专家，他给出的解释是，不管有人把人工智能吹得多么玄乎，还是需要清醒地认识到，目前的人工智能还属于“弱人工智能”阶段，真正进化到“强人工智能”时代，我们才可能期待它的情商会赶上人类，这个时间需要多久？他说估计至少得30年吧！

智能投顾无法取代人工投顾的关键障碍是它在“情商”上无法超越，而证券服务的一半成效跟“情商”有关。既然未来财富管理比拼的是服务，而能够产出优质服务的当然是平台与投顾的融合效率。

平台比拼的是券商金融科技的实力，即大数据与人工智能的开发应用能力。而投顾比拼的是人与AI的融合能力，如果你在标准化的平台上产出标准的产品，那你顶多就是一个合格投顾，如果你在标准化的平台上生产个性化的咨询产品，那你具备了成为卓越投顾的“底层技术”，这个技术的核心是编程能力，这个能力是那些金字塔尖上的金牌投顾必须具备的。

未来的金牌投顾既要具备资产配置的能力，还需要擅长亲情服务与展示同理心的本领，更重要的是，这两样本领都是基于大数据分析的有的放矢，是个性化的，为客户度身定做的。所以，未来的金牌投顾一定与以往迥然不同，一定不是股评家式的，而是数据挖掘与统计专家，不懂编程的投顾将难成为金牌投顾。

从综合类的头部券商和细分领域的龙头券商的角度来看，培养未来的金牌投顾，目前的校招方向就需要转向，应该重点招聘来自TMT相关专业的毕业生，而不是传统的金融与证券相关专业的毕业生。而作为目前还从事财富管理工作的从业人员来说，如果未来还想保住自己的饭碗，唯一的选择就是与时俱进，加紧学习信息技术方面的专业知识，培养自己的“金融+IT”的复合能力。

A股表现为一个“低信任市场”

现代社会的信任主要来自系统信任。系统信任是指陌生人之间能够建立起的信任，通常来自对权威的信任，即对有合法性的公权力的信任；对专业体系的信任，即对有专业知识和规范的专家系统的信任；对规则的信任，即对法律、规则、制度的信任。系统信任中，对法律、制度的信任最为重要。

在估值底“已达极值，历史罕见”（某券商首席语），政策底不断得到夯实（挺市措施持续加码），中美贸易摩擦等外部因素相对平静的环境下，A股对利好因素的反应总是过于迟钝。

对于A股长期以来由于买盘稀少而导致的连绵阴跌，分析师给出的解释无非就是：投资者信心不足，观望气氛浓厚。

自从2018年10月19日权威人士纷纷发声力挺股市以来，对股市的扶持政策几乎没有间断过。期间股市明显受到鼓舞出现过放量回升，可惜，做多的持续性不够，量在价先，成交量的萎缩说明市场信心的恢复比预期的要缓慢。

之后的国务院金融稳定发展委员会办公室召开了一个资本市场改革与发展座谈会，给市场传递了“当前资本市场风险得到较为充分的释放，已经具备长期投资价值”这个积极信号，给出了“改革面临比较好的有利时机”这样一个重要判断。

2018年四季度的中央经济工作会议指出2019年三大攻坚战之一就是“防范金融市场异常波动和共振，稳妥处理地方政府债务风险”，并“打造一个规范、透明、开放、有活力、有韧性的资本市场”。

这两个会议无疑给接下来的资本市场改革和发展指明了方向。这个方向就是通过改革来完善制度性建设，提升资本市场的系统信任。毕竟，无论从理论上还是从实践中，我们都不难理解，系统信任核心就是对制度的信任。

低信任市场的特征

从产业界到金融市场，关于信任的讨论由来已久。人们发现，信任与产业结构和大规模组织的创建密切相关，而后者对经济繁荣和竞争力至关重要。信任是金融市场的基石，离开了信任，市场的运行就成了空中楼阁。

资本市场的信任有多层内涵：

第一个层面是投资者对上市公司和中介机构品德和专业能力的信任。

第二个层面是对市场运行规则包括监管制度的信任。

第三个层面是对法律维持公平正义、惩恶扬善、损失追偿权威的信任。

但是，由于文化、习俗、投资者结构、制度环境等因素，市场发育程度的差异较大，不同市场的信任水平就存在高低之分。

日裔美籍学者弗朗西斯·福山在《信任——社会美德与创造经济繁荣》中提出了“低信任社会”与“高信任社会”一说。在福山的理论体系里，经济行为是社会生活中至关重要的一环，它由各种习俗、规则、道德义务以及其他各种习惯连缀在一起，塑造着社会。

一个国家的繁荣和竞争力是由某一普遍性的文化特征所决定的，即社会本身所固有的信任程度。福山认为，“经济参与者互相支持，是因为他们相信，彼此之间已经构建出一个基于相互信任的共同体”。

根据社会特征，福山划分出了低信任社会（他列举了中国、法国、意大利和韩国四个经济体，理由是家族构成了经济组织的基本单元）和高信任社会（列举了日本、德国，理由是这两个国家在组织非亲属关系的大型公司的过程中要顺利许多，可以轻松过渡到现代职业管理模式。其实，按照这个标准，美国也应该是）。

资本市场的信任水平无法摆脱所在经济体的信任环境，尤其是文化与制度环境的影响，我们说A股有其迥异于欧美成熟市场的“股市文化”，应该是指信任水平的相对较低。

传统信任主要依赖于文化。按照福山的定义，“文化”就是传承下来的伦理习惯。无论文化怎么变化多样，所有的文化都企图通过建立不成文的道德规则来限制人性中赤裸的自私性。传统宗教或者伦理体系（尤其是儒家思想）构成了主要的制度化资源，让人的行为受到文化的界定。伦理体系创造出道德共同体，是因为共同体内通用的善恶语言给予其成员共同的道德生活。在一定程度上说，任何道德共同体，不论其涉及的具体伦理准则是什么，都将在成员中构建出一定程度的信任。

现代信任主要依赖制度建设，它与传统信任的区别体现为系统信任与人际信任，这就是说，现代社会的信任主要来自系统信任。系统信任是指陌生人之间能够建立起的信任，通常来自对权威的信任，即对有合法性的公权力的信任；对专业体系的信任，即对有专业知识和规范的专家系统的信任；对规则的信任，即对法律、规则、制度的信任。系统信任中，对法律、制度的信任最为重要。

低信任市场的主要特征主要有：

第一，投资者只信任自己或者家庭成员，不信任专业机构和理财顾问。这就表现为A股投资者炒股都要“亲力亲为”，或者委托亲朋好友来操作，形成了一个以散户为主的投资者群体。

关于这个特征，2018年四季度金融委有这样的一段表述：与成熟资本市场相比，中国资本市场的一个特点就是散户较多，投机性较强，容易大起大落。因此，鼓励更多成熟的机构投资者入市是一个方向。值得一提的是，银保监会此前发布的理财新规一个很重要的内容，就是允许银行理财产品投资股市。

第二，上市公司质量良莠不齐，差公司与好公司长期“鱼目混珠”，最后导致投资者对上市整体公司质量的不信任甚至漠视，投机思路之下，决定股价涨跌的不是上市公司的基本面而是炒作的“主题”。

前证监会主席就曾用珍珠项链比喻资本市场，认为上市公司“数量要够，质量要高”。同时，要想上市公司质量高，就要让不好的上市公司退出资本市场，因此，退市制度也是不可少的。

但是，制度建设是系统工程，不是一个退市制度就可以解决所有问题。

以长生生物退市为例，公司突然遭举报疫苗造假，股价连续跌停，投资者根本跑不出来，已经损失巨大了，受伤一次，然后，它又要退市了，连最后的一点“渣”可能都没有了。但是，大股东股份质押了，钱都干了别的投资，退市对他们来说等于变相减持，投资者的损失如何得到赔偿？这就是一个问题，退市制度实行时需要更加关注受害投资者的损失赔偿问题。

第三，由于上市公司信披违法违规事件较多，导致投资者对上市公司信息披露的完整性、真实性、及时性信任度不够。

散户宁肯相信谣传小道消息而不相信正式的公告信息。例如，国务院金融稳定发展委员会办公室就曾发布声明：网上关于中央经济工作会议决定不减税不降费等传闻，与事实相反。但是，当天交易时间，听信谣言的投资者显然大有人在。

第四，低信任市场比高信任市场有形之手会干预得多一点。但是，假如对干预市场的“有形之手”缺乏明确的预期和可判断性，就会导致市场参与主体对政策与规则的连续性信任度较低，因为不知道干预在什么条件下会发生。

所以，金融委会议指出：“减少行政干预，能够提升市场参与者的积极性、创造性，增强资本市场的价格发现功能。这也与让市场在资源配置中起决定性作用的精神相一致。”

第五，市场违法违规成本太低，投资者在遭遇上市公司信披违法损害之后事实上索赔难度大，导致投资者对自身合法权益能否有效得到保护的信任度较低。

金融委会议指出：“做好投资者保护是监管部门永恒的职责，也只有这样才能让投资者真正做到长期投资。”

市场对“严刑峻法”的呼吁，就是提升对法律“惩恶扬善”权威的信任的期望。归根结底，信任源于良性的制度环境，任何体制的社会都存在各种各样的风险，风险来自经济活动、社会交换中的种种不确定性，也来自人性的各种弱点。法律、规则的设立基于“人是靠不住的”、人是有弱点的，而好的制度则会最大限度地抑制人性中的恶，引导人性向善向上。长此以往，久而久之，习惯成自然，人们对契约、信用和应有的行为方式达成共识，认为理应如此，不再感到规则的束缚。反之，制度、文化与人性若进入恶性循环，市场的低信任水平就很难得到提升。

信任的生成

社会的运转基于信任，社会人群之间更密切、更复杂的多元联系更是建立在信任基础上。对于金融市场来说，一个市场的整体信任水平影响着每一个参与者的信任水平。

信任有三个关键作用：带来可预测性、营造人际协作和社会合作的氛围、让协作和合作变得更有效益。经济全球化很大程度上就体现为信任的全球化。如果没有信任，交易成本就将攀升，全球贸易体系、金融体系乃至最基本的社会和经济交流都将受到严重阻碍。

尽管最糟糕的局面尚未出现，但当今社会和经济领域的确出现了一定的信任危机，个人与个人之间、个人与企业（包括政府部门）之间相互提防，具体到金融市场诸多领域也是乱象频发，导致信任与信心反倒降格成了天真与轻信的代名词。

资本市场不乏典型案例，比如，上市公司通过财务欺诈抬高股价，高位套现获得巨额红利，却损害了因为信任这些企业而高位接盘的投资者的利益。这样的情况出现得多了，“信任”就被“猜疑”所替代。讨论信任的丧失与缺位之前，需要关注信任的生成机制，也就是信任执行、唤起、诱导、强迫和鼓励的诸多环节。

信息安全界的密码专家布鲁斯·施奈尔的新著《我们的信任：为什么有时信任，有时不信任》以通俗易懂的方式分析了“信任”这个沉重的话题是如何影响社会群体的。

一方面人们总希望自己扮演好道德的角色，另一方面也希望其他个体能够做到，但是这种理想的生态系统在现实中是不存在的。

当我们在讲信任的时候，一定不能避免的话题就是“背信”。在布鲁斯·施奈尔看来，一个市场的“背信”行为越多，参与者的信任水平越低，反之亦然。因为市场主体中存在着太多的利益关系，所以造成参与者的矛盾，反作用导致“背信”的行为的数量螺旋式上升。为了维持市场本身的良性运转，市场需要通过一定的途径维护其信任水平，这些途径统称为“社会压力”。

这些压力分成道德压力、名誉压力、制度压力和防护机制。正是由于这些压力的存在，使得社会的“背信”行为减少。可见，社会压力是产生并维持信任的重要手段，也是迄今种种信任危机背景下，多数人选择诚信的根本原因：

其一，道德压力。绝大多数人不会主动去以身试法，也不会乘人之危，有时候并不是因为周边存在一种威慑力量，而是源于道德自律，因为他们认为犯法或乘人之危是错误的行为，所以自觉遵纪守法。

其二，名誉压力。爱惜羽毛，这是一种来自他人对我们自身行为反应的压力，有时会变得十分强大。

其三，制度压力。通过对违规者施加惩罚及对顺从者特别是模范执行者表彰嘉奖来促使社会与群体成员不得不遵循规则与法律。

其四，防护机制。无论是个人还是组织，为了促成合作防止背信以及建立信任或者强制服从，都需要技能型必要的防护机制设计。比如，家居生活我们需要门锁、篱笆、报警系统，对上市公司的监管就需要审计系统。再比如，淘宝的交易机制就是一种防护机制，只要买家没有确认收到商品，已从买家账户划扣的货款就由支付宝暂存，这种机制尽管也存在漏洞，但它极大地降低了卖家恶意欺诈的风险。

在金融市场讨论“人性本恶”还是“人性本善”没有太大的意义，要让一个低信任市场走向高信任市场，仅仅依靠参与者的道德自律和“爱惜羽毛”的人格追求是远远不够的。制度的界定，防护机制的“防患于未然”，才是保障“信任”不被滥用的武器，才能让信任既保留了传统的内涵又受到一种系统的护航，成为一定的确定性存在。

金融市场的参与者虽然热衷于对金钱崇拜，甚至不择手段获取更多的利益，但是人性本身也有虚伪的表现，人们既希望从欺骗中获取好处，又希望维持良好的自我感觉。人们在做一件背信事情之前、之中或者之后，都会有一系列的思想斗争，这些思想斗争其实就是社会压力的约束作用。

要发挥社会压力起到维护信任的作用，就必须增加守信者的收益而降低其成本，减少背信的收益而增加其成本，进而总体上增加守信者相对于背信者的净收益。在社会压力中，道德压力、名誉压力这两种社会压力在微观范畴（比如一家上市公司大股东或高级管理层的行为规范）中较为有效；制度压力则在宏观范畴（比如资本市场的有效运行）中较为有效，而防护机制则适用于任何一种社会规模，因为它实际上是对前面三种社会压力的补充。此外，如果社会主体是组织而非个人，则道德压力将会失效。

简而言之，就是要让“背信”者付出惨重的代价，大幅增加他的“背信”成本而减少他的“背信”收益，让他的“得付比”变得完全不成比例，“严刑峻法”的意义正在于此。

建设系统信任的途径

《我们的信任：为什么有时信任，有时不信任》一书的结语部分给出了重新建立社会压力的诸多原则：推动互联网时代线上线下的社区交流，培养共情，重新增加道德压力、名誉压力；使用防护机制调整道德以及名誉压力；协调相关科技的制度压力；让违反制度和破坏防护机制的行为者，受到足够严厉的惩罚；推进公共参与，避免权力集中在个别部门或官员手中；实现政府机构和企业运作的透明化。

假如市场的参与者都必须依赖个体的“精明”才能混得好一些，都被迫成为“精明人”的时候，整个市场的理性和智力便会衰落，这就说明制度层面存在问题。没有运行良好的制度与规则的保证就只能依靠个人的精明和算计，这样的市场环境会让参与其中的各方不堪重负并且承担很大的不确定性。如果基本的信任结构出了问题，该由制度和规则承担的设计、筹划、安排和计算都得由个人承担了，那么交易成本就会高得惊人。

福山引用哈耶克观点——“观念的转变和人类意志的力量塑造了今天的世界”。

在这个伟大的变革时代，由外及内的强制性变革正席卷全球，不容忽视的是，由内而外的信任变革同样是推动一个国家或者一个市场前进的重要力量。这两种力量相互作用，不可或缺。

具体到资本市场的问题，有人归结为人性，有人归结为信仰和文化，有人归结为制度。虽然它们之间是一种互动互构的关系，但医治市场顽疾还须从制度入手，好制度造就好的德行与人性，我们需要探讨如何以公平正义为基础，建立一个能够激发市场参与者人性中的善并抑制平庸之恶的制度。

2018年四季度的金融委会议强调，既然改革的有利时机已经来临，就没有理由不牢牢抓住。因此，中央明确指出，要建立市场化、法制化的资本市场，金融部门要加紧行动。重点在“加紧行动”这四字，这也表明，资本市场改革即将进入一砖一瓦的实施阶段，推进速度会很快。

在这次高规格会议上提出了5个方面的内容，力促各方抓住有利机会推进资本市场改革：

第一，资本市场改革要更加注重提升上市公司质量，强化上市公司治理，严格退市制度。

第二，要强化信息披露制度，切实做好投资者保护。

第三，要坚决落实市场化原则，减少对交易的行政干预。

第四，要借鉴国际上通行做法，积极培育中长期投资者，畅通各类资管产品规范进入资本市场的渠道。

第五，监管部门要加强与市场沟通，积极倾听市场声音。与市场沟通，是监管部门获得政策效果反馈的一个重要渠道。包括座谈会在内的各种沟通机制有望得到不断完善。

这五个方向都指向了提升中国资本市场系统信任，尤其是第五点，指出制度建设也要走“群众路线”，从群众中来，到群众中去。作为一个新兴市场，一方面，从“传统信任”抵达“系统信任”需要一个过程，中国文化中的“天理，人情，国法”说明了我们的信任体系一定会包含部分非制度因素，另一方面，建立A股市场的“系统信任”不能照抄照搬成熟市场的经验、规则与法律，需要从国情出发，循序渐进。所以，在任何时候，任何地方，沟通都是市场参与各方提升系统信任度的一种有效途径。

假如炒股是一场真人秀

每个人都是自己的主角，在规则之下，为了取得最好的投资成绩这个终极目标，真实地游戏——与同场竞技的交易对手周旋，与自己的人性弱点斗争，与趋势为伍，努力跟上市场的节奏……他们的活动轨迹或通过交易账户被记录，或通过自己的主动展示而被周围的人围观，这既是一场个人真实故事的现场直播，又是一场有输有赢的暗中较劲，看谁的赢利跑赢大盘，看谁能不断超越自我，看谁能找到并享受过程的乐趣，大家既是演员，又是观众。

关于炒股是一场怎样的体验，我问过很多人，几乎没有一个人的答案是一模一样的，这也难怪，毕竟每个人都有自己独特的股市阅历。

世态百相，通过股市这个舞台得到淋漓尽致的展现。每个人都是自己的主角，在规则之下，为了取得最好的投资成绩这个终极目标，真实地游戏——与同场竞技的交易对手周旋，与自己的人性弱点斗争，与趋势为伍，努力跟上市场的节奏……他们的活动轨迹或通过交易账户被记录，或通过自己的主动展示而被周围的人围观，这既是一场个人真实故事的现场直播，又是一场有输有赢的暗中较劲，看谁的赢利跑赢大盘，看谁能不断超越自我，看谁能找到并享受过程的乐趣，大家既是演员，又是观众。

从这个角度来看，炒股就是一场真人秀啊！“秀”的内容可以五花八门。

很多人都有过这样的刮奖经历：刮到“谢”字的时候，明明知道接下来是“谢谢惠顾”，却总要全部刮完才舍得放手。后来的许多事都是如此。

比如，每到年尾，明明知道一年A股的结局已经提前写好，明明知道无论是公募基金还是散户都拿着一张与“谢谢惠顾”同样意思的投资“奖券”，但是，大爷我跟很多人一样，总心存侥幸，还不肯轻易死心，还是要在电脑前坐到下午三点，直到这一年A股市场的最后一个收盘价定格，才确认没有奇迹发生。接下来看朋友圈里各种与2018年股市的告别仪式，有写“再见！2018”的，有写“终于熬过来了，2018”的，最狠的是“快滚！2018”。

可见，这一年过得有多不容易。

还有就是，财经媒体的各种数据统计与排名铺天盖地。都提到一件事：基金年终排名大战七年来最惨！有个说法不知道是段子还是真事，说是一只新募集的基金，由于各种原因一直没有建仓，没想到，最后它竟然以零收益获得了排名大战冠军。

统计数据显示，2018年主动股基“一哥”竟还真是零收益，而纯债基金大赚10%却进不了前十，可见权益公募基金有多惨。对于每一位公募权益类基金经理来说，压力和煎熬都难以名状。段子手尖酸刻薄且一点情面不给：前几年靠“运气”赚钱，今年靠实力亏钱。

虽然无法改变投资业绩，但是基金经理们可以改变对待业绩的态度，至少

部分基金经理可以从相对排名中找到些许安慰。即便是一哥，战胜了所有的对手，还是输给了趋势。这似乎是一个客观理由：不是我们无能，是市场环境太恶劣。

项羽遭遇十面埋伏，也只能仰天长叹："此天亡我，非战之罪也。"于是拔剑自杀。所以，你们也别逼我啊，2018年英年早逝的资管精英已经够多了。自我安慰加自我壮胆之余，这一年来，面对那些打败我们的"敌人"，我们主观上真的无法识别它们的"狡猾"之处吗？

2018年全年交易结束之后，从年头到年尾，我把包括基金经理在内的机构投资者关于A股市场的有代表性的预测与策略梳理了一遍，发现误判率之高，也是史无前例的，至少有以下10个集体性误判：

第一，对市场风格的误判

众口一词2017年是价值投资元年，市场风格会延续蓝筹股高歌猛进的结构性牛市行情，对蓝筹股泡沫完全视而不见。由于2017年"漂亮50"空前绝后地独领风骚一整年，所以几乎没有人怀疑2018这样的市场风格会延续，受益于蓝筹股的强劲表现和个人投资偏好相契合，大胆撸大票的公募基金整体呈现正回报突出的趋势。据2017年基金公司年报显示，120余家基金公司合计为投资者赚取收益高达5617亿元，较2016年增加了7356亿元，明显跑赢私募、保险资管及券商资管等机构，在投资者心目中树立了理财专家的高大威猛形象。

随之而来的是各种赞美之声不绝于耳。骄傲让人疯狂。结果就是一开年就把"抓大放小"演绎到登峰造极的地步，茅台干到800，恒瑞干到100，连建设银行也一口气干上去50%，上证综指走出了罕见的11连阳，逼近3600点。他们完全不理会像建行、中信银行这样的大银行股的AH股溢价竟然可以高达40%，特别不可思议的是，在沪深港股通早已开通的背景下，如此之高的溢价，无论是北上资金还是基金经理，都继续选择撸更贵的A股银行股。

接下来的A股银行股"变脸"之快让人目瞪口呆，建行快速冲到接近10元后调头向下，直奔7元附近，跌掉30%跟玩儿似的，这样的价值投资，跟投机没啥两样。

他们忘了，或者打死不相信这个“魔鬼规律”：A股没有一年的投资风格是上一年的简单重复！没有什么“这次不一样了”，2018，重复的是魔咒。

第二，对投资主题的误判

以为喝酒吃药可以包医百病，以为“买入—持有”的躺赚模式可以永不过时。2018年年初，整个市场充斥着一股对“王国斌”式投资的痴迷。到2018年上半年收官盘点时，权益类基金已经感受到了“寒意”，但是仍有亮点，医药主题基金和食品饮料主题基金业绩不俗。

Wind资讯数据显示，2018年上半年，在上证综指大跌近14%的情况下，医药基金平均赚得5%以上的收益，表现最好的一只在7个多月的时间里赚得了近40%。

然而，好景不长。2018年7月中旬的疫苗事件，年底一次带量采购降药价，直接使医药板块血流如注，医药主题基金被当头一棒，业绩随之大幅回吐，维持了大半年的正收益一周就被抹得干干净净。

白酒主题基金也相似。茅台利润增速轻微放缓，机构投资者就受不了，翻脸比翻书还快，争相用脚表态。结果，历史上的第一个“一字跌停板”献给了2018。其实，白酒股的下跌只有一个真正的原因，那就是2017年涨得太快太猛，五粮液涨起来茅台也拦不住它，跌起来比茅台还要命。

医药股下跌的逻辑还是邱国鹭四年前在《投资中最简单的事》中讲得比较透，也很有预见性：医改前，药费由患者买单，患者是弱势群体，药企与医院拥有无限定价权，毛利率比肩白酒豪门茅五洋（茅台、五粮液、洋河），所以医院的药房是利润中心；医改后，药费由政府买单，没有一家药企或者医院有力量跟政府抗衡，定价权转移到了买方手上了，买方为了降低成本，那一定是往死里砍价的，扛得住的独家品种只能赚取微利，扛不住的大路货大部分就得死掉，医院的药房就变成成本中心了。

A股喝酒吃药这么多年，老皇历早该翻篇了。但是，不见棺材不落泪，回到2018年年初，有哪个基金经理相信呢？

第三，对A股安全边际的误判

早在2018年年初，某著名卖方研究就做出预测：低市盈率、低市净率策略将有超额收益，尤其是港股和海外市场。所以，当上证指数跌到3000点的时候，就有很多基金公司预测估值底已经出现了，A股到了安全边际足够大的区域了，特别是白酒、医药、家电、保险，PE与PB从高位快速回落，都认为是“千金难买牛回头”的好机会。但是，让人始料未及的是，一大批股票的股价，跌掉一半还可以再跌一半，其中就包括了一些低估值的品种。

第四，对股权质押风险的误判

2018年A股市场连绵下跌的最重要推手非股权质押莫属了。

但是，整个2018年上半年，包括基金公司在内的机构投资者并没有把股权质押这颗“天雷”放在眼里，都认为风险可控，不可能会出大事，都认为最多就是融出资金的银行券商信托要倒点小霉，大霉也倒不了。所以，对股市的冲击是局部的，小范围的，可控的。

大家注意力都集中在“美股22倍的平均市盈率为何还不跌、A股12倍市盈率为何还不涨”这个“天问”上面，仿佛A股下跌都是美股惹的祸，只要美股下跌了A股才能涨，A股跟跌不跟涨，让人很不服气，耿耿于怀。

其实，这个时候，A股的下跌已经跟估值没有什么关系了，股权质押造成的流动性不足和投资者信心的崩塌远远超过美股的冲击。然而，机构对这个问题的严重程度没有引起重视，出现了致命的误判。

第五，对中美贸易战严峻形势的误判

这个就不用多说了，在一片美国要是敢跟中国开打贸易战就是“搬石头砸自己的脚”的乐观氛围中，机构对于“贸易战打不起来”是成竹在胸的。A股2018年出现了很多个奇特的“推特缺口”，就是每次特朗普发推特宣布一项针对中国的贸易措施之后，A股就会跳空低开，形成巨大的跳空缺口，对市场的人气打击都很大。这些缺口的形成，反映了对贸易战的影响缺乏心理准备，

“推特缺口”就是负面冲击超预期的反映。

第六，对美股见顶传导A股的误判

由于普遍预期中美股市会出现“跷跷板效应”，大家觉得A股下跌就是被美股上涨给气的。所以，只要美股跌了，A股肯定能涨。有位券商策略首席打了一个生动的比喻：美股下跌是A股的布谷鸟！但是，美股见顶对A股的冲击会不会超预期，会是怎样的传导机制与路径，预判是不充分的。还是把问题想得简单了一点，比如，山顶上的美股见顶基本上是大概率事件，而A股处于山脚，处于政策底已出，情绪底夯实，市场底正在构建的过程之中，可以继续保持对A股的乐观态度；跷跷板效应可能导致从美股逃离的资金流入A股，等等。结果，A股的独立行情还是没能继续下去，美股来了个黑色圣诞节，我们就来了个绿色的。

见鬼！说好的布谷鸟飞哪儿去了呢？

第七，对外资流入的误判

“北上资金”持续净流入一度被视为国际资本强烈看好A股的证明。加上A股被纳入MSCI和罗素指数，导致一种“外资要来A股扫货”的强烈预期，分析师所列出外资青睐标的正是2017年已经涨了一倍的消费升级板块，喝酒吃药榨菜方便面，凡是老外喜欢和老乡喜欢的，不管多贵，照撸不误。

后来发现，这些价值投资的“原教旨主义者”血统并不纯正，也许就是入乡随俗，他们的投资风格同样飘忽不定，谈不上坚定不移。美国见顶，A股继续下跌，他们照样大幅流出。按理说越便宜这北上资金应该越高兴，越应该买更多，好像他们也不按价值投资的套路出牌。还有就是，这些资金是不是来自“国际”还是一个问号。这年头，换着法子玩跨境操纵的也大有人在。

第八，对传统交易策略有效性的误判

过往的年份，再烂的行情，总会有一些策略能挣到钱。2018年却是一个例外，不管你是单纯玩阿尔法或者贝塔，还是两种策略混用，赚钱都是不可能的任务。2018年也许只有一种策略是有效的，那就是自始至终严格控制仓位，空仓的做了“一哥”，说明怎么做都是错，只有什么都不做才对。

第九，对系统性风险的误判

也可以说是对国内经济形势和企业盈利水平的误判。关于中国经济增长，某知名卖方机构2018年年初作出的预判就是“将至少持平或加速”，偏于乐观的情绪更多一些，对制造业和民营经济遇到的困难，还是估计不足。

第十，对自身能力圈的误判

这个也可以说是面对2017年超乎想象的高收益，对个人能力与运气的作用孰轻孰重出现误判。搞投资的人，能客观认识自己能力圈边界的不多。赚钱的时候都认为靠的是自己独到的投资能力，而亏钱的时候则完全是运气不好。赚钱，特别是赚大钱之后，人很容易膨胀，觉得自己无所不能。管理几个亿的基金赚钱了，认为管理几百亿也不过是小菜一碟，“无非就是后边加两个0”而已，在他们看来，能力圈是根橡皮筋，拉多大都可以。

其实按照以往基金行业发展规律，权益类基金越好卖的时候市场可能就要见顶。市场一直有这样的预期，但是身在其中的基金经理觉得“这次不一样了”，加上2018年年初，一年刚刚开始，蓝筹股投资正是热络之时，大家觉得也许风格会逐渐转变，但肯定会有一个过程，短期反转下跌的概率不大，还是可以继续乐观一段时间。基于这种预判，大多数基金经理的持股仓位都不低，许多基金公司制订的目标就是大力发展权益，打造网红权益产品，增厚规模。

据Wind资讯统计，2017年受益于股市的上涨，当时有数据可查的6800余只基金，约有6600只实现净值上涨，占比高达97%。基金火力全开，干劲十足，大家都认为公募权益类基金从短暂的春天一头跃进夏天了。在这样的极度亢奋状态中，基金销售重现似曾相识的癫狂，基民哭着喊着要把钱塞到明星基金经理手里，这跟2007年年底的情形何其相似。

2018年1月，公募基金新发数量有68只，合计规模达到1208亿份，其中有三分之二为权益类基金。

一时间爆款频出。比如，2018年1月23日，兴全合宜基金宣布成立，有效认购户数34.91万户，首募规模327亿元。这只基金的成立使得兴全基金主动权益类规模达到842亿元，直升6个名次在行业中位列第5位。除了兴全合宜外，当月的爆款基金还有华夏稳盛、东方红睿泽等。这些爆款后来的表现，公开信息都有，也就不用赘述了。

十多年来，爆款必败已经不是个案，是一种宿命。腾讯金融科技通过调查百位基金经理后发现，7成基金经理认为2019年股票仍是最佳投资机会。

平均资产管理规模在100亿以上的基金经理们对2019年的投资预测颇有价值。70%的受访基金经理仍然认为股票是大类资产中的最佳投资机会，其中，28.26%的受访者认为A股投资机会更好，21.3%认为成长股投资机会更好。另外，数据还显示，53%的基金经理比较看好科技行业在未来的发展前景，普遍认为在2019年科技股可能是表现最好的行业板块。

21世纪经济报道的调查也显示相似的乐观向上，当时权益类基金经理普遍认同以下观点：2018年即将翻篇，2019年的光景应该会好些。

由此看来，世界上没有绝望的股市，只有对股市绝望的人。A股永远充满希望，尽管，这年复一年冀望“明年会更好”的眼神中有苦涩的倒影。

处于食物链末端的散户赚钱越来越难，但是他们有永不言败的耐心；基金经理外表风光内心沧桑，但是他们有屡败屡战的勇气。其实在这个世界，没有谁比谁容易，只有谁比谁能扛！在A股市场，尤其要有一颗强大的内心，扛住市场非理性波动，总有一天能扛到新的机会到来。

一直都记得电影《七宗罪》片尾老侦探威廉最后的那句话：这个世界很美好，值得人们为此而奋斗。我只同意后半句。

证券业不可回避的十大变局

即使花了很多钱，我们还是做不成时间的朋友。不管是搞公募私募的，还是干营业部的，时间没有赠送玫瑰，倒是送来成打的皱纹和白发。所以，不要轻信罗胖们“如果跟不上，我就在终点等你”之类的精神胜利法，如果跟不上，你就得回家等着。大多数时候，时间是骗子，是小偷，只有偶尔才会是朋友。

即使花了很多钱，我们还是做不成时间的朋友。不管是搞公募私募的，还是干营业部的，时间没有赠送玫瑰，倒是送来成打的皱纹和白发。所以，不要轻信罗胖们“如果跟不上，我就在终点等你”之类的精神胜利法，如果跟不上，你就得回家等着。大多数时候，时间是骗子，是小偷，只有偶尔才会是朋友。

有位名叫津巴多的心理学家，对时间进行了30年的开创性研究发现，个体对时间的认识，决定了你对待事物和生活的角度，也决定了你的生活。还有一位名叫黄希庭的教授也写道，“决定命运的不是性格，是你独一无二的时间人格”。

我们无法摆脱时间，“我们只能生活在时间之中”，每个人（也可以扩展到每个行业与企业）都需要选择与时间相处的方式，从而塑造自己独一无二的时间人格。

处于行业大洗牌浪潮中的证券从业人员，最能感受时间意味着什么。在这个行业中，时间带来的只有结果的不确定性和过程的不断变化，面对未来，内心仍然忐忑。

无论是谁，都需要敬畏时间。“我们是被时间支配的人，时间命令我们立即动身。”莎士比亚的这句名言，让我们懂得了时间的紧迫感。每当翻开新的一页——新年的开始，都是收拾心情重新出发的时间节点。无论是券商还是从业人员，未来的时间都是沧海桑田。唯一确定的是：“你需要加倍努力才有机会留在原地。”

接下来会发生什么？中国证券业大致上会有这十个方向的变局：

第一，改名成时尚。争先恐后抛弃“经纪”二字，“财富管理”成券商新标签。

中信证券和银河证券之后，兴业证券成为第三家将经纪业务总部更名为财富管理总部的券商。股市广播采访时，问程大爷怎么看，大爷我开玩笑说，问过大师了，要想转运，必先改名。

其实早几年已经有改名的券商了，但是，没有引起太多关注，原因是券商对经纪业务转型的迫切性还没有达成共识，以为还可以在老路上走几年，路径依赖不容易被打破。

券商探索财富管理转型之路已经走过了快二十年，但是由于整个行业的日子过得不错，牌照护城河保护得妥妥的，外资进入喊了多年“狼来了”却没见狼群真的冲到前面。所以，一直还是想得太多做得太少，自我否定甚至于自我革命大多数时候都是由于饭碗被外力打破了。

现在的情况是券商行业开放呈现加速度，越来越多的新设券商和外资券商获得进入证。格局突变，无人可以阻拦，“变则通，通则久”，要想跟上行业的脚步，只有顺势而为。更名而明志。“经纪”的利益关系是券商利益至上，通俗而言就是“雁过拔毛”，这是一门就快过时的“独赢”的盈利模式；而“财富管理”的信仰是客户利益至上，创造价值分享价值，追求与客户双赢。但愿改名潮之后，券商的经营理念、组织架构、赢利模式都能告别过去，进入新时代。

第二，行业并购重组大幕拉开，未来券商收购或者合并事件将批量出现。

中信证券收购广州证券进入实际操作流程阶段，行业中人对此格外关注的原因是，下一家没准就轮到自己。

自从2005年前后券商行业发生批量整合之后，十多年过去了，券商江湖的流派和格局基本固化，涌现了一批头部券商，大家虽有竞争，大体上还是相安无事，没有太多的故事发生。

中信证券收购广州证券，是一件标志性的事件，券商江湖会不会重现2005年的一幕？目前的市场环境与那个时候非常相似，股市处于深度熊市的尾声，但是，一大批实力不济的券商痛苦才刚刚开始，熬不过去的倒在黎明前的黑暗里也是常见的事情。可以肯定的是，第二家第三家的出现也会很快。

2005年的那波整合潮是由政府主导的，可以说是一次行业革命，很多关乎行业命运的制度建设得以启程，一批优势券商脱颖而出，行业集中度大幅提升。接下来的券商行业并购将是市场主导，行业集中度还会进一步提升，有望出现几个比肩国际大券商的行业巨无霸。

第三，新设营业网点数量大幅下降，裁减与合并营业网点的案例不断出现。

前几年由于政策限制而错过网点新设高峰期的头部券商会“补课”，甚至会甩开膀子大干。而前几年抢铺摊子上得太快太多的券商会在成本、管理、合规与风控的压力之下，出现关闭合并潮。

券商中国记者据各地证监局网站不完全统计，2018年全年券商批准新设分支机构约441个，相较2017年批准新设数据减少了四成。与此同时，裁撤分支机构的数量则较往年突出，2018年共有21家券商裁撤32个分支机构，其中11月份20天内，监管部门核准了5家券商要撤销分支机构的批复。

有迹象表明，券商财富管理业务（俗称经纪业务）圈地运动从上半场的比赛拼增量进入到下半场，即进入到比赛优化存量的阶段。

第四，销售型员工数量进一步压缩，成熟投顾需求上升，信息技术类员工占比大幅提高，人员结构大洗牌。

从2017年年底开始，券商行业一边大幅裁员，一边四处招兵买马，与优化营业网点相适应，优化从业人员结构的运动也在紧锣密鼓地进行。大幅裁减的主要是营销类人员（经纪人与普通客户经理），而对成熟投顾与信息技术类人才则持求贤若渴的态度。

第五，券商研究所大变身。未来除了少数几家头部券商的研究所有实力靠卖研究服务给买方机构赚钱之外，绝大多数券商研究所的服务方向将会从对外服务买方换取分仓交易佣金转向对内服务机构与高净值客户，大批卖方研究员会跳槽转岗，要么去买方，要么去“远方”（转行），转型到投顾岗位也是一个出路。

据券商中国报道，一条“广发证券开例会，主要提到公募佣金率直降至万二”的传闻被快速传播开来。这条传闻截屏中提到，“目前机构佣金是万八，会里制定是万二，且从基金公司管理费中列支”。不过随后，广发证券辟谣称，消息不实。但是，这也肯定不会是空穴来风。

这则传言里还提到，“会里的确有这个预案，降低佣金费率，买方从管理费里面支付研究佣金，不然对基民收的就是两道钱，2018年欧洲实行了这种模式”。

据说该消息引发了行业内的巨大震动，有卖方研究员直接高喊，“开始吃土了”。

这个消息传出来后，大爷我收到了好几位业内高管的微信，转来这个消息之余还不忘加上一句：大爷多次抨击过的行业乱象可能真的要被纠正过来了。

不客气地说，这些年来，券商研究盈利模式都在比着走捷径，早该改弦易辙了。派点分佣模式只是买方与卖方合谋一起薅基民的羊毛，脱不了道德风险与利益输送的嫌疑，可怜很多基民连亏十年，基金公司却用高得离谱的佣金率分仓交易养肥了一帮名不副实的研究人员，这样的模式存在多年而没有被叫停，确实是中国资本市场的一大怪象。

有些小券商，研究所都养几百号人，招聘主要看颜值和酒量，女销售要“长得乖，放得开”。这基本上偏离了研究的本质，将严肃的研究工作娱乐化、庸俗化，天天想着各种绝招去勾兑基金经理，目的很明确，都是冲着分仓去了。可是，买方与卖方的勾兑费用，最终却是基民买单。

大爷我早就说过，如果研究真的有价值，基金公司为什么不用自己的钱买研究报告，而要用交易分仓去交换呢？

公募基金分仓佣金成为卖方研究收入的主要来源。但是，公募基金的佣金折算进净值，并不影响公募基金的管理费收入，因此尽管佣金率高居万八，但公募基金并没有强烈的动力要求券商降低佣金率。如果按传言的预案所说，买方从管理费里面支付研究费用，那才能真实地反映卖方研究的价值，才能推动券商研究业务回归研究创造价值而非营销（勾兑）创造价值的健康发展的轨道上来。

第六，重新定义互联网券商，手机成为主战场，APP将成为券商科技力量的窗口。

让科技赋能财富管理，这是许多头部券商转型为科技公司的愿景，这也是欧美成熟市场标杆券商们已经开始的行动。这几年来，券商行业的转型速度还是很快的，先是少数几家券商从传统券商率先转型为互联网券商，然后是整个券商行业的互联网化。现在要说互联网券商，就只能说依据自主研发的技术工具在移动端占据绝对优势的几家头部券商了。手机成为券商的主战场，得手机界面者得天下，而APP成为攻城略地的战略性武器。

第七，分支机构向全员投顾格局推进，有条件的营业部老总未来出路是转型为首席投顾，分支机构从区域集中转向扁平，未来分支机构扁平化将是大趋势。

转型财富管理不是改个名字就大功告成，而是从组织架构、业务流程到人员配置的系统性变革工程。未来网点优化取代网点扩张，随着信息技术的飞速发展，无论从合规风控还是业务考核的角度，减少中间层级的扁平化管理技术上可行，还可以降低成本，效率更加明显。未来分支机构除了合规风控人员外（这部分人员直属总部），全员投顾成为大趋势，营业部总经理职能将从侧重管理到侧重服务，有条件的将可能转型为首席投顾。

第八，资本中介业务风险机会并存，股权质押危中有机，两融业务见底回升。

2018年A股一路熊途，券商手中的质押股权犹如“烫手山芋”。

2018年12月28日晚间，兴业证券公告2018年计提资产减值准备6.51亿元。其中，6.08亿元与长生生物、中弘股份、金洲慈航、金龙机电的股票质押有关。

针对股权质押，兴业证券一次性大额计提减值准备，有鉴于此，市场普遍担心高悬在A股头顶的股权质押风险会向券商传导，担心股权质押业务给券商造成实质性损失。

Wind资讯数据显示，截至2019年1月2日，券商手中未解除质押的股票市值总计4128.38亿元，其中，质押规模前10家的券商们持有未解押市值超2113亿元。

一旦办理质押的股份跌破平仓线，而券商却无法平仓，大股东也无资金赎回时，券商们将面临资产减值的风险。

然而，仔细分析一下就会发现，除了退市股的黑天鹅事件外，目前高比例质押的上市公司估值早就处于极值水平，很多标的已经与高点比打一折了，水分已经挤得干干净净，券商拿着这些标的，长期看还是没有太大风险，如果券商自身的流动性没有问题，未来没准还是一个大的机会。

至于两融余额，同样已经处于下限。别看熊市时都喊着不要融资买股票，一旦市场反转向上，“一根阳线改变信仰”，融资客照样会快速回流。

第九，科创板与注册制将重塑券商投行业务格局，IPO与并购业务进一步向头部券商集中。

自从证监会对上市公司并购重组进行了松绑和支持政策并推出“小额快速”审核通道之后，超过90%的并购重组交易已无须由证监会审核。2017年四季度以来，并购重组项目审核数量迅速增长，2018年前11个月，并购重组交易金额合计2.3万亿元，同比增长42%。

券商中国记者通过Wind资讯查询，2018年并购重组交易金额合计为2.27万亿元。中信证券、华泰联合证券、中金公司、中信建投证券位居前四，这四家公司2018年财务顾问业务交易金额都超过1000亿元，合计拿下43.93%份额。

Wind资讯数据显示，2018年，财务顾问业务交易金额前十的券商分割了并购市场超六成的市场份额，其中前五名券商就占据了48.32%的市场份额。

可以预计的是，科创板与注册制试点落地之后，IPO与并购重组业务将会越来越依赖券商的资本实力、专业团队、品牌信誉，硬实力与软实力都要排在前面，投行业务的行业集中度还将进一步提升，未来将形成寡头竞争格局。

第十，自营与资管业务风险偏好大幅下降，主动挑选股票的策略不受待见，主动投资规模收缩，为追求绝对收益，以指数、FOF、对冲、套利为主要策略的“被动投资”大行其道。

全球来看，不管是自下而上还是自上而下，主动挑选股票的投资策略早已式微，既然绝大多数的基金跑不过指数，那就说明跑不过指数是大概率事件。前几年开始，华尔街流行被动投资、指数基金、FOF、中性套利，大家发现以追求绝对收益、努力跑赢无风险收益率为目标，比追求不确定的高收益要靠谱。过去十年，主动管理的收益波动率很高，有的年份大赚，有的年份大亏，当然，A股指数的表现也很糟糕，被动投资收益难言理想，只是相对主动管理而言，会稳健很多。

经历2015年以来的巨幅调整，A股估值处于极值位置，对于被动投资而言，这个点位确实是一个不错的机会。

“巴菲特”不是一种技巧，而是一种品质

在大爷我看来，“巴菲特”不应该是一个名词，而是一个形容词——他代表着理性、耐心、专业与价值投资，而不是割韭菜的技术活呢。

约翰·列侬说，所有事到最后都会是好事。如果还不是，那它还没到最后。

对于祥源文化的股民们来说，“坏事”又朝“好事”的方向前进了一大步。关于这家上市公司，闹腾了不少重磅消息，比如，法院一审宣判，股民告赢了上市公司祥源文化，赵薇连带赔偿！人生如戏，全靠演技。女版巴菲特赵薇在荧幕风生水起，在资本市场上长袖善舞，可惜演技再高也有真相暴露的一天，不仅自己没有落得好名声，而且还害苦了一群投资者，最后遭到投资者群起维权。

据浙江新闻微信公众号2019年1月17日消息，备受关注的投资者诉上市公司祥源文化（原万家文化）、赵薇证券虚假陈述纠纷案传来“好消息”：投资者赢了，获得了杭州中院一审胜诉判决。这是涉及被告赵薇的证券虚假陈述案全国首例判决，对后续案件具有重要借鉴意义。

2016年年初的时候，大爷我在券商中国的专栏中调侃：A股有戏了，不信你看，全中国最会演戏的人都来了。并且警示大家：这些年来，娱乐圈明星们的到来，确实给A股市场制造了更多的炒作题材，看起来股市是有戏了，然而，

如果我们的上市公司一直沉迷于制造短期轰动效应的投机取巧把戏，这个市场最终还是没戏。我言辞犀利地批评了A股市场部分影视娱乐上市公司给予一些所谓大牌IP以匪夷所思的高估值定增或者收购，制造炒作题材拉高股价，以达到自己不可告人的目的。我特别质疑了范冰冰的一家空壳公司估值十亿与唐德影视进行"重大重组"的合理性，还有冯小刚的公司与华谊兄弟的蹊跷收购案，这些明星与上市公司后边的故事，不仅猜中了开头，结局也猜中了八九不离十。

而赵薇的故事，不过是一个老掉牙的故事，又重新演了一遍而已。还是那句老话，出来混迟早要还的。

"女版巴菲特"其实是三脚猫

前一段时间，在百度百科上有一个词条叫作"女版巴菲特"，点进去对其的解释是："在国内女版巴菲特通常指明星赵薇。"可见，对于这位以"小燕子"角色而名噪一时的明星来说，演员身份背后的投资"天才"也是亮瞎了很多人的眼睛。

不过如今，"女版巴菲特"的目录背后可能要加上并不太光鲜的一串：以空壳公司51倍杠杆收购万家文化，最终遭到了监管部门的严厉处罚和投资者的索赔，女股神五年内禁入证券市场。

很多人想不到，这位曾经唱着"有一个姑娘，她有一些任性，她还有一些嚣张"的"小燕子"，十多年后在资本市场上还是脾气不改，任性起来人戏不分。

从结识到马云等富豪朋友、到套现阿里影业净赚10亿港元，再到高调宣布入主万家文化致公司股价暴涨，直到后来用空壳公司撬动51倍杠杆遭遇证监会处罚，现在被遭受损失的投资者索赔，可见赵薇的资本玩家之路，峰回路转，跌宕起伏，堪称精彩，只可惜最后还是玩砸了。

说起赵薇的投资史，最早出现在A股市场是2003年，赵薇曾位列重庆路桥第五大流通股东席位。她拿着的时候这只股票死活不涨，等她一卖掉，重庆路桥的股价竟然一飞冲天，让她徒呼奈何，她一度像祥林嫂那样到处讲"我炒股不

是发了，是哭了，我是一名受伤的股民”。

而这位曾经到处哭诉自己是“受伤的股民”的明星，后来不仅把自己包装成为“女版巴菲特”，而且还以她从资本玩家那儿偷师习得的“空手道”让更多人成了受伤的股民。这位“女巴”一试水资本运作，就表现出过人的天赋，我猜她一定被自己的财商吓了一跳。

2014年，赵薇和黄有龙按每股均价1.6港元购入19.3亿股阿里影业股份，合计31亿港币，成为阿里影业第二大股东。次年赵薇夫妇开始减持套现，据媒体介绍两人净赚超10亿港元。

在此之前，2011年，赵薇还以77万元左右入股了唐德影视，而等到2015年唐德影视登陆A股市场时，赵薇持股市值已经暴涨至1.2亿元，短短4年投资回报率超过150倍。

圆通速递借壳上市，作为原始股东的云锋新创持有圆通速递8%的股权，而赵薇便是云锋新创的股东，她曾出资7500万元入股，持有云锋新创2.44222%股权，圆通成功借壳也使得赵薇浮盈数千万元。

万家文化此前的定增方案中，参与的上市公司、海外资产、内地公司数量实谓庞大。截至2016年11月底，赵薇黄有龙夫妻所持资产总值约56.63亿元。直接、间接持有金宝宝控股、顺龙控股、阿里影业、云锋金融、唐德影视等多家上市公司股权。

至此，赵薇初步完成了从一个女明星到资本玩家的蜕变，“女版巴菲特”横空出世，A股江湖多了个兴风作浪的推手。

跨界收割韭菜手法太狠

但凡居心叵测的人，不玩砸才怪呢。2015年，赵薇曾接受某媒体访问时说：“中国的女演员也挺多的，比我过得动荡而复杂的没几个吧。我觉得，我确实有自己非常独特的命运线。”

从小燕子走到现在，确实比一般的演员走得更传奇，也更惊心动魄。但所谓的独特命运线的背后不过是以万千股民的血汗钱为代价。凭着从宫廷戏里带出来的那一股子任性劲儿，女巴菲特开始折腾，瞎猫碰到死耗子，挣到了不少钱，于是难免会自我膨胀，还真把自己当巴菲特了呢。一个入戏太深的疯狂玩家，会活在自己无所不能的臆想里。

“一线女星花30亿‘买’A股公司”这样一条震撼人心的标题背后，真相竟然是“女版巴菲特”妄想用6000万加上51倍杠杆的空壳公司控制万家文化。机关算尽太聪明，没想到本来是玩一把“空手套白狼”赚快钱，最后却套住了自己。

在监管层不断追问之下，2017年3月份，龙薇传媒终止了收购方案，赵薇控股祥源文化的计划正式泡汤。随着赵薇退出，祥源文化股价大幅滑坡。从2016年11月25日停牌日筹划重大资产重组，到2017年3月31日宣告股权转让终止，祥源文化的股价坐了一回过山车，从18元附近一度冲高至25元，最终跌到了13元，区间最大跌幅近5成。截至2019年1月18日，公司股价收盘于4.3元，累计股价暴跌近83%，市值蒸发超百亿。

因名人效应等因素叠加，龙薇传媒严重误导市场及投资者，引发市场和媒体高度关注，严重扰乱了正常的市场秩序。赵薇入主祥源文化的闹剧，害苦了祥源文化的投资人，部分受害投资人开始维权，以证券虚假陈述责任纠纷为由，委托证券行业的律师起诉赵薇等方面。

一场闹剧，一地鸡毛。

“巴菲特”是一种品质而非技巧

A股市场有一种特殊的文化，那就是“只以成败论英雄”，只要能在资本市场赚钱，不管是通过什么方式赚来的，就会被冠以“财技高超”“股神”“中国巴菲特”之类的美名。在大爷我看来，“巴菲特”不应该是一个名词，而是一个形容词——他代表着理性、耐心、专业与价值投资，而不是割韭菜的技术活呢。所以，不要迷信他们。

程大爷2016年年初曾经在券商中国的专栏文章中告诫跨界资本市场的明星们：一个演员由于对角色的过度投入，常常会入戏太深，以至于无法自拔。跨界玩资本市场的明星们，还是要保持足够的清醒。不要高估了颜值的时间价值，不要低估了A股江湖的险恶。在利益冲突中，一旦你的利用价值被透支消费了，资本玩家抛弃你时会连眼睛都不眨一下。不要掠夺你的粉丝，他们才是你一生的米饭班主，不懂得珍惜与感恩，迟早有一天，在股市里，你会把一辈子的饭一口就吃完啦!

同时也告诫那些热衷于追逐明星股的普通投资者：不要让生活的感性淹没投资的理性，如果你以为对明星的喜爱可以换来更好的投资收益，那就是太幼稚了！因为，看脸选股风险高。《格列佛游记》中有一句话：盲目可以使你增加勇气，因为你看不到什么危险。基本面还是要的，毕竟再大的明星也没有为股票的基本面背书；千万不要高估了明星们的品德。要知道，在A股市场，德艺双馨只是个传说；不要成天关注明星绯闻，还是要多关注有价值的投资资讯。

还是重复一遍大爷我2016年的那句感叹吧：一个好演员，一辈子可能演过国王，也演过小偷，演过皇后，也演过妓女，但是，最重要的莫过于演好自己，扮演一个正直的有道德的自己，这比赚多少钱都要有意义。

注册制将让A股变成“最熟悉的陌生人”

科创板与试点注册制的到来，不可避免地对A股市场的整个“生态环境”造成颠覆性的影响，这个我们曾经最熟悉的市场，将会变得无比陌生，甚至于在我们的眼中成为一个“新物种”。

科创板和注册制的落地再次提速，很显然，这一进程将会快于市场的预期。当中央深改委会议通过了上交所设立“科创板+注册制”的《总体实施方案》和《实施意见》，就有专家预测，2019年春节之后“科创板+注册制”有望推出上市标准和具体交易规则。

科创板的决策层次之高、优先级别之高，在资本市场甚至金融领域可能都史无前例。预计科创板的进程会大幅提速，落地实施指日可待。

科创板与试点注册制的到来，将不可避免地对A股市场的整个“生态环境”造成颠覆性的影响，这个我们曾经最熟悉的市场，将会变得无比陌生，甚至于在我们的眼中成为一个“新物种”。

如何重新认识这个市场？评估被改变的部分，提升认知水平，调整自己的投资策略，以便更快更好地适应市场，获得理想的投资收益。这是摆在每一个A股投资者面前的巨大挑战。

科创板和试点注册将带来三大悬念

第一，A股市场将会变得越来越有效吗？

资本市场对金融运行有着牵一发而动全身的作用，要防范金融风险，在改革原有存量制度的同时，需要通过增量改革来解决当前经济和战略发展所面临的问题，科创板应运而生，是对标国际成熟市场的做法。

科创板推出的速度之快给二级市场带来一系列待解的悬念。比如，新股上市首日涨停板限制是否将被取消，T+0交易制度是否将实行等问题引发市场热议。

如果推出与注册制配套的制度与规则改革，那么A股市场是否会变得越来越有效？或者，制度变革分步推进，这个中间阶段，由于科创板与其他板块之间的规则不同步而会导致市场规则的双轨运行，市场反而会变得更加无效？

有学者认为，根据目前情况来看，科创板所批企业质量有所保证，投资者准入门槛不会太高，前期将面临资金爆炒，因此T+0交易制度和涨跌停限制不必急于放开，作为与国际市场接轨的必然趋势，后期可在推进的速度和过程中逐渐加入改革，保证科创板被稳妥推进，若如此，试点注册制对于完善A股市场的制度建设将起到积极推动作用。

当然，如果有大量优质、代表产业发展方向、代表经济增长新动力的新企业上市，将会改善上市公司的整体水平。只有好资产好企业才能引来更多的资金和新的投资需求，为市场引入活水，只有优质资源上市的市场才能有活跃度。

市场期待科创板能够引导资本市场制度改革创新进一步深化。科创板改革是整个资本市场改革的先行先试者，资本市场改革的整体思路是要放宽市场入口，加强监管和市场淘汰机制，科创板代表着资本市场未来改革的一个尝试，制度的不断创新变革是发展的动力。

投资者期待科创板可以使市场的上市结构与经济发展的动力转化相一致。期待整个经济增长中，新业态、服务业企业占比越来越高。

是否会引来更多的增量资金和新投资者？如果获得境外资金和境内长线资

金高度关注和进入，市场的供给和需求更加平衡、健康，将会完善多层次资本市场体系并提升服务实体经济的能力。

注册制是稳步的，发行、上市、信息披露、交易、退市等基础制度是全新的，发行上市以信披为中心。这为科创板的建设指明了方向，也为整个资本市场的改革与创新提供了一块试验田。

第二，成长投资会取代价值投资成为未来投资主流吗？

科创板旨在补齐资本市场服务科技创新的短板，是资本市场的增量改革，将在盈利状况、股权结构等方面做出更为妥善的差异化安排，增强对创新企业的包容性和适应性。

中央深改委会议明确了科创板的战略地位是支持创新驱动发展战略，强调了科技创新、核心技术，推动科创企业发展以及扶持科创企业有引领性。

中金有份报告称，2019年上半年之前或迎来首批科创板上市公司，初步预期2019年全年的科创板上市企业或在150家左右，粗略预估募资规模500亿～1000亿元人民币。近期或出台科创板规则征求意见稿，未来科创板有望吸引体量更大的海外中概股或独角兽企业上市。尚未盈利的优质成长企业、同股不同权公司有望准许在科创板上市。

自去年年末“科创板”被提出以来，一直是资本市场的热点话题，在给资本市场带来增量改革的同时，还将对发行、上市、信息披露、交易、退市、投资者适当性管理等基础制度带来变革。在各路专家看来，在稳健试点的原则下，首批科创板企业大概率将具有较好的财务指标，甚至可与现阶段的主板公司趋同。

但是，长期来看，科创板一定会与主板区分开来。

因为它对科创企业要有一定的包容性，科创企业因为其发展阶段，其盈利模式、经营方式等跟一般企业有很大差别，要有对其发展模式的包容性。它要特别支持关键技术的发展，支持科创企业要有所侧重，特别是对科技引领和产业升级有关键作用的企业要大力支持。

然而，科技股大多属于高速成长的科技领域，这些上市公司的估值很难用PE或者PB去衡量，它不适宜价值投资的评判标准，而应该采用成长投资的理念与方法。

科创板有望带来一批高品质的科技公司并为成长投资者提供了用武之地，而且，还会带动主板与中小创板块中的科技股的活跃，市场风格转向成长主题的趋势比较明显。比如，中央深改委会议第二天，尽管大小指数表现分化，创业板指却表现强劲，涨超1%，其中半导体、芯片等科技股全线大涨。

未来会是成长股的天下吗？

第三，市场对投机是否有更大的包容性？

在实施方案还没落地前，监管层曾多次听取市场意见，酝酿政策中的关键信息，从透露出的内容来看，券商推荐的企业需要满足多项要求，包括具有自主知识产权，相关技术突破国际封锁；相关技术是企业收入增长的主要驱动力，企业主要收入来源于其技术；具有成熟的研发体系，研发团队；具有成熟的商业模式等。

其中五类行业会更受青睐：

一是新一代信息技术，包括集成电路、人工智能、云计算、大数据、互联网、软件、物联网等；

二是高端装备制造和新材料，主要包括船舶、高端轨道交通、海洋工程、高端数控机床、机器人及新材料；

三是新能源及节能环保，主要包括新能源、新能源汽车、先进节能环保；

四是生物医药，主要包括生物医药和医疗器械；

五是技术服务领域，主要包括为半导体集成电路、新能源、高端装备制造和生物医药行业提供技术服务的企业。

这些战略性新兴产业中的企业，业绩的波动性肯定会远大于传统行业中的蓝筹股，由于不确定性高，股价的波动一般会比较剧烈。这种类型的股票，不可避免地会吸引一些愿意承担更大风险去获取更多报酬的投机者。

科创板企业的成长路径、企业的资产形态、上市条件有很大不同，对其评价估值的方式方法要有所变革。传统企业资产以固定资产为核心，但科创板企业资产主要以人才、信息、技术、专利等为主，这些资产属于动产形态，目前这方面的市场认知并不健全，投资者要有所准备。

对投资者来讲，注册制的“宽进”，也意味着退市可能会更加容易，市场波动会较主板、创业板更高，参与科创板的投资者要有一定的风险承受力。当然，需要高度警惕科创板成为伪科技股套现的出口。可见注册制试点还是要稳中求进，科创板要求应该更高，宁缺毋滥，最怕一窝蜂，搞成第二个创业板！

投资者如何进化自己的方法论

试点注册制到底会把A股带到一个怎样的全新环境？会变得更成熟（有效）还是变得更有趣（波动率提高）？这是市场普遍关注的焦点。

关于市场到底是有效还是无效的，经历了半个世纪的讨论都没有一个真正的结论。以指数基金教父约翰·博格为代表的一批人认为，市场是有效的，没有人可以长期战胜市场。而以巴菲特为代表的主动管理投资者认为，市场并不有效，通过深入的研究，是能够战胜市场的。

在《物种起源》这本书里，达尔文证明了为了要生存下去，物种是如何随着它们所处环境的变迁而调整自己的生物属性。该进化过程是个不断反复的过程，那些能够适应的物种胜出并存活了下来，那些不能适应的物种在进化的半路上淘汰了，最终消失于视野之中。结果就是，世界上的所有物种不断改变着，并为了适应不确定的未来继续改变。

“适者生存”是达尔文的进化理论的核心价值观。不是最强的生物，也不是体积最庞大的生物，而是最适应环境的生物生存下来。

与自然现象不同的是，人类制度的发展是视条件而定的。即根据最初建立制度的目的和目标而定。许多制度不是一些人头脑风暴的产物，一个瞬间就出现了。相反地，制度是不断试错的结果，完美是不可能的，但是有些时候次优就可以满足需要了。制度变化是运用制度的人类有目的决策的产物，然而制度也会对进化的力量有所反应从而发生变化。

某个制度的转变就像是一个淘汰了某个特定物种的生态系统，同时在这个生态系统里其他的物种会填补这个空缺。只有那些可以持续适应变化不定的环境的物种才能成活。只有那些持续创新的物种才能立于不败之地。

巴菲特的成功也是适者生存的最好范例，巴菲特所推崇的价值投资的成功，也是价值规律适应了美国资本市场发展的产物。而在一个长期高估和扭曲的市场里，价值规律的影响却很微弱，影响供求关系的其他因素可能更为重要。

“环境”才是关键。随着科技的进步和市场组成群体的变化，市场的运行规律和主流交易模式是一直在演化之中的，又由于信息的不对称和人的非理性行为，市场很难达到一种均衡的状态，因此市场的价格也很难说完全呈现出了信息的全貌。所以有效市场理论所认为的，价格中已经反映了所有信息（包括潜在信息），以及投资者难以战胜市场的假设是有缺陷的。与其说市场遵循一套固有的模式，不如说市场是在始终寻找新的模式，来寻找获利点，市场自带一种“破坏性创新”机制，旧有的利润消失，新的利润产生，但永远也不会无利可图。这种动态模型更符合生物学的思维而不是物理学思维。

华裔教授罗闻全在《适应性市场》中找到了一个在资本市场上发挥作用且与演进和变化相类似的过程。他将这个观念称之为适应性市场假说。尽管物种起源和资本市场的相似性是显著的，但是在自然界进化和由人创造的制度里的进化之间还是存在着根本的差异。进化有一个不可避免的特性——物种由于承受了超出它们能力之外的压力而变化和发展。但是人类是物种之中的一个独立集合。

华裔教授罗闻全提出了一种全新的方法论，那就是：去努力适应不断变动的环境。罗闻全认为，市场介于有效和无效之间，有效性是基于人的理性和非理性。一个人的决策，要么理性，要么非理性。但是背后的逻辑是我们的行为被周围的环境所影响。我们如果把市场看作一个生物世界，那么里面就存在各种不同类型的生物体，而市场本身也是需要不断进化的。进化论就是适应性市场最核心的观点。

当投资者理解了市场“进化论”的观点，就需要去思考一个问题，他过去有效的方法，未来是否会继续有效？就如同一个生物能否在世界生存下去，也是基于这个世界的环境变化。在很久之前，恐龙是这个地球的主宰，但最终瞬间灭绝。今天人是地球的主宰，但或许有一天也会灭绝。同样的，我们的投资方法是否也会因为环境的变化变得无效，或者有效性降低。

投资者也是如此。最终能长期生存下来的，是适应能力最强的。我们的个体和投资方法论一样，是需要不断进化的。任何一种方法，在一个足够长的时间内要保持有效都非常困难。

事实上，A股投资自从2000年也曾经出现过不同方法的进化。市场结构、制度变化、经济发展、人口和教育变化等各方面因素都在影响着市场的进化。是否有必要继续纠结于市场有效还是无效？是否需要执念于价值还是成长？投机还是投资？

有必要反思的是，今天你的方法论进化了吗？我们需要适应市场环境的变化，不断改善自己的方法。

科创板规则充分诠释了创新的资本逻辑

要想发展创新，必须大力发展提供直接融资的资本市场。资本市场既是创新融资的重要渠道，也是创新文化的风向标。可以说，资本市场对待科技创新型企业的态度，就是整个社会对待科技创新的态度。

资本市场最关注的科创板终于要落地了，据说整个创投界有一种提前几天欢天喜地过大年的节奏。无疑，这是中国资本市场一次里程碑式的制度创新，将带来怎么样的深远影响，相信时间会为我们逐一呈现。

对于证监会、上交所发布科创板征求意见系列文件，市场关注点聚焦于多个关键词——注册制、50万门槛、上市前5天无涨跌幅限制、不盈利也能上市、允许同股不同权、最严退市规定等制度层面。但是，市场显然还没有来得及细致思考，科创板通过资本市场的制度变革将会给中国科技创新的进程、理念与文化带来怎么样的改变。

提升包容度是科创板最大亮点

要鼓励“真创新”，遏制打着创新幌子、以上市圈钱或者炒概念割韭菜为目的的“伪创新”，重点扶持推动社会进步的技术创新与产品创新，而对于以博取短期利益为出发点的商业模式创新需要保持一定的警惕。

真正的科技创新是一个长期而艰苦的过程，所有伟大的科技公司都是从0到1开始的，经历九死一生，才能成为某个领域的科技先锋。其中，资本市场扮演着“关键先生”的角色。

大量实证研究表明，一个国家的资本市场越发达，它的企业创新情况就越好。换句话说，一个国家的信贷市场越发达，它的企业创新情况反而不好，尤其是对那些依赖外部资本的行业和高科技行业更是如此。所以，要想发展创新，必须大力发展提供直接融资的资本市场。资本市场既是创新融资的重要渠道，也是创新文化的风向标。可以说，资本市场对待科技创新型企业的态度，就是整个社会对待科技创新的态度。

推动科技创新的最大力量是对科技创新创业企业“不完美”的包容，尤其是对早期创新失败的容忍。科创板规则大幅提升了资本市场对科技创新企业上市及交易的包容度，在三个方面有明显的突破：

第一，科技创新企业上市条件包容性体现制度对科技创新的鼓励。

“实施意见”强调，在上交所新设科创板，坚持面向世界科技前沿、面向经济主战场、面向国家重大需求，主要服务于符合国家战略、突破关键核心技术、市场认可度高的科技创新企业。重点支持新一代信息技术、高端装备、新材料、新能源、节能环保以及生物医药等高新技术产业和战略性新兴产业，推动互联网、大数据、云计算、人工智能和制造业深度融合，引领中高端消费，推动质量变革、效率变革、动力变革。

“实施意见”极大地提升了科创板的包容性，在IPO标准设定上，更加注重企业科技创新能力，允许符合科创板定位、尚未盈利或存在累计未弥补亏损的企业在科创板上市。综合考虑预计市值、收入、净利润、研发投入、现金流等因素，设置多元包容的上市条件。

在这一点上，科创板充分借鉴了纳斯达克市场的包容性与开放性精髓，朝和国际接轨的方向迈出了实质性的一大步，首次打破了现行主板、中小板及创业板单一的IPO标准，用市值、营收、净利润、研发投入、现金流等五套并列同行的IPO标准取而代之，可以充分满足不同行业与不同阶段的科技创新企业通过资本市场IPO融资的差异化需求。补齐了现行A股主板、中小板、创业板对科创企业IPO缺乏包容性的短板。所以说，科创板富有包容性的IPO标准，对关键核心技术创新与高端创新企业的发展将会起到较高的激励与扶持作用。

第二，包容“不盈利也可以上市”是对科技创新最大的褒奖。

“上市规则”制度设计大幅提升了上市条件的包容度和适应性。在市场和财务条件方面设置了5套差异化的上市指标，尤为值得关注的是：可以满足在关键领域，通过持续研发投入已突破核心技术或取得阶段性成果、拥有良好发展前景，但财务表现不一的各类科创企业上市需求。

允许存在未弥补亏损、未盈利企业上市，不再对无形资产占比进行限制。在非财务条件方面，允许存在表决权差异安排等特殊治理结构的企业上市，并予以必要的规范约束。这一点是科创板对现行IPO制度的一次颠覆性变革。

在相关发行上市标准的把握上，也将考虑科创企业的特点和合理诉求。比如，为适应科创企业吸引人才、保持管理层和核心技术团队稳定需求，允许企业存在上市前制订、上市后实施的期权激励和员工持股计划；针对科创企业股权结构变动和业务整合较为频繁的特点，放宽对实际控制人变更、主营业务变化、董事和高管重大变化期限的限制。

上交所表示，科创企业有其自身的成长路径和发展规律，上市规则的设计大幅提升了上市条件的包容度和适应性。在非财务条件方面，允许存在表决权差异安排等特殊治理结构的企业上市，并予以必要的规范约束。

允许存在同股不同权安排的企业发行上市，对特别表决权股份的含义作出界定，明确特别表决权股份经过转让后，就同时恢复同等表决权，并提出信息披露方面的要求。符合CDR（中国存托凭证）相关办法的红筹企业，可以申请发行并在科创板上市。

第三，放松交易管制是对市场规律和投资者交易意愿的最大尊重。

科创板规则对交易制度进行了完善，放松交易管制体现了对二级市场的包容性与适应性。现行A股主板、中小板、创业板均实行10%的最大日涨跌幅限制，这是一把双刃剑，对降低市场波动率，阻断恐慌或者狂热情绪有一定的作用。但是，这个限制也很容易成为游资操纵市场的工具。在科创板交易规则中，20%的日涨跌幅限制，可以更好地平衡防止非理性大起大落与充分尊重投资者的交易意愿的目标，还原真实的二级市场供求关系。

“实施意见”规定：科创板采取独立交易模块和独立行情显示，基于科创板上市公司特点和投资者适当性要求，建立更加市场化的交易机制，研究制定股票日涨跌幅等标准。适当提高每笔最低交易股票数量。稳妥有序将科创板股票纳入融资融券标的，促进融资融券业务均衡发展。在竞价交易基础上，条件成熟时引入做市商机制。

科创板的交易机制旨在提升市场交易活跃度，同时还具有提升价格发现功能、树立价值投资理念的功能。

上市定价方面，科创板取消了直接定价，通过仅限机构参与的市场化询价定价，打破23倍PE的“惯例”，定价权回归市场，有利于吸引优质供给和长线配置需求；配售方面，网下配售占比提高至60%～80%，战略配售放宽实施条件。创新推行跟投制度，券商通过子公司使用自有资金进行跟投，跟投比例或为2%～5%，锁定期为2年，这一制度实质上加大了对证券承销商的约束力，考验其定价能力、强化中介责任，以促进形成更加合理科学审慎的市场化定价机制。

上市（包括IPO和增发）首5个交易日不设涨跌停板限制，有助于改善新股上市期间短期过度投机的现象，提升价格发现功能；科创板投资门槛较高，中小投资者大概率主要通过公募机构参与，将涨跌幅度限制从A股目前的10%放宽到20%，有助于提升市场的活跃度，减少价格发现扰动因素；每手股数从100股提升至200股，亦与投资门槛较高的科创板相适应。

在科创板新股上市的前5个交易日，将取消涨跌幅限制，这就意味着科创板不会再有新股上市首日涨停现象，更不会有新股上市连续十几个连板的“奇观”出现，搞不好会出现新股上市首日“破发”的例子，只有这样的交易机制，才能有效抑制疯狂炒新的博傻游戏，真实的市场供求关系及真实的股价信号才会得以体现，而这正是放松交易管制希望达到目的。

在时机成熟时，科创板也会像美国纳斯达克市场一样引入做市商制度，通过做市商双报价功能来发现价格、引导价格、稳定价格，以此对冲平滑科创板股票估值定价的不确定性。与海外成熟市场相比，T+1、融券做空机制等制度设计仍有进一步改革发展空间。

前车之鉴

市场一直以来都有一个疑惑：要推动资本市场支持科技创新，已经有一个创业板了，为什么还需要一个科创板?

由于各种原因，创业板指数大起大落的特色要比其如何发挥推动创新受到的关注还要更多一些。以至于最后市场往往只关心它的股价表现，基本上忽略它的功能与定位与主板到底差别在哪里。

客观地说，由于大家都关心股价的表现，所以市场一直以来对创业板的功能定位缺乏认识，把创业板与主板混同是对创业板功能的误读。从上市条件，估值标准到监管尺度，比照主板甚至比主板更为严苛，动不动就指责创业板市盈率100多倍，高估值，泡沫巨大，甚至有人还把中小创公司中盈利情况不理想或者多年不分红的公司不分青红皂白一股脑划成“黑五类”。求全责备，刻舟求剑，导致创业板公司在再融资，并购重组，处处受到压制，在以偏概全甚至歧视性的“高估值”帽子下，创业板似乎只有通过暴跌来实现大家所期待的“价值回归”，最后导致许多创业板上市公司陷入“融资（银行不贷、再融资不准、减持受限）受阻—高比例质押融资—投资者出逃—股价下跌—股权质押爆仓—股价进一步下跌”这样一个恶性循环。一些公司不用说创新了，就算是维持正常的经营都步履艰难。

科技创新类公司起步阶段的共性都是规模小盈利能力较弱，拿主板市场上传统行业的盈利水平来套科技创新公司，得出的结论只能是高估值高风险，这好比是期望一个幼儿要跟马拉松选手比跑步一样荒诞。

只许成功不能失败是对科技创新的最大苛求。不包容创新的后果就是，机构都在传统行业里抱团取暖，以追求所谓的确定性，最终还是把这些传统行业的蓝筹股炒得泡沫横飞。由于市场把市盈率当成估值的最重要指标，相对较高市盈率的创业板上市公司逐渐被边缘化了。

不分传统行业还是创新行业，都用同一把尺子去衡量它们的价值，简单用PE或者PB去套它们的财务指标，然后草率得出高估还是低估的结论，这对创新企业显得非常不利，也不公平。可见，创新型公司需要与传统行业区分开来，才能让资本市场为创新插上腾飞的翅膀。

科创板也需要与现有的创业板区分开来，如果继续用现有几个板块（包含中小板与创业板）的标准要求科创板，那就有把科创板搞成第二个创业板的危险。

当然，所有的改革都不可能一蹴而就。设立科创板并试点注册制也是资本市场的重大改革举措，制度的建立和完善也需要分批实施。

《交易特别规定》中为未来的调整也留了一些口子，规定上交所“可以根据科创板交易运行情况，对科创板交易制度进行评估，并根据需要进行调整和优化”。

投资者需要改变心态与投资理念，包容创新，甚至包容创新失败，勇于承担高收益背后的高风险。无论是科创板的制度设计者还是未来科创板的投资者，都需要摆脱现有投资理念与文化的束缚，对标纳斯达克，还有很长的路要走。

赋能科技创新，重塑创新文化

随着人工智能、互联网、大数据等技术的发展，世界经济格局正在发生深刻的变革，中国的资本跑道也被重新规划，面对科技创新的新大陆，资本赋能企业创新似乎已经是成为新一代头部独角兽的必由之路。

程大爷认为，除了赋能科技创新，科创板还有一个重要的历史使命就是，通过资本市场的制度安排去引导社会形成充满包容性、适应性与活力无限的科技创新文化。

创新是发展的第一动力，是建设具有国际竞争优势的经济体系的战略支撑。中国正在走向以创新驱动和创新发展为主导的创新强国之路，顶层设计对加快创新产业的发展早就提出了明确要求。

很多社会与经济问题的出现，都是跟缺乏包容度有关，更准确地说，是跟缺乏“有价值的包容”有关。我们对不该包容的事情给予了过多的“包容”，比如资本市场的造假与违规成本太低，这就是没有价值的包容，而对于创新失败和释放个人创造性方面，又不够包容。

教育失败的根源就是考试制度与学生的评价体系其实是不鼓励、不包容学生富有创新精神的。一些国企存在的弊病，本质上就是奖励不作为、不创新。因为体制问题，不创新个人就没风险，一旦创新失败，就会以所谓“国有资产流失”去扣帽子，追责到个人头上，领导者的“得付比”完全不成比例，这样的体制机制和奖惩制度，如何能造就充满创新活力的国企央企?

有一位名为Gustavo Manso的美国加州大学伯克利分校哈斯商学院教授提出了一个非常重要的观点：对失败的容忍是激励创新的必要条件。他认为，对失败的容忍非常重要，如果要想创新，必须要容忍失败。因此，创新契约应该这样制订：在短期内对失败容忍，允许试错和失败；同时对长期的成功给予回报。这样的契约组合是最能激励企业创新的。传统意义上的绩效为主的评估方法是不能激励企业创新的。

Gustavo Manso的观点可以说对整个金融与企业创新的研究有着奠基性的意义，它第一个让我们理解究竟什么激励企业创新。因此，要激励创新不要老是用“如果干成了给你奖励，失败了就对你问责”这种套路，而是要用“短期对失败的容忍，加上长期对成功的回报”，这样的组合是激励创新的最佳组合。

技术创新何其艰难，企业提高技术创新质量需要时间与资本的长期投入，创新是未知的方法和路径的探索过程，它是从无到有、无中生有的过程。所以，创新的特点是在短期内可能看不到成功，这是一个非常漫长的过程，中间充满了高度的不确定性，具有很大的失败可能性。然而，没有办法，这就是创新。创新是需要包容与鼓励的，对失败容忍的文化便是营造良好创新氛围最重要的内容。

在硅谷，“失败可以创造机会和更好地创新”是人们普遍接受的理念，失败者受到的是“大多是鼓励，很少是惩罚”。

科创板很快就要推出了，很多科技企业摩拳擦掌跃跃欲试，觉得最好的时代马上就要来临。在这样的时代浪潮中，大家都希望能抓住资本的先机、抓住科技的赋能，让自己快速成长为科技潮头的弄潮儿。

正如红杉资本的一位合伙人Doug Leone所说：“成功和失败应该是平衡的，如果你还没有失败过，那说明你还没有尝试；如果你只是失败过，那说明你还不知道怎样正确地做事。”

资本市场赋能科技创新，一方面要有包容失败的创新文化，另一方面，创新者同样需要对投资者的信任和资本市场的制度规则保持敬畏之心。无论是制度的设计与管理者、中介机构、风险投资机构、科技创新类上市公司还是参与一二级市场的投资者，都需要谨记：首先是要做正确的事，然后才是正确地做事。

A股业绩爆雷惊现破窗效应

政治学家威尔逊和犯罪学家凯琳提出了一个“破窗效应”理论：如果有人打坏了一幢建筑物的窗户玻璃，而这扇窗户又得不到及时的维修，别人就可能受到某些示范性的纵容去打烂更多的窗户。久而久之，这些破窗户就给人造成一种无序的感觉，结果在这种公众麻木不仁的氛围中，犯罪就会滋生、猖獗。

2019年春节过得很是科幻。节前一周，上市公司因为商誉计提导致业绩成片爆雷，一时间“天雷”滚滚，那场面简直让人置身一部科幻大片。没想到，春节期间，我们果真就被拖进一部科幻大片——根据刘慈欣小说改编的《流浪地球》，难以自拔。

由于事关人类生死存亡这样的大事，拯救地球人人有责，所以大爷我也不敢怠慢，赶紧去电影院学习如何带着地球逃离太阳系。形势十万火急，看得人忧心如焚。太阳即将毁灭。“万物生长靠太阳”，这个过去漫长岁月中作为人类物质来源与精神支柱的存在，即将变成死亡和恐怖的象征。

“生存还是毁灭？这是个问题。默然忍受命运的暴虐的毒箭，或是挺身反抗人世的无涯的苦难，通过斗争把它们扫清，这两种行为，哪一种更高贵？”这个哈姆雷特式的问题再次在耳边响起，幸运的是，人类没有坐以待毙，而是选择了抗争到底。

庞大的地球逃脱计划开始实施。然而，人类所能制造的普通尺寸人造环境无法承受漫长的逃脱之旅。所以，人类只得在地球的一侧安装上巨大的地球发动机，将整个巨大的地球环境圈化为移民方舟，以此逃离太阳系，前往新家园。

当然，逃离太阳系的代价是高昂的。艺术、伦理、常识……一件又一件人类长时间形成的优良文化传统开始从人性中剥离，这个时候，一直以来让人类心潮澎湃的股票市场也无人问津，只好宣布暂停交易2500年（大爷我脑补了一下），逝去的生命多如繁星，剩下的只有对生存的强烈渴望。但是，疑惑和猜忌这些人性之恶依然顽强残留，一度在人类当中引发叛乱之火，幸亏太阳最后的灭亡瞬间平息了一切流言，人类最终别无选择地怀揣希望踏上漫长的流浪之旅。

“地球啊，我的流浪地球啊”，成为无数生在这个时代的人弥留之际的遗言。它包含着人类这个种族亘古不变的永恒心声：我们要活下去。结尾处，幸存的地球人类继续操控着地球在宇宙中飘荡，主角已经做了爷爷，他的后代，以及后代的后代，接下来数十代人都要继续保持这样的生活，直到比邻星的光辉重新照耀地球。

待到地球抵达遥远的新家园，地球上的秩序开始恢复正常，重建人类文明的运动又将开启，艺术、伦理、常识被重新植入人性，当然，恐惧与贪婪也一并植入。于是，作为现代人类文明重要组成部分的股票市场在暂停了2500年后终于获得了重新开张的机会，全球主要交易所一致同意选择在中国的正月初五（中国人迎财神的日子）这一天举行敲钟仪式，宣布恢复正常交易，接下来，人类迎来了宇宙历史上从未有过的超级大牛市，全球股市持续上涨了1000年（大爷我又脑补了一下）。

看完《流浪地球》，我有一种人定胜天的豪迈，想想看，咱们连地球都可以拯救，那还有什么拯救不了？咱们股市遇到的麻烦，跟多少年后地球遇到的麻烦相比，那简直就是小儿科。所以，虽然遇到了这样那样的困难，我们还是要对全体股民齐心协力带领股市逃离熊市抱有必胜信心。

业绩爆雷的画面太科幻，刘慈欣都写不出来

不得不佩服刘慈欣的想象力太丰富，把宇宙太空过去未来虚构得如此真实。但是，假如刘大师来股市看看，他是不是会惊诧于上市业绩爆雷这脑洞开

得比自己还大？

2019年春节前，一大堆的商誉计提公告，都是亏十几亿、几十亿的，最后还出来亏百亿的，比突然遇见宇宙黑洞还要吓人啊。

同花顺数据显示，至2019年1月30日晚，已有超过300家公司发布预亏公告，按预亏上限来看，预亏超20亿元的公司数达36家，预亏超10亿的有91家之多。净利润同比下滑的公司数量更巨。较上年净利润减少的公司达878家，累计净亏损1033.58亿元，总计减少额度达到4430.77亿元。其中，净利减少超10亿元的公司达到122家；净利润减少超100亿的共两家，分别为中国人寿净利润减少193.52亿元、中兴通讯减少112.68亿元。

直到春节前，狗年业绩爆雷最后一晚，其滑稽程度简直“登峰造极”。有网友发表评论说：以前有扇贝逃跑事件，现在有养猪饿死事件，养猪亏损29到33亿元，按照目前的市场价格计算，如果饿死的每头猪是100公斤，就要饿死近4000万头！如果饿死的是每头50公斤，就是要饿死近8000千万头猪！这是一个多么庞大的数字？用满山遍野可能还形容不过来！这是在侮辱人呢还是在侮辱猪呢？

更有甚者，天神娱乐市值只有44亿，却亏损了78亿，整个公司都是别人的，还要倒亏一个公司！另外亏损超过市值的上市公司还有华业资本、利源精制、金龙机电、*ST华信、天山生物等。

如此猛烈的业绩爆雷，“祸根”是因为2015年前后由于上市公司大干快上的收购行为积累了巨大的商誉风险。彼时市场主题投资极为盛行，而上市公司的并购重组往往是市场狂热追捧的题材。不能说所有的上市公司在那个环境里都是为了迎合市场的炒作需求而积极开展并购重组活动，但是，应该说有相当部分的上市公司热心于收购的动机是为了制造炒作题材推高股价，然后为大股东高位减持创造最佳时机。

由于收购就可以引发投资者的狂热追捧，就可以推高股价，于是很多上市公司都拼命往新兴产业寻找并购标的，而新兴产业中的上市公司往往都是轻资产型公司，于是就以非常高的溢价进行收购，形成巨大商誉。这些商誉爆裂的风险巨大，基本上是一开始就注定了的。因为有许多收购的动机一开始就不是纯正的。

商誉风险通俗来说就是上市公司的市值减去净资产的“泡沫”资产。比如：A公司收购B公司花了2000万，但B公司净资产只有500万，那么多出的1500万就是“商誉”。可以说“商誉”是一项很难覆盖掉的泡沫，只可能通过减值戳破，相当于一个“不定时的炸弹”，而一旦戳破又会导致当年净利润的大幅下降，从而形成业绩地雷。

有人会好奇，为什么非要在今年减值？如果你不明白，那说明你没注意前一段时间的新闻——“会计准则提出修订建议，商誉改为摊销”。

啥意思？你花60亿收购，假如形成30亿商誉，分10年摊销的话，那每年就要侵蚀3亿利润！而绝大部分公司，根本就没有3亿利润！一旦新的会计准则真的实行，那这些高商誉的公司必然连续大亏，100%退市！根本无法逆转，因为商誉太高！所以，现在不洗澡，也只有等死了。

有一种观点认为，长痛不如短痛，把商誉一次性计提，一次亏个够，接下来上市公司就可以轻装上阵，对未来反倒是一件好事。是危还是机，有些事情辩证来看，结论就可能不一样。

对于商誉减值后仍然盈利的上市公司，可以视同于上市公司主动排雷，主动化解风险，这类上市公司有望在2019年迎来较好的表现。而对于业绩大变脸巨亏的上市公司，还是要关注其基本面情况的变化，对于散户来说还是只可远观不可亵玩焉吧，专业纾困交给专业的机构来做吧。

不管怎么说，如此数目庞大的上市公司通过计提巨额商誉进行业绩“大洗澡”这种事情，以前从来没有遇到过，确实考验市场参与各方特别是监管部门的智慧，这样的操作是否有财务造假之嫌，也是坊间热议的话题。

警惕业绩爆雷的破窗效应

即便是在《流浪地球》这样的科幻作品中，我们看到的也并不是一群没有人性的机器人在争斗。这个故事其实并不是那么美好，夹杂着黑暗、孤独、痛苦，但是这就是生活，不只是诗和远方，还有眼前的苟且。

当然，不喜欢这部电影的也大有人在。一位老友还专门在大爷我的朋友圈留言：科幻场面制作还可以，但讲故事能力不行，尤其是两个年轻主角的刻画比较失败，最后居然是这两个不争气的人拯救了世界，看后感觉吞了一只苍蝇下肚。

但是，整个过程中主角经历了失去父母和爱人因为政治反目成仇、背叛理想的痛苦，以及真相大白的恍然，还是让我们得以窥见危机下的人性，那既有美好也有丑陋的人性。

不仅仅是在科幻大片中可以看出人性的弱点，在这一轮上市公司业绩比赛着爆雷的过程中，我们同样看见了人性的弱点在推波助澜。

美国斯坦福大学心理学家菲利普·津巴多曾经进行一项实验，他找来两辆一模一样的汽车，把其中的一辆停在加州帕洛阿尔托的中产阶级社区，而另一辆停在相对杂乱的纽约布朗克斯区。停在布朗克斯的那辆，他把车牌摘掉，把顶棚打开，结果当天就被偷走了。而放在帕洛阿尔托的那一辆，一个星期也无人理睬。后来，辛巴杜用锤子把那辆车的玻璃敲了个大洞。结果呢，仅仅过了几个小时，它就不见了。

以这项实验为基础，政治学家威尔逊和犯罪学家凯琳提出了一个“破窗效应”理论：如果有人打坏了一幢建筑物的窗户玻璃，而这扇窗户又得不到及时的维修，别人就可能受到某些示范性的纵容去打烂更多的窗户。久而久之，这些破窗户就给人造成一种无序的感觉，结果在这种公众麻木不仁的氛围中，犯罪就会滋生、猖獗。

“第一扇破窗”常常是事情恶化的起点。面对“第一扇破窗”，我们常常自我暗示：窗是可以被打破的，没有惩罚。这样想着，不知不觉，我们就成了第二双手、第三双手……

从“破窗效应”中，我们可以得到这样一个道理：任何一种不良现象的存在，都在传递着一种信息，这种信息会导致不良现象的无限扩展，同时必须高度警觉那些看起来是偶然的、个别的、轻微的“过错”，如果对这种行为不闻不问、熟视无睹、反应迟钝或纠正不力，就会纵容更多的人“去打烂更多的窗户玻璃”，就极有可能演变成“千里之堤，溃于蚁穴”的恶果。

从狗年年末蔓延至今的上市公司业绩爆雷现象，有发展成一种破窗效应的风险。原因就是越来越多的上市公司发现，反正已经有那么多家上市公司业绩爆雷了，也不多我这一家，于是可爆可不爆的，就都抢着爆了。

本来可以不爆那么大的雷的，结果一看别人家的公告，都是十几亿、几十亿地爆，于是胆子也就跟着大了起来，干脆就往大里爆，反正没有最大，只有更大。

可是，这些上市公司的老板们啊，你们爆雷爆得是爽够了，在你们比赛爆雷的时候有没有考虑一下投资者的感受呢？

有一位上市公司的实际控制人就多次对程大爷表示他对这类现象的深深忧虑。他说，假如整个市场的环境变成这样，投资者对上市公司的信任与信心从何而来？这对那些诚实守信的上市公司是不公平的，这对股市的生态是一个长期的伤害。

“环境早就脏了，我扔的这点儿垃圾根本起不到关键性作用”“反正也不是我先这么做的”，不少人会这样辩解。其实，这些说法根本站不住脚，错了就是错了，影响的大小并不能改变行为错误的本质，别人的错误更不会是证明你无错的理由。勿以恶小而为之，规范自我，不要让“破窗效应”一再发生。其实，人和环境之间是互动的，环境的好坏是人的行为的体现。我们许多人抱怨环境恶劣，可他们却很少反思自己的言谈举止。不少人盯着社会的阴暗面，结果自己的心灵也变得狭隘和阴暗，自觉不自觉地成了社会上的一扇“破窗”。

真正有良知和担当的企业家，不仅不能做第N次打破窗户的人，还要努力去做修复“第一扇窗户”的人。即使是当一个人无法选择环境，甚至无力去改变环境的时候，他还可以努力使自己不要成为一扇“破窗”。

大到拯救地球，小到化解商誉风险，人类都要努力克制人性的弱点，还是刘备那句话，勿以善小而不为，勿以恶小而为之。

假如炒股是一场真人秀

LUN SUAN PIAN

论酸篇

“去散户化”靠这几届股民恐怕不行

50后、60后和70后这几代人，赶上改革开放40年，开始积累起来较多的“余钱”，投资就成为一种需要。然而，这几代人的财富积累多是靠自己辛苦打拼得来，凡事亲力亲为的传统文化耳濡目染，所以在管理自己的钱财进行股票投资这件事情上，这几代人第一是只相信自己不相信别人，第二是不愿意为服务付费。

猪年开门大吉，股市放量暴涨。尤其吸引眼球的是，科技创新类板块可谓是黑马奔腾，带动创业板指数拔地而起，这让投资者对渐行渐近的科创板更加充满了好奇与期待。然而，科创板50万元的投资者门槛又让绝大多数散户望而却步。面对科创板这个全新的“物种”，它的收益与风险，机遇与挑战，撩得散户们心旌摇曳，五味杂陈。

A股的散户化格局为何难以撼动?

毕竟A股是一个散户市场，市场普遍关心的是，科创板这道50万元的投资者门槛，会拦住多少投资者?

券商中国记者比照上交所数据发现，这意味着85%以上的A股投资者将不能直接参与科创板。当然，从制度设计的初衷来看，这是在机制设计上对中小投资者的保护，也是意在引导市场从散户为主向机构为主转变。

征求意见稿在投资交易层面允许公募基金专门发布科创板相关产品，鼓励中小投资者通过公募基金等方式参与科创板投资。所以说，50万元投资门槛并不意味着真的将散户拒之门外。

这么多年来，尽管管理层采取各种措施不遗余力地提升机构投资者的比例，然而效果还是不尽如人意，目前A股仍然是一个不折不扣的散户市场。

中证登数据显示，截至2018年年底，A股投资者数量共14582.73万个，其中个人账户数达到了14549.66万人，占比超过了99.77%。包括产业资本、公募私募、社保、保险、QFII等在内的全部机构投资者仅33.07万。

《上海证券交易所统计年鉴（2018卷）》的数据显示，截至2017年年末，自然人投资者持股账户数为3934.31万户，数量占比为99.78%；《深圳证券交易所统计年鉴2017》显示，至2017年年末，深市的A股投资者共有2.44亿个个人账户，占比达99.75%。从2007年以来，个人持股账户数量都保持在99.65%以上。

那么，可以达到参与科创板50万门槛的投资者人群占比多大？根据上交所年鉴，至2017年年末，10万元以下的投资者有2179.70万户，占比55.28%；10万～50万的投资者有1187.07万户，占比30.11%。也就是说，按2017年年末投资者持有沪市市值数据，科创板设50万元的投资者门槛，将只有不到15%的投资者可以直接参与科创板的交易。

近10年来，A股市场基本上处于弱势震荡走势，赚钱效应并不明显。然而，让人诧异的是，行情越差散户比例却没有明显降低，说明散户直接参与交易的热情并没有明显下降，机构投资者的占比也没有明显提升。

是什么因素导致散户占比居高不下呢？

从表面上看，有两个因素：

一是，散户多数是因为被套牢了所以被动持股，没法选择主动退出市场。

二是，以公募基金和私募基金为代表的财富管理机构面对疲弱的市场同样束手无策，无法用业绩证明专家理财的优越性，还没有取得个人投资者的充分信任。投资者觉得“专家”还不如自己搞得好，所以散户“自己动手，丰衣足食”就成为一个普遍现象。

其实，往深里去探究，发现A股的散户化特征是一个“源远流长”的文化现象：

这是一种低信任社会特征在股市中的投射。大爷我曾经撰文指出，这种社会特征反映在股市里就表现为一个“低信任市场”。

在投资理财这件事情上，50年代前出生的人，由于物质上普遍处于匮乏到温饱，没有太多的余钱需要投资和理财。到了50后、60后和70后这几代人，赶上改革开放40年，开始积累起来较多的“余钱”，投资就成为一种需要。

然而，这几代人的财富积累多是靠自己辛苦打拼得来，“不相信陌生人”，凡事亲力亲为的传统文化耳濡目染，所以在管理自己的钱财进行股票投资这件事情上，这几代人第一是只相信自己不相信别人，第二是不愿意为服务付费，即便是有人提供了专业服务并且创造了价值，他们一般也不愿意为服务买单。

A股可以复制美股去散户化的路径吗?

有一篇券商研究报告分析了美股如何从散户为主到机构为主的历程，以此说明去散户化乃是全球大趋势。

那么，美股的过去是否会是A股的未来呢?

海通证券研报显示，在20世纪40—50年代，美股超过90%的市值为散户持有。但是，到了2018年年中，美国机构投资者持有市值占比高达 93.2%，个人投资者持有市值占比不到6%。由90%降至6%，感觉美国散户就快被“消灭”了。

早期美股只是少数玩家的游戏。20世纪20年代，美国经济高速发展，企业盈利激增，推动股市繁荣兴旺。从1927年到1929年短短两年间，道琼斯工业指数就翻倍了，史称“咆哮的20年代”。在炫目的赚钱效应刺激之下，手里有点闲钱的个人投资者跑步入市，没钱的甚至跑去借高利贷炒股，股民一旦疯狂起来了都一个鸟样，无问西东。

好光景直至1929年10月24日戛然而止，美股突然崩盘，加上随之而来的30年代大萧条，这场狂欢才被按下暂停键。第二次世界大战更是将股市拖入低迷境地，一时间散户们都失去了炒股的兴趣。二战结束后，美国经济再度繁荣，美国人民对股票的热情再次高涨。战后10年，道琼斯工业指数涨了两倍有余，刺激散户再次跑步入市，随着散户的不断涌入，个人投资者持股比例超过90%，并一直持续到20世纪60年代。尽管之后散户持股比例有所下降，但直到70

年代中期，仍然保持在70%以上。

美股是如何做到去散户化的呢?

20世纪70年代中期，是美股投资者结构变更的分水岭，划开这道分水岭的“上帝之手”是养老金入市。自此之后，美股散户赚钱越来越难，而机构投资者的力量却越来越强，逐步把握了市场的话语权。

海通证券研报显示，截至2017年年底，美国养老金资产总规模为28.2万亿美元，是美国2017年GDP总量的1.45倍。其中，企业养老金计划中的DC型计划（收益不确定、雇主员工共同缴费，包括401K计划）、个人养老金（IRAs）在养老金总资产中占比60%，约17万亿美元，是美国养老金的主流。

而申万宏源研报显示，2017年，DC型计划中，2万亿美元的资产投在了股票型基金上；个人养老金（IRAs）中，54%的资产投在了股市或者股票基金上。

养老金等机构投资者的大量入市，机构投资者比重有了跨越式的提升。机构占据主导地位之后，散户费尽心机也无法超越机构，收益率越来越低，久而久之，也就慢慢死了靠自己炒股一夜暴富的心。他们发现，个人炒股实在是吃亏不讨好，还不如通过养老金计划，既可间接参与股市，还能延迟纳税，可谓一举多得。

海通证券研报显示，从历史上来看，美股在机构投资者壮大后，1980年至今的股市波动率比1980年前下降约6个百分点。

从换手率来看，2017年全部美股的换手率为116%，其中权益类公募基金的换手率为26%，远低于A股的428%和297%。

可见养老金与共同基金等机构投资者入市后，大幅降低了波动率，投资的确定性增强，机构投资者成了名副其实的股市稳定器。由于机构投资者专业优势与资金优势都非常突出，个人投资者无法与之抗衡，散兵游勇永远无法摆脱被剪羊毛的命运。

美股很早就是全面注册制，每年都有大量的股票因为各种原因被退市，仅2013年至2017年这5年里，美股就有1438只股票退市，远高于A股的27只，所以，在美国股市买个股很容易踩雷，散户害怕黑天鹅，个人投资者炒股的热情被抑制。

最近10多年以来，随着计算机技术的突飞猛进，美国金融市场交易机制变得异常复杂，基于算法交易系统的高频交易与量化对冲等工具大行其道。机构投资者拥有金融科技的支持，信息获取优势明显，它们相对散户来说不仅是信息优先者，而且还是交易技术的领跑者，散户处于全面劣势，所以就更不愿意直接下场炒股了。

由美国股市去散户化的路径可以看到，A股市场去散户化目标不是一个科创板的推出就能手到擒来，“路漫漫其修远兮，吾将上下而求索”，这会是一个漫长的过程。

目前A股市场，养老金入市已经破题，本土公募基金和私募基金也有了一定的规模，以高盛、大摩为代表的国际投行和以桥水为代表的国际顶级私募也开始进军中国财富管理领域，这些都是未来A股去散户化的必要条件。

但是，观念与文化的改变不可能一蹴而就，只有当更多的投资者接受并认同“专业的事情交给专家做”这种财富管理文化，去散户化的目标才可以最终达成。

去散户化的希望寄托在90后身上?

有一种观点认为，从市值的角度来看，2018年机构投资者持股的市值占总市值的八成，个人投资者持股占总市值的比重不足两成，而且机构持股市值占比还有进一步增加的趋势，所以A股市场并不是一个散户化的市场。

申万宏源测算显示，2006年至2017年这12年间，沪深两市的个人投资者持股市值比例延续下滑，已由2006年的68%，降至最近几年的25%左右。

而上交所发布的《上海证券交易所统计年鉴（2018卷）》则显示，截至2017年12月31日，从持股市值看，个人投资者持股市值为5.94万亿，仅占总市值的21.17%。

但是，A股市场有个怪现象，散户贡献了80%的交易量。散户资金规模较小，投机心理强，换手率较高，容易追涨杀跌，难以把握市场中长期机会。

但是，正因为如此，A股市场的流动性基本上是由散户提供的，从这个角度来看，A股确实是一个如假包换的散户市场。

说A股是散户市场，主要是指散户主导了A股的交易。尽管散户贡献80%的交易量，盈利却不到机构的1/3。《年鉴》显示，2017年沪市个人投资者整体盈利3108亿元，专业机构整体盈利11156亿元，机构投资者盈利金额是散户的3.6倍。

美国股市有一句流行语：交易有损你的财富。过于频繁的交易并不会增加投资者的收益，反而会导致收益下降。高波动率和高换手率正是一个市场不成熟的表现。散户的非理性以及短视行为，不利于股市健康发展，所以从建设成熟股市的角度来看，A股去散户化确实是大势所趋。

某券商研究报告认为，机构投资者占比已成为衡量一个股市是否成熟的标志。“去散户化”并不意味着对散户的驱逐，而应该是散户与机构投资者双赢的局面，是机构投资日渐壮大、赚钱效应明显之后，散户主动自愿投资机构产品、信任“专家理财”的过程。只有这样，股市才会更理性、更从容、更具长期投资价值。

从另外一个层面看，当A股市场具备了成为美股那样的机构博弈市场的条件之后，现有的50、60甚至70这几代股民也会开始逐步退出股市，当90后成为财富管理服务的“消费主力”之后，一个真正的机构投资者市场才会揭开帷幕。

从80后开始，财富管理领域的“凡事亲力亲为，不愿意为服务买单”的观念有所转变。但是，真正出现质的飞跃的一代人，应该是从90后开始。

为什么要这样说呢?

第一，90后是未来个人财富的继承人，其中许多都是独生子女，是改革开放40年来创造财富的50后、60后财富的最终拥有者。他们有为家族财富保值增值的现实需要。

第二，他们是互联网的原住民，理财服务的消费者，全球化的观念更加清晰。他们对于计算机与人工智能在财富管理领域的应用很内行，他们对个人战胜市场不抱任何幻想，对市场充满敬畏之心。

第三，受过良好教育，有些甚至有海外留学的经历，他们人生观、价值观和财富观与父辈完全不同。

第四，对社会分工合作的趋势更为认同，“闻道有先后，术业有专攻”，愿意为知识和专业服务付费，这个观念是与生俱来的。

这一代开始，他们冲进股市自己进行交易的积极性会不断减弱。

学了半辈子巴菲特，还是炒不好这一把股票

芒格反复告诫：不要嫉妒；不要悔恨；即使遇到麻烦，还是保持乐观；和可靠的人打交道；做你应该做的事……所有这些简单的规则都能让你的生活与投资变得更好。知易行难，这正是人性中根深蒂固的弱点。

最悲催的炒股经历莫过于此：满仓暴跌，空仓暴涨！但是，2019年春节后遭遇这种“别人的牛市”囧境的投资者还真不在少数。似乎有一种宿命叫作“一买就跌，一卖就涨”，还特别喜欢找上言必巴菲特与查理·芒格的老股民。

查理·芒格最近有点火，风头好像盖过了他的老搭档沃伦·巴菲特。在情人节那天，芒格出席了 Daily Journal 的年会，很多芒格的信徒闻讯赶去。95岁高龄的芒格保持一贯直率而睿智的谈话风格，金句不断，大家直呼，又学到了不少投资的窍门。

我发现有一个有趣的现象：这么多年来，我们对金融大鳄索罗斯的故事津津乐道，却没有人说我要学习索罗斯的投资方法；我们对全球顶级私募掌舵人瑞·达利欧的生活与管理原则膜拜有加，但对其投资的原则也鲜有传颂；我们对投资界殿堂级大佬黑石创始人彼得·彼得森的传奇人生充满好奇，但是对于那些让黑石取得成功的金科玉律却了无兴趣。

然而，对“股神”沃伦·巴菲特的态度却迥然不同。我们几乎从一开始就

把他视为炒股赚钱必须学习甚至于“复制”的对象。他的选股标准，他的持股策略，他曾经走过的投资之路，我们都亦步亦趋，幻想成为巴菲特第二。

大概是“爱屋及乌”的原因吧，我们后来发现了巴菲特“背后的男人”——查理·芒格，于是也喜欢得不得了，大家都声称可以从他的言论中学到很多关于投资与生活的智慧，他的投资宝典与格言风靡一时，成为广大股民朋友圈里的“装逼神器”。

坦白地说，程大爷也是查理·芒格的粉丝。这事连查理·芒格本人也很意外，他很得意地跟媒体说：“在印度和中国似乎有一群人喜欢我。这几乎是我所有的支持者。但这已经比很多人都要好了。所以，我感谢我所拥有的。”

为何查理·芒格“几乎所有的支持者”都来自印度和中国？

我想，可能是因为这两个地方的散户众多，而且大家发财的心情都比较急切的缘故吧？

从术到道，修炼是一辈子的功课

事实上，如果仅在赚钱术上绕圈子，查理·芒格的那一套你也许永远都学不会。还是回到文章开头说到的那个有趣的现象，我们谁都不学，就是要跟查理·芒格和巴菲特学习投资，可能是这几个原因：

第一，大鳄类成功者，比如索罗斯，人家玩宏观对冲策略，经常是大资金全方位的大战役，需要跨越股市、货币、债市和期货等金融市场的几乎所有种类。不要说普通投资者，就是一般机构投资者也无法仿效，所以索罗斯式投资方法，普通人看都看不懂，没法学。

第二，瑞·达利欧“基于可信度的创意择优”原则，基本做法是将专家意见输入电脑进行加权统计分析，作为决策依据。他依靠庞大的研究团队和复杂的算法系统再加上哲学家般的思想，所以，你可以看到个人投资者很难使用这种方法。

第三，巴菲特与查理·芒格的那一套投资理论不仅简便易行，而且还通俗易懂（至少看起来是这样），既不用计算机系统也没有庞大的团队，主要是由两老头一边喝着可乐嚼着花生糖讲着笑话，一边就把钱给挣了，这投资方法省心省力还快乐无比，似乎人人都可以学，人人都学得会。在“大道至简”的鼓动下，大家不仅争相学习巴菲特和查理·芒格，而且还产生了自己完全搞懂了学会了甚至掌握了巴菲特式投资方法的错觉。

只是大家都没有想到，天下最简单的投资方法其实是最难的投资方法。不管多复杂的方法，它主要借助的是工具，所以还是“术”的层面，“术”是可以学习的。而简单到“崩溃”的方法，它进入了“道”的层面，“道”是学不会的，它需要长期间的修炼，才可能达到。

所以，巴菲特与芒格的投资之道，其实是“学”不来的。“学习”是修炼的一种工具，如果真的要学习巴菲特与芒格的话，应该去学习他们是如何修炼的，先不要学习是如何做投资的。

芒格说巴菲特是一个非常棒的投资者，他每年都会有一两个非常棒的投资点子。你可能想，如果巴菲特把他的投资点子告诉自己，那岂不是可以躺着发财了？

芒格说了一个段子：一天一个人向莫扎特请教如何作曲？莫扎特问：你多大了？他说：23岁。莫扎特说：你太年轻了，没有办法作曲。然后他说：但是我听说你10岁时就开始作曲了，为什么还说23岁太年轻了呢？莫扎特说：我10岁的时候不会请教别人如何作曲。

阿尔弗雷德·诺斯·怀特海曾经说过一句很正确的话，只有当人类“发明了发明的方法”之后，人类社会才能快速地发展。同样的道理，投资者只有学习了学习的方法之后才能进步。

芒格觉得他在就读哈佛法学院之前就已经学会了学习的方法。他认为在他漫长的一生中，没有什么比持续学习对他的帮助更大。再拿沃伦·巴菲特来说，如果人们拿着计时器观察他，会发现他醒着的时候有一半时间是在看书。他把剩下的时间大部分用来跟一些非常有才干的人进行一对一的交谈，有时候是打电话，有时候是当面，那些都是他信任且信任他的人。仔细观察的话，巴菲特很像个学究，虽然他在世俗生活中非常成功。

投资能力是认知能力的投影

查理·芒格似乎同样对投资者可以轻易学会自己与巴菲特的这一套投资方法不抱乐观的态度。他告诫自己的粉丝们，要拥有自己真正的能力而不是鹦鹉学舌的知识 。比如，要拥有跨学科的心态炼成自己的思维框架，只有这样才能高效而成熟地生活与投资。他引用古代最伟大的律师马尔库斯·图鲁斯·西塞罗的一句话，“如果一个人不知道他出生之前发生过什么事情，在生活中就会像一个无知的孩童”。

这个道理非常正确，西塞罗正确地嘲笑了那些愚蠢得对历史一无所知的人。除了历史之外，还有许多东西是人们必须了解的，比如所有学科的重要思想。掌握足够多的知识才能在自己的头脑中形成一个思维框架，才能在生活和投资中自如地运用它们。

关于如何学习这些跨学科的知识，芒格的看法是，真正重要的大道理占每个学科 95% 的分量，所以，从所有的学科吸取自己所需要的 95% 的知识，将它们变成思维习惯的一部分，并不是一件难于登天的事情。拥有这种思维习惯并正确地实践它，才会让生活变得更有乐趣，让自己能做更多的事情，让自己变得更有建设性，甚至可以提高投资收益，让自己变得非常富有，而这无法用天分来解释。

这个世界上有两种知识，一种是认知水平出类拔萃的真才实学，另一种不过是认知水平低下的鹦鹉学舌技巧。

芒格经常讲一个有关马克斯·普朗克的笑话。说的是普朗克获得诺贝尔奖之后，到德国各地演讲，每次讲的内容大同小异，都是关于新的量子物理理论的，时间一久，他的司机记住了讲座的内容。司机说：“普朗克教授，我们老这样也挺无聊的，不如这样吧，到慕尼黑让我来讲，您戴着我的司机帽子坐在前排，您说呢？”普朗克说：“好啊。”于是司机走上讲台，就量子物理发表了一通长篇大论。后来有个物理学教授站起来，提了一个非常难的问题。演讲者说：“哇，我真没想到，我会在慕尼黑这么先进的城市，遇到这么简单的问题。我想请我的司机来回答。”

芒格讲这个故事，并不是为了赞美司机的机敏。他是试图以此说明，这个世界的知识可以分为普朗克知识和司机知识。前者属于那种真正懂的人，他们付出了努力，他们拥有那种能力。而后者只是掌握了鹦鹉学舌的技巧，他们可能有漂亮的头发，动听的声音，也可以给人留下深刻的第一印象，然而这类人只是徒有其表。

在投资与生活中，我们需要努力成为拥有普朗克知识的人，而避免成为拥有司机知识的人。换言之，在股市中，我们遇到大多数只是巴菲特与芒格的"司机"，他们鹦鹉学舌，卖弄各种金句，但是他们没有努力提高自己的认知水平，没有形成自己的思维框架，真正做投资的时候，就可能一败涂地。

投资成功是对投资者品格的奖赏

失败的人总是羡慕嫉妒恨那些成功者，总是想搞明白，那些可以持续获得投资成功的人，到底拥有什么样的成功秘籍?

神奇的是，芒格很小的时候就明白了这样一个道理：要得到你想要的某样东西，最可靠的办法是让你自己配得上它。这是一个十分简单的道理，是黄金法则。如果一个人的品德配不上他所拥有的，这样的"得到"常常比"失去"还要糟糕。

比如，有些彻头彻尾的恶棍死的时候既富裕又有名，但是周围绝大多数人都认为他们死有余辜。如果教堂里满是参加葬礼的人，其中大多数人去那里是为了庆祝这个混蛋终于死了。

为了让大家明白这其中的道理，芒格又分享了一个故事：有一个混蛋死掉了，神父说："有人愿意站出来，对死者说点好话吗？"没有人站出来，好长时间没有人站出来，最后有个人站了出来，他说："好吧，他的兄弟更糟糕。"这不是一个有尊严的人想要得到的人生结局，以这样的葬礼告终的生活，不是我们想要的生活。

芒格特别提到"己所不欲，勿施于人"这句中国式的美德标准。拥有这种美德的人在生活与投资中赢得的不只是金钱和名誉，还有尊敬与信任。要知道，能够赢得别人的信任是非常幸福的事情。

在芒格看来，人品的重要性远超智商。所以他不看好特斯拉的创始人马斯克。在选择投资对象的管理层时，他宁可选择一个智商为130但以为自己是120的人，也不会选择一个智商是150却以为自己的智商是170的人。毫无疑问，比亚迪的王传福很清楚什么是自己能做到的、什么是自己做不到的。而马斯克则认为自己无所不能，所以芒格下注，更愿意选择那些有自知之明的人。

查理·芒格说他很小的时候就看出很多成年人是非常不理性的，他一直都能窥见他人身上的非理性之处。这种能力对他的投资与生活很有帮助。世界上有太多的非理性，所以他很久以来就一直在思考造成非理性的原因是什么，还有就是，如何防止非理性的情绪对生活与投资造成困扰。

投资中如何保持理性，这是贯穿芒格与巴菲特思想的一根金线。

巴菲特关于投资的那句老话——“在别人恐惧时贪婪，在别人贪婪时恐惧”，几乎为所有投资者耳熟能详，然而实践的结果证明，绝大多数的投资者是在别人贪婪时更加贪婪，在别人恐惧时更加恐惧。这个普遍现象表面看是投资技巧问题，而深层看却是理性问题。如果一个投资者的人格与修为没有达到一定的高度，他就不可能拥有这种至关重要的理性思维，背再多的巴菲特与芒格投资名言，也只是瞎子点灯——白费蜡。

猪年开年来踏空一波大行情的投资者，许多生活在悔恨与妒忌之中，而这正是芒格最为担忧的有害习惯。因此，芒格反复告诫：不要嫉妒；不要悔恨；即使遇到麻烦，还是保持乐观；和可靠的人打交道；做你应该做的事……所有这些简单的规则都能让你的生活与投资变得更好。

知易行难，这正是人性中根深蒂固的弱点。

敬畏趋势的力量

要提升对市场波动的包容度，不要主观臆断，不要叶公好龙，不要求全责备，不要暴跌的时候束手无策，涨得快了又忧心忡忡。要知道，世界上从来没有过完美的股市，即便是美国股市，大起大落也是家常便饭，相对于“大落”，人家还是更愿意看到“大起”。

股谚有云：新股民怕跌，老司机怕涨。2019年春节后的几个星期，有个股市老司机抱怨说每天晚上都睡得不踏实，老是梦见天花板上掉下一大坨东西。没想到2019年3月8日那天，哐当一下，掉下来130多点，没被吓着，反倒一块心病落了地，结果当晚果然就睡得很香。

世界上没有只涨不跌的股市，毕竟涨得太急太快太多，调整只是时间与幅度问题，“调整只会迟到，不会缺席”。老司机应该都有思想准备，新股民当然一下子被整懵了。但凡经历过一两次完整牛熊周期的投资者，对3月8日A股市场的场景都不会感到太陌生。

事实证明，干啥事最好还是悠着点，步子迈得太快了容易扯着蛋。

老司机遇到新问题

但是，就在这之前，老司机们还是被新股民嘲笑的对象。嘲笑他们，空仓就像守寡，就问你能守几天?

有一个几乎快要达成共识的必胜秘诀，说是和谁在一起炒股很重要。牛市千万不要和老股民在一起，会耽误你赚钱。要和刚进股市啥都不懂的一起，这样才能经常涨停。可惜这个秘诀只需要一个交易日就被证伪了。因为，在A股市场，一致性预期多数时间会是一致性误判。

期货市场也有句谚语：空头不死，多头不止！说的是在一个多逼空的行情里，如果还有持空头思维交易者存在，那是一定要把这些与多头不一致的交易者“消灭”才会罢休，最后就是形成“一致性预期”。当一致性预期形成，市场就会走向这个预期的反面。

所以，没有一次行情的启动不是出乎意料的。没有一次行情的涨幅（跌幅也一样）不是超过预期的，要么涨过头，要么跌过头，没有所谓的“刚刚好”幅度。没有一次行情的发展不是伴随着一大批专家的“看不懂”与散户的将信将疑而高歌猛进的。没有一次行情的结束不是在机构与散户一致性继续看好时戛然而止的。

2019年春节后，从2440点开始的一波接近900点的上涨行情，完美地诠释了这些现象背后的人性。

老司机被逼空，原因是他们脑海里有一个既定的上涨与调整的路线图，并且会路径依赖，瞻前顾后。由于过于期待“右侧交易”，在快速启动的行情中容易踏空，错过最佳的“上车”机会。即便是好不容易“上车”了，当看见市场进入“超买”区间，感觉调整即将来临，于是“老练”地下车，等着回调时再上车，做个波段，结果指数一骑绝尘，只能后悔莫及。

从理性的角度来看，有些十倍牛股可以归因于它的“成长属性”，或者它的“筹码稀缺性”，但是一些传统行业的大盘蓝筹股也被炒得远离合理估值，确实让老司机们更加无所适从。

比如，2019年年初中信建投AH股溢价率高达370%，最高31元多的A股，70多倍市盈率，是国内头部券商的2倍多，而它在香港的H股却只有6块多钱（换算成人民币），难怪有人疑惑这是不是同一家公司。而中国人保AH溢价率高达289%，最高12元多的A股，31倍市盈率，是中国平安的近3倍，而它所对应的H股则只有3块多钱（人民币）。

无论对A股还是对H股，是不是高估了，其实一目了然。投资者疯狂涌入，

是不是玩的博傻游戏，大家心知肚明。

老司机的优势更多地表现在下跌趋势中对仓位与风险的控制，也就是说，他们在躲避风险方面可能做得更好。但是在抓住战机方面，经常因为过于保守而错过最好的时机。

而新股民则“无知者无畏”，更多相信便宜而买在左侧，或者敢于追高，反而在这种猛烈上涨的行情中会玩得如鱼得水。当然，这种激进的操作策略，虽然在逼空行情中更容易得手，一旦出现突发性的回调，就会“断手断脚”。放在一个更长的时候尺度，风格激进的新股民摔跟头将是大概率事件。

调整迟到的原因是什么

行情一火爆，各路段子手就跑出来了。有个“青年问禅师”的段子，形象地描述了市场狂热的一面：

青年：禅师，以前是跌得难受，现在是涨得难受。做股票咋这么苦呢？

禅师：你收盘后再来。

青年：您的意思是，收盘后股市就不会再涨了？

禅师：交易时间别耽误我下单！

这个“涨得难受了”，确实说明很多投资者对于短期内巨大的涨幅还是心里不踏实的，担心调整随时会来，但是又不甘心在调整发生之前退出游戏。

还有一个段子是这样解释调整迟迟不来的原因的：“100个股民有60个说要回调，结果又进来70多个大妈。”

大调整发生之前，A股行情连续逼空，核心原因是资金持续入场，尤其是外资大量冲进市场，导致市场在技术高位无法回踩调整，持续强势。数据显示，当时已经有一批绩优股被外资买到了政策允许持有的上限，由此可见，外资涌入的数量和力度都是前所未有的。资金的持续涌入，导致很多股票已经超买严重，早就预示着大盘暴跌式调整随时可能发生。尤其是外资已经买到上限的股票，后续内资如果跟不上，外资又不能继续买进，这些股票可能会率先回调。

之所以会有强烈的调整预期，是由于基本面与技术面都给出了这样的信号。可是，市场对于这些信号的态度就是“视而不见”。

从基本面来看，该调不调的原因还有这几点：

第一，行情启动突然，大多数资金并没有来得及布局，所以大盘拉升过程中获利平仓盘与踏空资金仓促建仓以及加仓盘势均力敌，形成类似“强对流天气”的巨量资金博弈，大盘以巨量换手替代了深度回调。

第二，眼见调整幅度太小，波段操作资金没有多大的腾挪空间，踏空与轻仓资金无奈之下只能追高加仓，这样会继续推高指数。

第三，突破2800点以后，赚钱效应明显放大，场外新增资金大量涌入，导致大盘难以深跌。

第四，境外资金的持续净流入。甚至于出现了大族激光这种被买到上限的股票。可见境外资金对A股的热情有多高。

第五，每次当大盘来到重大阻力位置的关键节点，基本面就恰到好处地释出利好：从中美贸易谈判出现转机，到MSCI将A股的纳入因子从5%大幅提升到20%，再到大幅降低企业增值税，这些恰到好处的利好消息，让大盘刚刚开始回调马上就转为上升。从黄金分割率来看，反弹接近量度跌幅的0.382，0.5，0.618都是极易出现回调的阻力位。

“敬畏市场”应成为一种信念

对于市场某个阶段的涨跌，证监会新闻发言人表示，不做评论，证监会将履行好监管职责，促进市场健康稳定发展。新任证监会易主席也说，股市上涨是市场的事情，他不好评价！这个表态跟他“敬畏市场”的监管理念一脉相承。

资本市场长期的“循环往复”，根本原因在于有些力量的“越位”与“缺位”，而这又源于理念的偏差和行动上的摇摆不定。

易会满提出的“四个敬畏”直达资本市场长期以来的体制病灶。在履新满月的新闻发布会上，易主席提出必须敬畏市场、尊重规律、遵循规律，毫不动摇推进资本市场健康发展。

资本市场是现代金融体系的基础，实体经济的“晴雨表”。资本市场是融资市场，主要是通过上市公司体现“晴雨表”功能，提高上市公司质量是重中之重。资本市场必须发挥价值发现的功能，资本市场是内涵丰富、机理复杂的生态系统，运行自有规律。发展资本市场的核心是立足我国实际情况，不断深化对金融本质、初心和规律的再认识。资本市场要提供更高质量、更高效率的金融服务，大力拓展各类股权融资渠道，促进债市协调发展，积极发展期货市场，推进融资结构完善，努力建设公平、高效、透明的多层次资本市场体系。在坚守合法合规的底线思维的前提下，让市场参与各方充分地、独立地、自由地发挥作用。

通过市场化手段去发挥研究机构风险提示的作用，这也是一种国际惯例，在欧美成熟市场简直就是司空见惯，而在A股市场，却更像是一个新生事物。

2019年春节后，中信证券研报建议卖出中国人保，这就是研究独立化与市场化的一个很好的标志。有人甚至说这是国内头部券商研究机构夺取话语权的绝佳时机。当时，5连板的中国人保，被中信证券给予卖出评级，下跌空间超54%，这非常罕见。大型券商也获“卖出”评级研报，连日大涨已让不少市场人士直呼“看不懂”，“卖出”研报又落地，就更加让人大呼不懂。

中信证券前脚对中国人保A股给予“卖出”评级报告，华泰证券后脚对中信建投A股调低为“卖出”评级。预计公司合理股价在 13.86～17.33 元/股，存在较大估值下行风险。报告中反复提及显著高估、明显高估、过度高估、严重高估等。

相对于报告出台时的收盘价，下调幅度为44%～55%。这意味着未来一年中信建投的股价可能将腰斩。

中信证券与华泰证券给出的这两份看空报告，极有可能是代表机构投资者对某些板块与个股出现过度投机的担忧，也是在给市场温和提示风险。如果真是这样的话，这对那些已经炒到严重脱离基本面的个股，还是有一定的震慑力的。有些个股被爆炒，有些游资肆意妄为，对市场是一种讽刺也是一种伤害。如果市场研究机构明明知道是怎么回事，但是出于各种顾虑而不敢实话实说的话，势必又要走向另外一个极端，对广大中小投资者造成伤害。由权威研究机构给出市场风险提示，或许会比“上帝之手”直接干预要更有说服力。

要珍惜来之不易的做多热情

任泽平有个观点，说是A股从来都不是中国经济的晴雨表。A股已经超出了科学的范畴，有相当一部分可以归于文学的范畴。他的意思是说大家误解他了，他不是经济学家，而是文学家？

这个看法从一个侧面说明，A股是难以“驯服”的，不要试图去掌控它。人是情绪的动物，股市一旦出现快速赚钱效应，必定会推高风险偏好。而春节后股市之所以很长时间拒绝调整，有个原因就是板块轮涨，并且水涨船高。近期股市暴涨引起投资者不安的现象就是蓝筹股涨上去之后，亏损股接力大幅上涨。

很多人都在困惑，这里面的逻辑是什么。有人就嚷嚷，忘掉市盈率吧！

该如何定义成长股与妖股呢？是不是市盈率高股价涨得特别厉害就是“妖股”？

相对应的，市盈率低还在跌跌不休的，是不是就是“呆股”？由谁来定义什么是“价值投资”与“成长投资”，什么又是“恶意做空”与“乱追涨停板”呢？

这些都是需要重新审视的问题。没准，科创板出炉之后，成长股的估值体系需要“推倒重来”。

市场习惯于由监管部门给出标准。过去，监管部门确实认为自己责无旁贷地需要给出一个“指导”，给出一个定义。结果，市场并不总是以监管的意志为转移。这就是为什么我们用血的教训才换来了对市场的“敬畏之心”，说明任何人为地试图给牛市画“路线图”的设想与行动都被证明了只是“心有余而力不足”的一厢情愿。

市场的大趋势一旦形成，就像大江大河，要让它改道谈何容易？从极度亢奋到一夜回到3000点之下，投资者的信心同步坐上过山车。那么，大幅调整是否意味着短期见顶?

某大牌宏观首席最近接机构投资者电话特别多，同事就问他：“投资者开始关心宏观，是不是见顶了？”他说：“按照我的经验，见顶是对方给我解释宏观面的时候。”

从大局面来看，回调后低位一般是入场的好机会。从估值来看，目前大A股还处于相对低位。由于政策变化，目前正处于一个历史性的时刻，未来必须与国际市场体系接轨，股票估值也会与国际市场一致。所以，调整之后，应该仍然可以逢低积极入市，长线持有。

尽管猪年春节后这段行情走得匆忙，出现了一些局部问题，但是市场参与各方还是要珍惜这来之不易的做多热情，A股苦熊已久，难得有机会牛一下，嗨一回。

要提升对市场波动的包容度，不要主观臆断，不要叶公好龙，不要求全责备，不要暴跌的时候束手无策，涨得快了又忧心忡忡。要知道，世界上从来没有过完美的股市，即便是美国股市，大起大落也是家常便饭，相对于“大落”，人家还是更愿意看到“大起”。

能控制情绪的才是最后赢家

天上掉馅饼的好事，确实不可多得，按照巴菲特的投资原则，这种“好事”应该是出现在别人极度恐惧的时候。那个时候，“馅饼”如雪花飘飘洒洒，触手可及。然而，陷入恐惧难以自拔的投资者却认为那不过是一个个的“陷阱”，这个时候，“贪婪”的人提着水桶就来了。

巴菲特说了句“好机会不常来。天上掉馅饼时，请用水桶去接，而不是用顶针”。结果，股神的这句话被我大A的一些投资者翻译成了这样：伙计们，大牛市来了，胆子不能太小，赶紧放杠杆！搞得好像是巴菲特在鼓励大家放杠杆似的。

但是，大家可能忘掉了巴菲特还有一句名言：投资最重要的原则有两条，第一条是，不赔钱；第二条是，任何时候，请谨记第一条！可见，对风险的厌恶才是股神投资哲学精髓之所在。

天上掉馅饼的好事，确实不可多得，按照巴菲特的投资原则，这种“好事”应该是出现在别人极度恐惧的时候。那个时候，“馅饼”如雪花飘飘洒洒，触手可及。然而，陷入恐惧难以自拔的投资者却认为那不过是一个个的“陷阱”，这个时候，“贪婪”的人提着水桶就来了。

由此可见，这一波“天上掉馅饼”的大好投资机会应该是猪年春节之前，大盘在2500点附近那段时间，这个时间跨度其实可以从2018年10月19号权威人士发表讲话开始，一直到春节前，非常清晰的“估值底+政策底”历史性机会，敢拿“水桶”去接的人有几何？敢拿“顶针”的已经算是有勇气的了，绝大多数人都是赶紧跑开，免得“馅饼”砸到自己头上。

反倒是大盘一口气涨了近700点，直接逼近3150点这个0.618黄金分割阻力位，以东方通信、人保和建投等一批股票涨了几倍甚至十倍，短期调整风险积聚，天上“馅饼”欠奉，开始供应“冰雹”的时候，那些原本跑开或者只举着一个小顶针的人，呼啦啦一下子都跑过来了，清一色地拖着水桶甚至浴缸。对，他们开始玩命放杠杆，在“馅饼”换成“冰雹”的时点上。

剧烈的调整一来，大家又都一下被砸懵了，从信心满满到惴惴不安，也就是一根长阴线的距离。可见，人是多么情绪化的动物。

调整可以让牛市更有韧性

2019年春节后的一波行情，投资者普遍都赚了一些。但是，还是要时刻记住这并不是自己的投资能力忽然提升了几个台阶，而是因为风来了。风来了猪都能上天，馅饼从天而降，你只要没跑开，就有捡到几个的机会！

拉得又急又猛的个股，据说主力是游资大户+配资杠杆，胆子比较大，敢于无脑怼龙头，炒新炒主题，从科技股杀到大金融，市场情绪不断升温，动辄两万亿日成交金额，让人不安的是这种拒绝调整的涨法，局部过热已经很明显了。

华尔街有句老话：傻子都可以赚到100万，但是，只有天才才能留住它。果然，2019年年初大涨之后，如走马灯一般的概念板块多数忽然集体熄火。当时的消息面上，传出了关于场外配资的监管新动向。

据《21世纪经济报道》，针对死灰复燃的场外配资，监管部门似乎正在提高警惕。监管层明令券商排查配资风险、规范外部接入。针对刚刚放行不久的信息系统外部接入工作，监管人士提出要严格进行规范，排查相关风险。并提出营业部及从业人员不得为场外配资提供便利。从接近监管层的机构人士处确认，中国证券业协会当时召集了部分券商召开有关规范信息系统外部接入、防范场外配资风险的专题会议，期间证监会相关监管人士到场并对券商传达相关要求。相关监管人士会上提出，要深刻反思并吸取2015年股票市场异常波动的教训，证券公司须切实履行主体责任，做到勤勉尽责，规范证券从业人员的执业要求。监管人士同时要求，证券投研部门需要客观、例行、谨慎发表观点言论，避免夸张、情绪化语言等要求。

无独有偶，《21世纪经济报道》记者从相关渠道确认，某南方省份证监局上周召集辖区证券分支机构负责人座谈，并就防范场外配资风险提出明确要求。其中包括：证券经营机构不得为场外配资提供便利，不得以任何形式与配资机构合作开展业务；加强对员工执业行为的管理，禁止员工参与场外配资活动。严格执行投资者适当性管理要求。加强客户账户管理，加强客户身份识别和客户回访工作，加强账户异常交易监控及报告工作；深入开展投资者教育工作。认真做好风险提示，引导投资者理性投资，防范投资风险等。

话说，树也不能直接长到天上去。事缓则圆，比调整更可怕的是有些个股“无厘头”疯涨。比如，炒边缘计算概念的时候，一批完全跟这类业务不沾边的个股也被视作该概念遭到爆炒，连续几个板上去，然后又几个板下来。那些带有高杠杆的投资者，搞不好两面挨巴掌，节奏踏错，爆仓也是分分钟的事。须知，不可持续的疯涨一旦跌起来只会更伤人。

调整并不可怕，可怕的是短期癫狂表现。适当的调整，就像一个人偶尔的感冒，可以提高身体的免疫力，从来不生病的人，一旦病起来就是大病。股市也一样，阶段性的回调整固，可以让投资者适时地冷静下来，多一点时间独立思考。牛市更有韧性，走得更稳更远。

能控制情绪的人才是赢家

不要人云亦云，不要一涨就想着马上会冲到4000点，把杠杆都押上；一跌就担心回到2000点，恨不得空仓观望。要理性分析这波行情的性质，如果相信目前运行的这波行情是牛市而非超跌反弹的话，对短期调整就可以坦然面对，而不必患得患失。

面对3000点关口震荡，有个朋友说，他复盘了一整晚，迷茫中总算悟出了几个道理：

1\. 操盘过程最能暴露一个人的性格。

2. 能控制欲壑难填之本性的人才是赢家。

3. 人的大脑总会被一瞬间的主观意识麻木。

我认为该同学总结得很到位。说明当大盘来到3000点这个十字路口后，有人开始冷静下来进行思考了。情绪的控制很不容易做到，却又是决定投资成败得失的关键所在。只有控制好了情绪，才能不被“冲动”这个魔鬼带到沟里去，才能成为一个理性而独立思考的投资者，从而摆脱韭菜一族的宿命。

洛克菲勒曾说：“一个人一旦失去了独立性，他的智慧就会降低。”他讲了一个很有意思的故事。

一个农民养了一群猪，有一次出门时忘了关圈门，猪都跑了。获得自由的猪必须自己找食，防范人的追捕和其他动物的侵害，所以慢慢变得非常有智慧。村民们想了各种办法抓它们，都没有成功。后来，有个外乡人拉着一马车的木板和粮食路过，村民们问他干什么去，他说我要帮你们把猪圈起来。村民们说算了吧，这些猪现在可聪明了，我们努力很多次都失败了。这个人说让我试一下吧，然后就走了。

过了一段时间，这个外乡人回来了，说他已经把猪都圈起来了。村民们很惊讶，问他是如何做到的。他说：其实也很简单，我一开始在地上放一点粮食，猪很警觉地过来闻闻，看看周围也没有人，经不起诱惑就把粮食吃了，然后就转回树林里去了。到了晚上，我又在原来的地方放了些粮食，但这一次，我同时在旁边竖了一块木板。第二天，猪又来了，窥视了一会儿觉得没什么不安全的，又把粮食吃了。就这样，我每天放一点粮食，同时加竖一块木板，猪每天都来享受我提供的美餐。木板慢慢围成了一个圆圈，猪的警惕性反倒越来越小。到最后一块木板准备好了，猪又来吃食，我就把它们圈起来了。

这个故事有两个含义：第一，失去了独立性，动物的智慧、人的智慧都会降低；第二，如果经受不起诱惑，最后就会丧失独立性。

这两点对于我们做投资的人来说，必须牢记。

一切笔直都是骗人的

一切路上的曲折都是为了接近最终的美好。

尼采在《查拉图斯特拉如是说》中如此写道："一切美好的事物都是曲折地接近自己的目标，一切笔直都是骗人的，所有真理都是骗人的，所有真理都是弯曲的，时间本身就是一个圆圈。"

假如我们相信这波行情的未来指向更远的地方，我们将它命名为"牛市"，这是一个美好的目标，那么，我们就应该有足够的思想准备去设想并接受到达这个目标的过程中出现的"波折"。

看看当时国内券商研究机构的分析，还是蛮有意思的，一个永恒的论调就是：震荡回调不改A股运行逻辑。

国泰君安表示，短期回调不改行情上涨逻辑，乐观基调仍在延续，市场上涨的主逻辑并没有破坏，市场上行的结构秩序并未破坏，市场主体并未因短期回调产生明显的恐慌情绪扩散。本轮行情已初步见到"经济底+金融底"传导的效果，后续行情或更多受政策驱动影响，外资定价和科创板定价仍是市场主线，市场预期监管的优化和完善将创造新的空间，社会资金有望大量涌入。

安信证券表示，下一段市场的核心特征会发生一些变化，从全面快速的行情逐渐转向震荡，机会转为结构性为主，如果基本面配合，则市场有望整固后再上一个台阶，从转型升级和政策扶持趋势看，未来市场行情主线依然将围绕"科创"展开。

国际顶级投行甚至比国内券商更加乐观。比如高盛集团称，伴随散户的"错失恐惧症"挥之不去，中国A股有望大涨。如果散户乐观程度恢复到2015年的峰值水平，则沪深300指数有望在当前基础上飙升大约50%。

高盛还是相当了解A股股民过于情绪化的投资行为模式的，一个"错失恐惧症"把我大A股民的心态刻画得栩栩如生。但是，我反而非常担心这种由"错失恐惧症"推高的股市不会成为真正的牛市。

我相信很多人跟我一样，并非愿意看见一个"迫切地渴望得到"的牛市，而是那种"从容地不害怕失去"的牛市，也就是很多人乐见其成的"慢牛"。当然，理想化的股市运行轨迹现实中并不多见，但是，更多理性投资者的行为，可以减少"癫痫"发作的频率，让A股的肌体变得健康起来。

记得有一年春天，跟一群同事去黄山旅游，爬到一个半山亭歇脚，被柱子上一幅古徽州对联所吸引，当即掏出小本本就记了下来：

走不完的前程，停一停，从容步出；

急不来的心事，想一想，暂且丢开；

有好事者狗尾续貂：

干不尽的工作，缓一缓，轻松一回；

赚不完的钱财，思一思，身外之物！

说得也有几分道理。此后经年，每次遇到心急如焚的时候，都会想起那年黄山某处半山亭上的对联，默诵数遍，心情果然就一下子平静了许多。牛市就像爬高山，目前的行情，不过是半山亭的一次歇脚，山很高，路正长，何必急于起身，匆匆去赶后面的路？

很多时候，暂时的休整是为了“从容步出”，为了走得更稳更远。

好公司不怕减持，烂公司不该持有

如果确实是一家烂公司，既然股东都要清仓减持了，你还拿着它作甚？而那些真正的优质上市公司，即便被大股东阶段性减持，也无损它的长期投资价值，也不会影响价值投资者的持股信念。

公布利好推高股价，立马减持，这个A股市场中大股东屡试不爽的惯用伎俩简单粗暴，一直以来都脱不了算计散户的嫌疑。

2019年春节后，当投资者普遍担心减持风潮会危及牛市的成色而裹足不前之时，前有10倍股王东方通信遭遇大股东高位减持而屹立不倒，后来又有科技股风向标中兴通讯被大股东折让两个跌停板甩卖股价却纹丝不动。

前一天耀眼的是业绩，第二天刺眼的是减持。

当时中兴通讯因预计一季度净利润为8亿至12亿，靓丽业绩让人热血沸腾，AH股双双大涨。当天收盘，A股涨停，H股大涨逾9%。然而，当天盘后大宗交易数据却令投资者直冒冷汗，控股股东以大宗交易方式合计减持8053.3833万股，约占公司总股本1.92%，成交价格除一笔24.27元外，其余皆为24元，较29.34元的收盘价大幅折价18.2%。相当于以两个跌停的价格甩卖19.36亿元股份，这一操作令市场不解。投资者颇多抱怨，直呼大股东不是不可以减持，关键是信披要及时、充分，要做到光明磊落！

让人叹为观止的是，这个足以把人“吓尿”的天量减持公告一出，市场解读为“不啻是对中兴通讯股价的降维打击，还将会拖累大盘”。结果，第二天中兴通讯略低开盘，然后一路高走，最后仅仅微跌0.48%，几乎与上日持平。而大盘则毫发无损，涨势如虹，暴涨近100点，直逼3100点关口。

该跌不跌，是何原因？莫非市场已经从股东减持的阴霾中走出来了？仔细分析一下，你就会发现，能成牛股或者妖股的，大多都有某种“稀缺性”在起作用，正是这种“筹码的稀缺性”，给予牛股以翅膀，给予妖股以魔性。

2019年春节后展开的这波行情，既有政策推动的因素，也有资金推动的因素，而一众牛股的诞生，游资推动迹象尤为明显。

一直以来，游资推动的牛股，有两个鲜明特点：

第一是概念稀缺。

第二是行业或者个股流通筹码供给量较小。

也就是说，流通筹码供给量的大小，决定一个行业与个股的估值水平，进而会决定它股性的活跃度（波动率）与想象空间（涨跌幅）。

筹码的天生性稀缺，行业与资源的稀缺，让估值变得没有了参照标准，比如曾经的大牛股盐湖钾肥，比如稀土类股票。

筹码的阶段性稀缺，比如次新股，中信建投（76亿总股本，4亿流通盘，其余2019年6月20日才解禁），中国人保（442亿总股本，10亿流通盘，其余2019年11月16日才解禁）。

筹码的人为性稀缺，比如股东的自我锁定，比如减持新规导致大股东筹码的锁定。

“养猪”是为了吃肉?

从2019年年初大股东减持对股价的扰动越来越弱这一趋势来看，反映了市场对股东减持的包容度在逐渐提升。

在目不暇接的减持中，有的为了资金需求，有的为了偿还债务，有的为了改善个人生活质量，更有股东在质押爆仓股份被法院冻结后，股价却遭暴力拉升，因此希望通过减持起死回生。

2019年一季度出现的这轮减持潮，还有一个“明星”是“猪肉股”新五丰。该公司3月11日晚间公告表示，公司二股东湖南高新以“经营发展需要”为由，拟进行清仓减持。湖南高新持有新五丰1.04亿股，持股比例15.96%，按照当天8.53元/股的收盘价计算，对应减持金额达到9亿元。

2015年，新五丰以推进生猪屠宰、冷链物流、生猪交易市场和“公司+适当规模小农产”等项目需引入战略投资者为由，抛出一份总额5.22亿元的定增方案。在这项方案中，湖南高新一次性获得新五丰15.96%的股权，交易对价3亿元，锁定期36个月。三年多时间过去，湖南高新就以“大玩家”姿势，通过一级市场定增和二级市场减持的两步走，希望净赚6亿元走人，但未能如愿。早在2015年4月，湖南高新刚刚参与完定增，持有的新五丰股份尚处锁定期，但已经开始通过满仓质押的方式进行套现。

最新数据显示，湖南高新持有的1.04亿股新五丰股份，全部被司法冻结，其中8136万股依旧处于质押状态。新五丰自身业绩并不稳定，二股东湖南高新想甩手走人，自然引起舆论哗然。

2015年和2016年，由于猪肉价格上涨，新五丰净利润同比增长176%和432%。然而2017年猪肉价格波动，新五丰净利润同比下降82%。在最新的业绩预告中，新五丰2018年预计净利润亏损3000万元至5000万元，同比下降200%。面对并不乐观的现实，和外界的舆论压力，湖南高新的清仓减持计划在公告后第二天即作出调整。

新五丰在2019年3月12日晚公告表示，湖南高新出于审慎态度考虑，将本次减持计划进一步明确为：自减持公告披露之日起15个交易日后的6个月内，通过集中竞价方式减持数量不超过1305万股，通过大宗交易方式减持数量不超过2611万股，合计减持数量不超过3916万股。也就是说，湖南高新拟减持股份由100%清仓变更为不超过现有持股总数的38%。

诡异的是，这次市场对新五丰二股东清仓式减持（未遂）会对股价造成压力的担心看起来是多余的了，跟中兴通讯一样，股价波澜不惊，冷不丁还“人品”突然爆发，强势涨停，离新高仅一步之遥。这轮减持潮与暴涨潮，相得益彰。新五丰股价由2019年2月1日的4.03元上涨到最高接近12元，涨幅接近200%。

值得注意的是，拟清仓减持的新五丰股东湖南高新，因爆仓而被冻结的股份，质押时的参考价在8至9元。此轮暴涨前，新五丰较质押时股价腰斩，本轮暴涨后，其2019年3月29日收盘价瞬间回到了11.22元/股。也就是说，如果湖南高新能够趁着这轮行情及时减持，完全能够获得足够资金脱离苦海，从爆仓的绝境中逃脱出来。

当然了，这轮牛市最闪耀的那颗星星应该是东方通信了。

东方通信最强战绩是11天10板，并且短期内上演了10倍股的神话。从2018年10月19日最低的3.7元/股，到2019年2月26日触及37元/股，东方通信的10倍涨幅之路只用了86个交易日。

股价登峰造极的东方通信大股东见好就收。2019年3月18日晚间公告，控股股东东信集团计划自减持计划公告披露之日起15个交易日后的6个月内以集中竞价和大宗交易方式减持股份合计不超过21 520 000股，减持比例不超过公司总股本的2%。

有人算了一下，按照当时的总市值400亿计算，减持2%也才8亿多，而东方通信一天的成交额都有35亿了。

分析人士认为，此次减持的警示意义比较大。因为在东方通信上涨10倍的这个过程当中，该公司总共披露过8次风险提示公告，但股价仍在任性上涨。如今打出“王炸”，炒家们是否会瑟瑟发抖？

结果又是一个意外，看起来还好吧，没有人会瑟瑟发抖，它的股价继续屹立在28元的高位，藐视那些“杞人忧天”的分析人士。

大股东减持并非洪水猛兽

作为投资者，需要理性客观地看待大股东减持对自己持股策略的影响，不要一听说大股东要减持就不分青红皂白望风而逃，还是需要对公司内在价值进行客观评估之后再做决定。

一句话，好公司不怕减持，烂公司不该持有！如果确实是一家烂公司，既然股东都要清仓减持了，你还拿着它作甚？而那些真正的优质上市公司，即便被大股东阶段性减持，也无损它的长期投资价值，也不会影响价值投资者的持股信念。

2016年儿童节那天，阿里巴巴第一大股东软银发布公告称，为调整资本结构和降低负债规模，其计划抛售价值不少于79亿美元的阿里巴巴股份。当年的6月2日，软银又称将再套现10亿，合计要出售89亿美元的阿里股份。

这是软银投资阿里巴巴16年来首次出售其所持股份（2000年和2004年，软银分别耗资2000万、6000万美元入股阿里巴巴）。此次减持完成后，软银集团对阿里巴巴的持股将从32%降至约28%。以阿里巴巴现在的市值计算，孙正义的软银在阿里巴巴的股权投资上，获利近1000倍。

与此同时，软银与阿里巴巴达成了锁定协议。根据这一协议，在6个月内，软银不会再交易其所持的其余阿里巴巴股份。因为软银的减持公告，美国时间2019年6月1日，阿里巴巴股价重挫6.5%，收76.69美元。

当然，大家后来看到，经历短暂的阵痛之后，阿里巴巴的股价还在不断创出新高。

2018年年初，腾讯公布靓丽年报之后公告称，公司大股东Naspers历史性地首次减持了大约2%，约折合110亿美元，大约800亿港币市值。结果导致腾讯股价急跌，蒸发了高达1517亿。

大股东首次减持腾讯的原因众说纷纭，比如说腾讯发展已经见顶了，甚至引申到外资看衰中国前景之类。但实际上Naspers则表态，未来三年内没有继续减持计划，对腾讯前景有极大信心。套现所得主要是为了在不同地域扩大业务，以及未来收购整合的机会。

大股东减持后的一年时间里，腾讯股价确实有一定幅度的下跌，受市场系统性风险的影响应该更大一些，投资者对它的信心并没有太大的变化。

中信证券大股东中信有限分别在2015年1月13—16日4个交易日内4次减持中信证券的股票。减持完成后，中信有限依然为中信证券第一大股东，但持股比例由20.3%下降至17.14%。

在此之前，券商股行情以及中信证券再融资等多项利好推动该公司股价不断攀升，中信证券股价一度冲高到37元，相较于前一年10月27日的低点12.25元，两个多月涨幅近170%。从后来的股价表现上来看，中信有限也确实卖了个好价格，以当时32.66元的均价计算，中信有限该次套现净赚113.69亿元。

在2015年上半年大盘狂飙的四个月里，中信证券整体表现异常安静，4月份最高冲到38.40元，与1月份的37.25相比只高出了1元钱。

中信证券2016年2月29日晚间公告称，公司第一大股东中国中信有限于2月26日、2月29日通过自身股票账户增持公司A股股份合计11093.69万股。中信有限将视情况择机继续增持公司A股股份。上述增持完成后，中信有限持有公司股份比例由15.59%增至16.50%。此次权益变动不会导致公司第一大股东发生变化。以增持期间14.12元均价计算，中信有限那两天增持共耗资15.66亿元。

高位减持，低位增持，现在看来，这个操作对保持股价的平稳运行，有一定的引导作用，不得不佩服他们的战略眼光。

既要维护买者的自由，也要尊重卖者的权利

媒体热衷于报道、统计、抨击股东减持，到底是为了保护中小投资者，还是为了博眼球？不好猜测。

监管部门反复强调，要准确把握职责定位，敬畏市场、敬畏法治、敬畏专业、敬畏风险，发挥各方合力，努力建设一个规范、透明、开放、有活力、有韧性的资本市场。因此，要理性看待股东减持行为，股价低估了需要增持，股价高估了或者有资金需求，可能就有减持。腾讯和阿里也经常有股东减持，其实，这是股东的合法权利，所以不要一看见股东减持就开骂！

市场化是双向的，既要维护买者的自由，也要尊重卖者的权利。

敬畏市场，在合法合规的前提下，把股价涨跌的自由还给市场，买者的权利得到充分尊重，相对应的，“卖者”的权利是否也需要得到尊重？

对于那些热衷于追逐妖股的投资者，限制股东减持，并不能起到保护他们的作用，反而给市场的操纵者制造了可乘之机。

不值得保护甚至同情的人，正是那些自己把手伸进鳄鱼嘴里，却诅咒鳄鱼不该残忍地咬住不放的人，也是那些甘愿以身饲虎，又恨老虎没有人性的人。

绑住大股东手脚是否就保护了中小投资者呢？

股权质押危机，股东无法通过减持解决资金需求，被迫通过质押融资，最后股价暴跌，投资者首当其冲成为直接受害者，风险还转嫁到了券商与银行

头上。

过于苛刻地限制股东减持，人为制造了筹码稀缺性，为炒作提供了便利。

对股东减持行为的规范与约束无疑是必要的，但是还是要评估有人利用了这个规则制造的“筹码稀缺”而恶意炒作的风险。对于那些短期涨幅过大的股票，可以考虑通过设计便利股东减持的制度安排来平滑股价的过度波动。

比如说，给予股东减持一定的弹性，当股价出现暴涨的时候，可以适当放宽股东减持的比例以及通过二级市场直接减持的比例，通过市场化的手段对恶意炒作形成一种威慑。

有识之士纷纷呼吁，未来科创板应该在股东减持上做出更加完善的制度变革，从而来为主板和中小创的相关制度建设探明方向。

并购女皇刘晓丹出席活动并就科创板相关制度安排发表演讲时认为，减持规定与交易规则更市场化、二级市场交易制度的完善对市场影响是深远的。她认为大小非减持是市场一直很头疼的问题，全靠堵和限制解决不了问题，以前大股东一卖股票就被人骂，有人承诺锁五年、十年，但到期了还是要夺路而跑。

这次科创板，控股股东的减持依然受到限制，未盈利的公司也有一些特殊规定。但总体对减持规则做了很好的优化，接下来还会有更多的细则出来。保持市场充分的流动性，让股票充分流动交易以实现更好的价格发现，进而优化资源配置应该是一个基本的监管理念。因此对大小非减持这些问题不应采取一味限制和围堵，破坏市场预期，而应该在充分信息披露的基础上尽可能鼓励形成机构投资者的交易市场。这次允许老股上市后可以再次通过券商向机构投资者询价出售就是一个非常好的制度设计。

无知比知识更容易让人产生自信

虽然我们大多数人在取得好成绩的时候不愿意承认运气是一个非常重要的因素，但是，一旦遇到了投资上的失败，则会毫无保留地把失败归因于运气不好。其实，投资中的好运气与坏运气应该是均衡的，赚钱的时候既有能力的因素也有运气的因素，亏钱的时候，同样如此。

烟花三月，跟几位投资界的老朋友泛舟湖上，满眼春光明媚，桃红柳绿，草长莺飞，令人陶醉得一塌糊涂。同时也是摄影爱好者的我们，一边大呼小叫，一边“长枪短炮”拍个不停。忽然，有一只体态优雅的天鹅从船前缓缓游过，闯入我们的镜头，背景是盛开的桃花和秀发般的垂柳，这个画面简直太让人惊艳了。大爷我自然不会放过这绝妙的“大片”机会，赶紧抓拍了好几张。我以为大伙儿都像我一般争分夺秒于这不可多得的天赐良机，可是回头一看，却发现无人跟随我的抓拍行动。还没等我发问大家为何不拍的原因，摄影家蒋大师就温馨提示我说，大爷你没看见这是一只黑天鹅吗？我定睛一看，还真是一只黑色的天鹅呢，可是，这有什么关系呢？拍出来的画面可真是挺不错的呀。

蒋大师说他刚开始也拍了几张，一看是黑天鹅，立马就删除了。他还叮嘱我赶紧也删了吧，看到黑天鹅就想起了2018年的股市，大家都被“黑天鹅”整惨了。

我能理解大家的心情，一朝被蛇咬十年怕井绳，碰见的黑天鹅多了，心里就难免有阴影。于是，杯弓蛇影，草木皆兵就成了难以抚平的创伤后遗症。就连这无边春色中悠哉悠哉的一只美丽天鹅，只因为它有着黑色的羽毛，就让我们将它与2018年股市不堪的回忆莫名地联系在一起。

想到这只天鹅竟然如此不受待见的原因，我感到啼笑皆非。

看了一下图片的效果，还别说，真有“大片”的味道，我当然舍不得删掉了。我想知道，是不是很多投资界的朋友都忌讳这只“黑天鹅”呢？我心血来潮地把这张颇为得意的黑天鹅“大片”微信发给几位好友，图片下边还故意写上了一行字——“今天碰上黑天鹅了”。我等了一个下午，也没有见到任何一个朋友回复我哪怕一个表情符号。可见大家对“黑天鹅”害怕到什么程度。

虽然我们大多数人在取得好成绩的时候不愿意承认运气是一个非常重要的因素，但是，一旦遇到了投资上的失败，则会毫无保留地把失败归因于运气不好，尤其是发生了无法预知的“黑天鹅事件”，就是运气不佳的最好证明。其实，投资中的好运气与坏运气应该是均衡的，赚钱的时候既有能力的因素也有运气的因素，亏钱的时候，同样如此。

但是，从一个相对较长的时间尺度去看，如塔勒布所言，“随机性是最后的裁判”。

巴菲特完胜与对冲基金的十年赌局，国内主动管理型基金大多数跑不赢指数，此外，还有随时可能飞来的“黑天鹅”，在市场低迷的时候，投资者对“自己挑选股票”的信心确实会下降到谷底。

而最近各种ETF的热销，是否可以看作A股市场正式进入了“被动投资”时代的标志呢？特别是Smart Beta策略的花样翻新，是否将会导致ETF偏离被动投资的本质而嬗变成主动投资的新物种？这是一个值得警惕的现象。

ETF热卖预示被动投资时代来临?

2019年以来，交易型开放式指数基金（ETF）出现井喷式发展态势，这是继2018年ETF市场规模和持有人数量大增之后，ETF产品的一次跨越，规模和人数都上了一个台阶。

Wind资讯数据显示，截至2019年4月上旬，全市场纳入统计的199只ETF产品规模突破9600亿元，比2018年年底的6000亿元增加3000多亿元。从二级市场行情来看，在这199只ETF产品中，有188只在截止时点实现上涨。

据券商中国报道，基金公司对ETF的布局正进一步细化，大型基金公司着力推出主题ETF，而Smart Beta策略ETF也成为公募基金公司竞争发力的主战场。

2019年以来，资金正在持续流入各行业和主题ETF。其中，在资金流入排行榜上排名靠前的ETF多为行业ETF，除证券、军工等热门行业ETF之外，银行、信息技术、医药、有色金属等相关ETF份额增量也不小。就增幅而言，2019年以来份额增长超过100%的有TMT、有色金属、证券、军工相关ETF。

投资策略一般可以分为Alpha（阿尔法）和Beta（贝塔）。简而言之，Alpha策略是指通过主动选股和择时实现超越市场的收益；而Beta策略指的是被动投资，收益来源于资产组合与市场趋势。

所谓聪明的贝塔，就是在Beta的基础上进行Smart优化，比如通过不同的策略因子筛选成分股，或对成分股权重进行优化配置，试图谋求超越传统市场的超额回报。

Wind资讯数据显示，2019年以来已有多只Smart-Beta基金产品先后发行成立，如华宝标普中国A股质量价值指数基金，中金MSCI中国A股国际红利指数基金，浦银安盛中证高股息ETF，还有多只Smart Beta产品在等待审批的路上。

主题ETF不仅发行火爆，还得到了诸多业界大咖的推崇与加持。

某公募基金负责人表示，Smart Beta策略多层次、系统化的广泛利用，进一步弥补和改进由于资产种类缺乏、风险集中、市场趋同等带来的问题和挑战，无论对长期投资的战略资产配置还是中短期战术资产配置都有很大的帮助，能够有效地帮助投资者实现增强收益和降低风险的投资目标。

Smart Beta在2008年左右传入中国，国外很有效的Smart Beta因子在国内表现也非常好，甚至表现比在国外还好，基本可以看到年收益率3～8个百分点的超额收益。

景顺长城基金副总经理陈文宇介绍，国内市场因为有散户占比较高、市场波动较大的特点，市场有效性相对较低，因此Smart Beta的超额收益要比海外成熟市场表现更好。

还有一家基金公司Smart Beta及量化投资体系的首席投资官指出，Smart Beta是兼顾了主动投资和被动指数管理优势的产品类型，运用指数投资的方式，将有效的主动管理投资逻辑和思想提炼成透明的选股模型，以期获得长期的超额收益。相比于传统主动股票投资，Smart Beta策略具有低费率、风格稳定、容量大、策略透明等优势。由Smart Beta策略衍生的ETF基金产品可以成为更细分而优质的底层工具，是资产配置的重要工具部件。

按照这些大咖的说法，有了主题ETF，投资者就没有必要吃亏又不讨好地自己去挑选股票了，“Smart Beta在手，投机投资全都有”，真正牛掰的“躺赚”模式啊！

可是，在A股市场，加了优化因子的指数基金就一定会比中性策略赚的钱更多吗？

真的可以做到让被动投资更聪明？

表面上看，ETF大热卖似乎说明投资者对自己挑选股票的信心在下降，或者说，投资者好像终于回到了理性投资的轨道上来了。

不可否认，资金持续流入行业与主题ETF有其客观原因，其一是2019年春节后A股市场出现持续上涨，赚钱效应明显，ETF的增长受益于牛市氛围浓厚；其二是行业与主题类ETF例如证券和军工行业指数都大幅跑赢了大盘指数，带动了这类品种受到追捧；其三是科创板的推出进程加快，刺激创业板相关ETF产生联动效应，驱动资金流入创业板相关ETF。

还有一个导致ETF快速上规模的原因，是各大基金公司在相关产品的设计与营销上下足了功夫，尤其是主题ETF的创新上让人眼花缭乱，吸引了短线与套利交易资金积极参与投机博弈。现在来看，ETF从一款中长线投资配置工具有可能会逐渐转变为短线博弈工具。

让大爷我满腹狐疑的是，以追踪指数为使命的ETF基金，不正是要过滤掉我们的主观臆断和总爱抖机灵的人性吗？

加入了更多因子的Smart Beta策略听着挺完美的，相对而言，单纯追踪指数的中性策略看起来挺呆板，挺笨笨哒的感觉。最主要的是，这种中性策略看起来不需要管理人做什么，所以在国外这类纯指数基金的管理费都是低得接近免费的。可是，单纯的中性策略不就是“什么都不做”吗？

有位投资大师坦言，那些成功的投资不在于你做了什么，而在于你没有做什么。

大道至简，太花哨的策略都需要打个问号。记得桥水基金王沿有一个很有见地的看法，他认为投资有两件事情你永远不知道：

第一，明天发生什么你不知道。

第二，各类资产的相关性你不知道。

但是，他又认为，投资有三件事你永远会知道：

第一，从长期来看投资会打败现金。

第二，任何一类资产你把它的风险调整到差不多的程度上，它们回报都差不多。

第三，在任何一个经济环境下，总有一类资产会打败其他资产。

风险收益成正比，对于被动投资来说，如果加入了太多的因子，就等于调整了它的风险程度。我不大相信通过某种策略可以做到风险不增加的条件下，收益会增加，从一个长时间尺度来看，这两者应该基本上是同步的。

显然，我们还是试图把ETF从被动投资的轨道拉回到主动管理的方向，因为我们始终倾向于高估自己的能力，我们都有一个幻觉，战胜市场是可能的，只要我们足够聪明。

需要正视这个问题，加入更多因子的指数基金是否还是指数基金？就像珍珠奶茶里一会儿加蜂蜜，一会儿加果汁一样，到底是营销策略还是真的可以改善口味？

过多的因子，导致不确定性的增加，被动投资就变味为主动管理了，那还不如直接买主动管理的基金好了。

我们是否一直都高估了自己的“聪明”？

其实，不仅是基金公司对自己的聪明充满信心，牛市一来，立马股神遍地，与熊市相反，牛市中散户对自己的选股能力同样深信不疑。好像投资者的能力也是周期波动的。所以说，在咱大A市场，无知要比知识更容易让人产生自信。

就像罗素说的那样，这个世界最大的麻烦在于，傻瓜和狂热分子对自我是如此肯定，而智者的内心，却总是充满了疑惑。

心理学上有个词叫作“解释性深度错觉”，通俗地说是指我们往往容易高估自己，认为自己知道很多东西，能够记得很多事物，但实际上我们真正知道的、懂得的、记住的，可能远远低于我们的想象。

有一个掩耳盗铃的美国版就能说明无知者无畏不仅限于A股，而是一个人类社会的普遍现象。

1995年的一天，一个名叫McArthur Wheeler的青年抢劫了美国宾夕法尼亚州的一家银行。在光天化日之下，他甚至没有使用任何伪装技术把脸遮住！所以警方也不到一小时就凭银行的监控录像将其捉拿归案了。当他被捕后，面对监控录像带上的犯案过程，他难以置信地说：“可我脸上是抹了柠檬汁的啊！”原来，McArthur听人说，只要把柠檬汁涂在脸上，就能起到“隐形神水”的效果 。

你一定以为McArthur好傻是吧？其实，他并不傻，只是在思维上出现了一个bug而已。他欣然接受了未经自己思维评估的结论，对自己所听到的观点没有真正深入的理解，所以出现了上面这种状况。

反思一下我们在投资中表现出来的普遍的轻信与草率，不也是与McArthur殊途同归吗？

英国专家曾经做过一个测试，100位观众看30位演员表演喜剧并打分，然后让演员自己给自己一个排名。测试结果显示，分高的演员给自己的排名都比实际排名低，分低的演员给自己的排名却普遍都比自己实际排名高，就连得分最后一名演员，给自己的排名竟然是第七名，这是何等的自信啊！但是这种自信并不是因为自己在这一领域有着丰富的知识和经验带来的，没错，无知比知识，更容易让人产生自信。

每一家基金公司都对自己设计的产品充满信心，如果要做个自我排名测试，估计大家会是并列第一。

1999年，两位心理学家Dunning和Kruger对此现象进行了研究，在论文《论无法正确认识能力不足如何导致过高自我评价》中详细叙述了这种心理现象，并把它称之为“达克效应”。

达克效应是一种认知偏差现象。指的是非理性的人在自己欠考虑的决定的基础上得出错误的结论，但是无法认识到自己的不足，辨别错误行为。这些能力欠缺者们沉浸在自我营造的虚幻优势之中，常常高估自己的能力水平，却又无法客观评价他人的能力。

人们很少发觉自己的无知，因为他们会沉浸在一个高度同质性的环境中，其信念被不断自证与加强，鲜有相左之声。

换句话说，非理性的人越发以为自己的观点正确，他们的盲目自信将变得更加强烈。相反，越理性的人越清楚地知道，我们并不完全了解那些我们自认为了解的事物。博学的人往往都谦虚谨慎，才疏学浅的人一般都没有自知之明，更容易自我膨胀。即便我们真的有自己想象的聪明，这也比不上理性更重要。

芒格曾经说过对投资人最重要的一个词是：理性。什么是理性呢？即按世界本来的样子看世界，而不是按你希望它是什么样子来看它。可实际情况是我们大部分时候都处在非理性的状态下。

芒格还语重心长地教导投资者：你必须用心、努力去做到理性，你必须重视理性，你必须在意理性。如果你自己都不在乎，就不会努力去做到理性。那你可能就一辈子不理性，你可以放任自流一辈子不理性，那么，你必然会承受糟糕的结果。

理性比聪明更重要的原因是，它是一种智慧，所以理性才是我们应该毕生追求的东西。一个投资者或者一个机构，只有拥有了理性，才能摆脱对自己“聪明”的习惯性高估。

多少丑恶被冠以“财务差错”之名

以前造假还要一块遮羞布，比如，亏损时是养的甲鱼跑掉了，需要它们的时候，它们又游回来了，扇贝也是，游走了，又游回来。后来干脆遮羞布都不要了，直接告诉你们，是钱不见了，会计做错账了，更有甚者直接计提一笔商誉，还提得特别大，甚至大到超过市值。

2019年五一劳动节前发生了太多“伤脑筋”的新闻事件，够大家冥思苦想一段时间的了，所以那个五一劳动节，大爷我虽然待在家里可也没闲着，一直在进行“脑力劳动”，过了一个名副其实的“劳动节”。最“伤脑筋”的有两件事。

一是关乎“杀人偿命”的事。

2019年4月29日，湖南常德警方证实，杀害滴滴司机的大学生杨某被诊断患抑郁症，案中实施危害时有限定刑责能力，司机家属不认可提起申诉。这位19岁的大学生因悲观厌世早有轻生念头，但又没有勇气自杀，3月某个晚上因精神崩溃无故将司机陈某杀害，在清醒之后意识到犯了大错立即自首。

这位滴滴司机为了挣点小钱，拉了个客人，结果钱没挣到，命却没了。最让人愤慨的是，犯罪嫌疑人杨某在接受询问时表示，他跟司机不认识，无冤无仇，只是当时情绪低落，厌世崩溃，也该他倒霉，他临时起意，就从背后捅了司机好多刀。凶手的暴行不仅对受害者以及其家人造成了不可挽回的伤害，同时也是对法律的公然践踏，稍有良知的人对此莫不表示强烈愤慨和谴责。

现在鉴定凶手确实“有病”，可能据此逃脱“杀人偿命”的法律责任。我是非常同情这位滴滴司机的家人的，如果司法鉴定的结论成立的话，他的家人会受到两次伤害，一次是亲人无端被杀，另一次是凶手竟然因病而不能得到最严厉的惩罚。

这个离奇的凶案最令人费解的是，一个厌世的人没有自杀而是杀了与自己无冤无仇的人，让被害者的亲人情何以堪？

另一件是关乎“欠债还钱”的事。

康美药业2019年4月29日公告称，由于公司采购付款、工程款支付以及确认业务款项时的会计处理存在错误，造成公司应收账款少计641 073 222.34元；存货少计19 546 349 940.99元；在建工程少计631 600 108.35元；由于公司核算账户资金时存在错误，造成货币资金多计29 944 309 821.45元。

一个“差错”，近300亿就不见了。最重要的是，有20多万的小股东被这个“差错”导致的股价塌方压得见不了天日。这个“差错”的代价也太大了点吧？这不是可以用几句“对不起”就敷衍过去的小事。

这个蹊跷的故事，听起来与湖南滴滴司机被无辜杀害类似。我猜测，是不是康美药业也有一位“悲观厌世”的财务人员，活得不耐烦了，又不愿意辞职，于是花了数年的时间，故意整了一个近300亿的“财务差错”，让千亿市值灰飞烟灭，以此来害惨跟他无冤无仇的广大股东？数以万计的小股民，为了挣点小钱，买了一只股票，遇上一个致命的“财务差错”，导致本金都鸡飞蛋打了。按理说，你们搞的“差错”害得股东亏了血本，不赔钱是说不过去的。

然而，这个天经地义的

“杀人偿命，欠债还钱”定律，有可能也会由于财务人员的“有病”而致“还钱”的可能性与幅度都一下子充满了不确定性。

看来，不得不正视这个市场所存在的“健康”风险。只能说，有一批上市公司病了，它们的实际控制人病了，而股市本身原有的痼疾难以根治。令人失望的是，不管生病的是谁，最后总是由无辜的人来承担后果，由中小股民来“吃药”。

在滴滴司机命案这件事情上，凶手“有病”与否以及“有病”可以让他逃脱多大的责任，相信司法部门自有公断。

而康美药业“财务差错”事件，相比该公司最终会不会被认定是信披违规，会不会退市，中小股东更加关心的是，造成的损失如何得到赔偿?

造假者踏上的都是不归路

以前造假还要一块遮羞布，比如，亏损时是养的甲鱼跑掉了，需要它们的时候，它们又游回来了，扇贝也是，游走了，又游回来。后来干脆遮羞布都不要了，直接告诉你们，是钱不见了，会计做错账了，更有甚者直接计提一笔商誉，还提得特别大，甚至大到超过市值。

据券商中国报道，前有康得新账上趴着150亿现金，还不起15亿债券本息；后有康美药业，减计近300亿货币资金，只因核算错误。一时间就有了“双康戏A股”的说法。

有人将“双康事件”与美国历史上的安然案件相提并论，期待遭受严重损失的投资者也有讨回公道的那一天。在安然案中，投资者所追讨回来的总赔偿金额超过120亿美元。

明星上市公司出现问题，对投资者的伤害是非常巨大的：一方面投资者数量巨大，为明星公司表面的光环所吸引，往往资金投入大持股时间长，一旦爆雷，损失惨重，那就真的成五雷轰顶了；另一方面，这么言之凿凿牛逼逆天的上市公司财务数据竟然会是“错的”，那投资者会想到，还有什么公司值得信赖呢？对股市的信心瞬间掉进了冰窖。

与安然公司类似，A股市场的许多明星上市公司从发展壮大到陷入困境绝非朝夕之功，个中原因自然不是那么简单。

一是战略决策错误。安然破产的原因中，多数业内分析人士认为，企业的战略决策失误仍是最重要的原因。长期追踪安然营运状况的瑞士信贷第一波士顿分析师劳纳则指出，安然在错误投资上浪费了巨额资金，却又无法创造利润。安然过去的成功让管理者们沉浸在过度自信之中，从而胆敢无视决策的风险。

二是轻视举债风险。安然失败的结果当然不是它没有考虑到决策风险，美国企业战略投资者的风险研究是世界一流的，安然更是以“规避金融风险”著称。也许正是这种规避风险的“专业企业”才可能犯这样的错误，骄傲自大，轻视举债风险，特别是企业外部宏观经济环境变迁带来的风险。它对美国社会经济大气候变劣显然没有做充分估计，套用一句老话，叫作犯了盲目冒进的机会主义错误。

三是企业文化发展方向迷失。塑造怎样的企业文化和价值观，这直接影响着决策者的战略管理。如果说企业文化管理是企业战略管理的最终决定形式，安然的决策层显然是鄙视了企业文化管理的合理性，安然的高层把做实业时的理念及“专注战略”完全转移，狂妄而草率地过渡到了金融投资的所谓创新事业。新的企业文化和传统行业的企业文化格格不入，在不同企业文化的冲突下，安然只能是二者取其一，于是就出现了“未能披露其宽频服务业务的需求下降，而且由于许多参与者缺乏信誉，其创建宽频交易市场的努力没有成功的事实”，“未能及时冲销由其首席财务长管理的某有限合伙公司进行投资的价值，从而事实上虚报了其营运收益报告”和“未能根据美国会计法则冲销受损资产”的结果。狂妄的企业决策者鄙视企业文化的继承与延续规律，正是安然战略管理中最不可能“安然”的因素。

四是企业本身没有守法经营的信仰，发生了大量违规操作的行为。企业可以在不违反法律的前提下利用法律空间实现其利益的最大化，但若放弃了守法经营的基本理念，那么受到法律的惩罚和制裁便成为迟早的事情了。有传媒指出，安然手法是一种“会计的捏造”。美国《商业周刊》认为：“安然将财务的责任从账面载体上消除，创造性地做账，防范任何方面的人士（中下层职员、政府部门、股民等等）发现他们的外强中干、表里不一的真实情况，已经达到了登峰造极的地步。”最为致命的是，它隐瞒真实信息并制造虚假的报道，误导股民及公众视听。在安然宣布破产前几个月，安然已将内部掏空，但对外文宣仍然是莺歌燕舞，一片繁荣。结果最终导致愤怒的安然公司职员和股民们向公司执行长官、董事会及高层管理人员提出47项指控。

安然的这些问题，我们是不是也从A股市场上的个别大公司身上看到了“似曾相识”的一面？

核心是让投资者得到赔偿

在美国股市，上市公司的违法造假成本非常高。早在2002年美国就出台了《萨班斯法案》，该法案规定：对编制违法违规财务报告的刑事责任，最高可处500万美元罚款或者20年监禁。篡改文件的刑事责任，最高可处20年监禁。证券欺诈的刑事责任，最高可处25年监禁。

这主要是美国的监管者希望从法律上提高财务欺诈者的违法成本。让上市公司不敢轻易去冒险。另外，美国还设立了对上市公司欺诈行为的举报奖，举报者可以获得罚款金额10%～30%的奖励金。而且美国对上市公司造假者给股民造成的投资损失，可以通过集体诉讼来要求赔偿。

会计师事务所也难辞其咎。安然财务的会计师事务所安达信因涉嫌妨碍司法公正被判有罪后破产，直接退出了从事了89年的审计行业。仅因为这一单业务就葬送了一家老牌会计师事务所的未来。另外，安然造假案之后，投资银行照样不能避免赔付巨额资金，美国花旗集团、摩根大通、美洲银行等被判向安然受害投资者分别赔付20亿美金、22亿美金、6900万美金。

显然，美国对于上市公司弄虚造假行为的处罚非常严厉，直接震慑到了各上市公司管理层，甚至是为其提供造假便利者。所以，美国的上市公司管理者都知道，业绩不好，大不了退市。但是如果弄虚造假，欺骗投资者，那不仅是公司要倒闭破产，造假者也会把牢底坐穿。所以，在美国股市很多上市公司宁愿退市也不敢造假，因为造假比退市的代价要严重得多。

安然投资者损失的追回主要通过三类诉讼实现：（1）股东集体诉讼；（2）SEC（美国证券交易委员会）诉讼；（3）债权人诉讼。当然，美国司法部对安然管理层的诉讼过程中也获得了数千万美元的赔偿（主要是安然前CEO

于2013年所承担的4200万美元赔偿）。

股东集体诉讼赔偿金额总计超过72亿美元，创下美国历史上证券集体诉讼最高赔偿额，并保留该纪录至今。

安然欺诈曝光后，SEC启动了一系列民事和行政诉讼，以尽量挽回投资者损失。SEC起诉对象包括各大银行：摩根大通、花旗集团、美林证券、加拿大帝国商业银行等，以及包括CEO、CFO、CAO 在内的安然一些前管理层。

在安然案中，核心问题是对投资者进行赔偿，而不是急着让安然破产和让相关责任人去坐牢。而在A股市场，对财务舞弊或者其他信披违法的上市公司，呼声最高的是“退市”。

问题上市公司，比如乐视网，实际控制人贾布斯该套现的都已经高位套现了，没套现的都股权质押给银行与券商，早把钱拿走了，然后连人都跑到了美国，乐视网退市对贾布斯有啥损失？几十万股民本来亏得剩下一点渣，退市了他们连渣渣都没了，股票退市后接近一文不值，银行与券商的钱彻底要打水漂。退市本来目的是为惩罚实际控制人和高级管理层，从实际效果看，投资者成了最无辜的“吃药”的人，而吃的还是致命毒药。

让有病的人吃药

在安然赔偿案件中，主要赔偿者是安然的股票债券承销商投行和商业银行。这些世界著名的一流投资银行和商业银行，在安然事件中扮演了并不光彩的角色，他们也不得不为此承担了应有的责任。

其实，不仅仅在安然赔偿案件，在21世纪初美国所爆发的多起公司治理案件中，这些金融机构至少都是“教唆和协助者”，他们也因此成了诸多案件中的主要赔偿者。

在美国股东证券集体诉讼的前十大赔偿案件中能清晰地看出，投资银行和商业银行在美国资本市场公司治理中所扮演的重要功能之一，就是赔偿，赔偿，赔偿！

美国造假违法成本过高，在美上市的公司都不敢越雷池一步，因为弄虚作假的后果很严重，违法成本实在过于高昂，大不了退市也不愿意去造假。

反观A股市场，长期以来，上市公司弄虚造假的成本太低了，即使违法违规受到监管部门惩罚，与其获得的巨大的利益相比，也不过是九牛一毛，几乎可以忽略不计。按照现行法律，A股对财务造假的顶格处罚也就是罚款60万元并终身禁入。

成立还不到30年的A股市场，未来还要逐步实行注册制，我们的监管者也要逐步在事中、事后进行审核，随着中国相关证券法规不断完善，相信要不了多久，在A股市场上弄虚造假的上市公司也会受到重拳的惩处。唯有如此，才能还A股市场一个公开透明、公平公正的大环境，中小投资者才能安心投资。

最近几年，由于投资者知权、行权和维权意识的觉醒，A股也开始加大了对上市信息披露违法的惩罚力度，对受害投资者的赔偿问题，也有了几个突破性的个案。

2016年7月29日证监会所发布的新闻，就欣泰电气案对该公司、其上市保荐和承销商兴业证券，及兴华会计师事务所开出了总金额超过8600万的处罚，其中对会计师事务所相关的处罚接近1300万元，创下A股资本市场的最高金额记录。虽然目前还无法确定这些高达8千多万元的罚款是否会作为投资者损失赔偿的一部分，但可以确定的是，兴业证券在收到证监会《行政处罚及市场禁入事先告知书》后即公告，启动设立5.5亿元先行赔付专项基金。这是在2013年5月份平安证券在万福生科案件中出资3亿元人民币补偿专项基金之后，A 股资本市场第二起先行赔付案例。

投资者的损失能在多大程度上得到赔偿，这是检验一个资本市场健康度的重要因素。SEC作为美国资本市场的主要监管机构，在其每年的年度报告披露中，都有一项非常重要的内容，就是公开本年度SEC处罚了哪些重大案件，为投资者追回了多少的损失赔偿。

在美国资本市场中，除了SEC会为投资者当家做主、追回损失赔偿之外，美国的司法部也常常和SEC联手为投资者追讨损失的赔偿。而更为重要的是，投资者也通过自身的力量，主要是集体诉讼，对损失进行追讨。

美国股市对于造假公司惩罚力度非常大，惩罚到宣布倾家荡产牢底坐穿，逼迫公司破产，相关机构同样处罚巨额罚款，即使相关造假人死了这笔账一样罚款。所以，美国股市很多上市公司宁愿退市也不敢造假，造假比退市还严重多了。欺诈的代价在经济上大到无法想象。而且，造假者还要遭牢狱之灾。安然公司CEO杰佛里·斯基林被美国司法部判刑24年并罚款4500万美元。

违法者除了被诉讼外，还有集体诉讼。美股安然公司的投资者通过集体诉讼获得高达71.4亿美金的和解赔偿金，最重要的是获得了赔偿后美国安然公司倒闭清算。

因为安然公司造假行为恶劣，美国政府专门出台《萨班斯法案》，严惩违法者，对涉嫌造假财务报告的行为，当事人可最高处罚500万美金或20年监禁。还有举报奖，举报者可以举报违法公司获得罚款金额的10%～30%奖金，2013年曾有举报者获得1400万美金巨奖。

中国股市要向美国学习这种精神，让想造假的公司宁愿退市也不愿意造假，而不是宁愿造假保壳也不愿意退市，导致造假公司很多，垃圾企业一堆。

千百年以来，“杀人偿命，欠债还钱”似乎是一件天经地义的事情，但是，有时候却在现实中遇到这样那样的“特殊情况”而难以落实。法律上可能有“空子”可钻，情理上如何让受害者接受?

有病的太多了，他们都不吃药，而是让无辜者吃药。

身为一名从业人员，我很抱歉，没有练就一副孙悟空的火眼金睛，几乎每天都要眼睁睁地看着那么多无辜的散户，从一个“坑”跳到另一个“坑”里，自己却无力去拉他们，甚至，我们还被那些标注着“标准无保留意见”标签的虚假财务报告忽悠到云里雾里，还曾经看好过这些骗子公司，我们自己同样是财务造假的受害者，同样身处某个大坑还爬不出来。

那个杀害滴滴司机的年轻人，损人不利己，两个家庭就此被毁了，假如不能“偿命”，应该给予滴滴司机家人更多的经济补偿，毕竟一个需要靠开滴滴赚点小钱的家庭，经济条件好不到哪里去。

同样，对于康美药业这些“财务差错”制造者们，不管最后会不会真的被认定“财务人员因抑郁症而故意把账记错了”之类的借口而能逃脱惩罚，我永远希望股民因为这个大得与宇宙黑洞有得一比的“差错”而遭遇的损失能得到最大限度的赔偿，毕竟没有一个散户的钱来得容易，有些还是他们的血汗钱与养命钱。

上涨看5000点与下跌看2000点的基本是同一拨人

A股市场的波动率可能是全球大型股票市场中最高的，原因在于我们拥有一群情绪波动率畸高的投资者。不仅仅是散户，我们的机构投资者同样如此。在控制情绪这一点上，很少人能做得很好。

30度入冬，19度入夏，这就是广州的气候。广州2019年立夏的气温只有19度，比2018年立冬时竟然低了6度，所以人们惊呼广州的立夏像是立冬，而立冬像是立夏。老天爷成心玩我们似的，完全不按牌理出牌，大家穿衣服也跟着乱了套，本来收起来了的厚外套又得从箱底翻出来穿上，身体虚弱的把秋裤都找出来了。

在这个像立冬的立夏日，不仅老天爷乱发脾气，还有人乱发推特。A股本来五一假期前就有点虚弱，休息了几天略有好转，不料受到外部的惊吓，五月飞雪，从3000点一头摔了下来。这一摔不打紧，还把说好的牛市摔出“熊市”的伤势来了。

由于“气温”骤降，投资者不分机构散户，全都懵圈了。悲观论开始蔓延，朋友圈和许多投资群里有人开始恐慌性看空了，什么2400点、2000点都有人开始喊出来了。大爷我发现一个有趣的现象，那些在下跌时喊2000点的人与在上涨时喊5000点的基本上是同一拨人。

怎么会是这样的呢？

A股投资者的情绪波动率畸高

2019年春节后，连续13周连阳，一度涨得让人感叹“过去是跌得心慌现在是涨得心慌”，没赶上趟的人急得像热锅上的蚂蚁，天天盼着调整，盼着“车”能停下来，给个上“车”的机会。

大盘直冲3000点后，震荡横盘，欲调不调，不给空仓或者轻仓者机会，真是涨得让人绝望。这个时候，喊3500点的声音突然大了起来，喊4000甚至5000点的也不乏其人。害怕错过大牛市的投资者开始追高建仓，每天万亿的成交金额足见交易的热络和投资者的冲动。

确实，在这样的氛围之中，人很难保持情绪的稳定，大家都把眼睛往高处看，很少去想在任何点位都有可能出现快速的调整，尤其是，从春节后开始的13周阳线，大盘没有经过一次像样的调整。说实话，这样的逼空式的上涨让人感觉不踏实，从技术分析的角度来看，行情总是对称的。一般来说，一个快速上涨的行情往往对应未来一次快速的下跌，因为没有一个反复夯实的过程，快速的上涨意味着一旦调整起来，会是突然的，让人猝不及防的，造成的冲击和损失都会比较大。

这也就是为什么股市里的“老司机”怕涨，而新手怕跌的缘故，因为老司机都明白快牛疯牛难持久，涨得越快跌得越快。

而新手则是涨得越快胃口越大越发不去考虑下跌可能造成的伤害，而一旦出现快速下跌，就会惊慌失措，从极度乐观转向极度悲观。

马克·吐温说，历史不会重复，却总是惊人的相似。这么多年以来，A股市场还是改变不了“涨起来像疯子，跌起来像傻子”这个德性，而这一次，似乎把这种德性演绎到了极致。仅仅三个月时间，A股市场就从按都按不住的13周连阳的疯牛状态，快速转换到两周削掉了这波行情启动以来一半涨幅的节奏，大批个股甚至“一夜回到解放前”。

马克·吐温还说过一句话，给你带来麻烦的，并不是你不知道的事情，真正给你带来麻烦的，是那些你原本深信不疑，最终发现事实并非如此的事。几乎没有人想到了调整可以如此猛烈。表面上看是外部因素使然，深层原因还是春节以来涨得太猛烈，存在调整的内在要求，外部因素只是一根导火索。

当大盘又回到2800点的位置，投资者的心态又变得极为纠结起来，而那些在涨时看5000点的人，又开始悲观到看2000点了。之前在3000点满仓还信心满满的人，开始考虑要不要减仓了。

之前在大盘冲到3288点快要绝望到哀叹永远赶不上车了的空仓者，当车又“倒回”自己面前的时候，忽然又犹豫不决不敢“上车”了，他们担心“车”还要“倒”一段时间。直到“车”重新开走了，他们才会后悔“曾经有一辆车停在我的面前，我没有珍惜”，然后又重复祥林嫂式的后悔莫及与絮絮叨叨。

A股市场的波动率可能是全球大型股票市场中最高的，原因在于我们拥有一群情绪波动率畸高的投资者。不仅仅是散户，我们的机构投资者同样如此。在控制情绪这一点上，很少人能做得很好。

情绪控制的难点在于，我们无法保持独立思考的能力，我们的认知太容易受到别人，特别是那些与我们具有同样人性弱点的人的影响。我们许多人，获取信息的渠道决定了认知水平和思维模式。

我们习惯在朋友圈里获取投资的知识与建议，也热衷于在各种投资群里与一群跟自己认知能力相近的人讨论股票，争论不休，甚至面红耳赤，然后选择性地相信与自己看法一致的人的观点，以此来强化自己的认知缺陷。

关于人性这个弱点，法国哲学家阿尔贝·加缪有一段意味深长的论断，他说，我们很少信任比我们好的人，宁肯避免与他们来往。相反，我们常对与我们相似、和我们有着共同弱点的人吐露心迹。我们并不希望改掉弱点，只希望受到怜悯与鼓励。

很多时候，我们宁肯信任无知的人，只因为他给出的判断非常武断，我们会被那些幼稚的逻辑所迷惑，直到掉进“河里”还不醒悟。

有这么一个故事，说是有一人骑马到一条河边，但不知道河的深浅，看到旁边有一小孩在玩耍，问道：这里的水深不深，我骑马可以过河吗？小孩说道：没问题，很浅的。于是就骑着马过河，但还没有走到一半的时候，整匹马都已经快淹在河里了，此时他知道这河过不了，如是赶快上了岸，上岸后此人再问小孩，你不是说很浅吗，怎么这么深？小孩指着河上游来游去的鸭子说，你看它们腿这么短，都可以过河，你的马这么大肯定没有问题呀？

著名的成功导师安东尼·罗宾告诫人们说，不要相信普通人给你的建议，建议通常是无效的。因为如果有效，他就不会是普通人。更不要做什么投资决策之前，就在股票群里问一问。一般人的意见只能参考，要明白，要是股票群能让你炒股致富，中国就没有穷人了。

投资是与情绪搏斗的过程

有人可能会说，普通投资者不从朋友圈和投资群里学习炒股，那还能从哪里学习？既付不起跟股神巴菲特午餐的钱，又买不起去参加伯克希尔·哈撒韦公司股东大会的机票，霍华德·马克斯来到上海也没人邀请我跟他对话顺便讨教几招……普通人的周围基本上是普通人，那我能听什么高人的点拨？

应该承认，每个人的"财商"肯定是有差异的，有些人天生就对数字与交易敏感，很容易找到适合自己的行之有效的投资模式，投资的胜算自然会高很多。

而有些人其实是缺乏这方面的天赋的，基本上是一种碰运气式的随机行为。但是，基于人倾向于对能力的自我高估，很少有人能清醒认识并且承认自己的局限，于是，赚钱了就认为是自己的能力，亏钱了就是运气不好，这样的认知偏差在A股市场表现得尤为突出。

查理·芒格曾经分享过这样一个故事。曾经有一个年轻的律师过来问他如何能成为亿万富翁？他说我告诉你莫扎特的故事：有一个人讲我要开始作曲，莫扎特说你几岁了？他说我已22岁了。莫扎特说你现在太年轻了，没有办法做交响乐。他就问莫扎特，你10岁的时候就开始作曲，写交响乐了。莫扎特说没错，我这么年轻能做，是因为我是天才，你不是，所以你没办法这么做。

认识到天赋的差异并不是说人只能听天由命，事实上，投资高手的养成天赋只占一部分，后天的努力才是最重要的。

真正的高手都不是术的层面上如何高超，而是在道的层面修炼到了普通人无法企及的高度。比如说对情绪的控制，无论市场如何剧烈波动，高手都做到"心如止水"。这不是技术问题，而是一个品格问题，是靠长期的开悟与修炼养成的。

所以说，要学习领悟高手之道，并不一定要去花钱跟巴菲特吃顿饭，或者跟霍华德·马克斯来一次促膝长谈，甚至于也不用不远万里跑去奥马哈，那都是一种形式而已。

高手之道从来就不是秘密，只是因为知易行难，普通人做不到，所以高手之道才看起来都高深莫测且神神秘秘。

你不去奥马哈也知道巴菲特那个著名的“在别人恐惧时贪婪，在别人贪婪时恐惧”的投资箴言。这句话的意思是投资就是一个逆人性的过程，人性的弱点决定了人是难以抵抗羊群效应的，所以才会出现“别人恐惧时你更加恐惧，别人贪婪时你更贪婪”这样的人性本能。

无论你把这句话背得如何滚瓜烂熟，一到投资实践中，你还是没办法不受朋友圈和股票群里其他投资者的情绪影响，然后让自己的情绪与大家打成一片，采取跟大家一样的行动，手忙脚乱，杀进杀出，像一群无头苍蝇中的一只。

每个人对风险与收益的承受能力不同，追求高收益必定要承担高风险，而不能承受高风险，就需要降低自己对收益的期望值。我们无法保持内心平静的一个重要原因之一就是，永远相信有一种交易方式可以做到高收益低风险。我们对风险与收益的关系有一种不切实际的幻想，这导致了情绪的剧烈波动。

查理·芒格经常引用古希腊哲学家名言，相信不可能的事情是不明智的，想要迅速致富同时不承担风险是不可能的。如果承担过度的风险，结果可能是南辕北辙、适得其反。

如何在不平静的市场中努力保持内心的平静，克制盲目的冲动与过度反应？这是一道难题，关键点是在市场大好时，要记住事情不会一直一帆风顺，在不好的时候，不要看见的都是一片漆黑，需要保持理性合理的预期。

管理好情绪才能增加投资的胜算

2019年春节后，橡树资本创始人霍华德·马克斯来到上海，和几位国内的投资界大佬进行对话，谈到了他对股票投资的看法。霍华德·马克斯的著作

《投资最重要的事》早已风靡全球，它也是大爷我常读的一本投资圣经。这么多年来，霍华德·马克斯为投资界奉献了丰富的投资思想与信条，比如他提出的第二层思维，逆向投资，得到了巴菲特在内的一众投资大师的好评。

在2019年来上海的布道中，霍华德重点论述了他对周期的理解。告诫投资者，牢记万事万物皆有周期是至关重要的。他说他敢肯定的事情不多，但以下的话千真万确：周期永远胜在最后，任何东西都不可能朝同一个方向永远发展下去，树木不会长到天上，很少有东西归零。坚持以今天的事件推测未来是对投资者健康最大的危害。

无视周期并推算趋势是投资者所做的最危险的事情之一。仿佛做得好的企业将永远好下去，业绩高的投资永远高下去的样子，反之亦然。实际上，相反的行为可能更为正确。

霍华德认为，投资中每件事都很重要，但我理解的是，投资中最重要的事是认识并管理情绪的波动。成功的投资高度依赖情绪上的意志力和坚定。投资中有很多令人失望的情况会出现，最伟大的投资者可能也只有65%的时候能作出正确决策。

所以，最大的投资错误不是来自信息因素或分析因素，而是来自心理因素。这些可怕的心理因素包括：

第一是对金钱的贪婪。即对财富或者利润过度的或无节制的、通常应受谴责的占有欲。贪婪是一股极其强大的力量，它强大到可以压倒常识、风险规避、谨慎逻辑、对过去教训的痛苦记忆、决心、恐惧以及其他所有可能令投资者远离的困境要素。贪婪时常驱使投资者加入逐利的人群，并最终付出代价。

第二是恐惧过度，并且放任恐惧发展到恐慌的地步。这无疑妨碍了投资者本该采取的积极行动。

第三是固执己见，不讲逻辑，忽视历史和常识。

第四是无法摆脱羊群效应。

第五是嫉妒。比所有的负面影响更胜一筹，这就是我们天性里面危害最大的一个。

第六是过高估计了自己的能力。

第七是缺乏意志力，轻易妥协。当压力变得无法抗拒时，他们会放弃自己一直坚持的原则并跟风随大流。

霍华德同时给出了控制不良情绪泛滥的方法：

第一是对内在价值有坚定的认识。

第二是当价格偏离价值时，坚持做该做的事情。

第三是足够了解以往的周期。

第四是透彻理解极端市场对投资过程的影响。

第五是一定要记住，当事情好得不像是真的时，他们通常不是真的。

第六是当市场错误估价的程度越来越深，以致自己貌似错误的时候，愿意承受这样的结果。

什么时候投资胜算较高？霍华德·马克斯表示，就是投资者缺乏乐观情绪、投资者陷入恐慌、近期市场表现欠佳、大规模出现亏损、避险情绪过高、可投资资金短缺的时候。什么时候会出现上述现象，就是在周期底部。

马克斯坦言，他母亲一直和他说要低买高卖，但是人的本性就是会导致高买低卖。成功的投资者不容易被情绪牵着鼻子走，如果可以做到与众不同，就可以抑制自己高买低卖的行为。作为一个长期投资者，看到长期的价值增长，如果有足够强大的心理，通过长期投资，回报率会高于其他投资者。

我们需要朝着客观评估自己的方向努力，如果投资者觉得自己情绪不稳定，那么就需要专业投资者来帮忙做投资。

2019年的五月注定是不平静的一个五月，是乐观者的“红五月”呢？还是悲观者的“五穷”？谁都无法预料，老天爷的情绪怎么演变，是风和日丽还是乱发神经？普通人控制不了，还是那句老话：当我们无法改变现实的时候，我们唯一可以做到的就是改变对待现实的态度。

套用莎翁的那句名言，成功的投资者都是相似的，而失败的投资者各有各的原因。

情绪控制的最高境界是“心如止水”，这是所有成大器者相似的品格。

苏洵在《心术》中把情绪管理论述得绘声绘色：“为将之道，当先治心。泰山崩于前而色不变，麋鹿兴于左而目不瞬，然后可以制利害，可以待敌。”

而苏洵的儿子苏轼显然与父亲英雄所见略同，他在《留侯论》中有这么一段，我想是所有欲成大器者需要反复领悟的：

古之所谓豪杰之士，必有过人之节。人情有所不能忍者，匹夫见辱，拔剑而起，挺身而斗，此不足为勇也。天下有大勇者，卒然临之而不惊，无故加之而不怒；此其所挟持者甚大，而其志甚远也。

A股的“有奖举报制度”有望出台

正如我们不能总是把惩治坏人的全部任务交给上帝、佛祖、观音菩萨、地藏菩萨等一样，我们也不能把举报揭发上市公司和中介机构违规违法的全部希望寄托在某个嫉恶如仇的内部人士的义举。

康美药业被证监会认定财务报告造假的新闻让“300亿财务差错”悬疑剧出现了一波小高潮，离真相越近越是让人猝不及防，假存单、假凭证、违规买卖自己股票……谁敢相信在我们面前跑了这么多年的一匹“白马”，竟然是潜入A股市场的一匹“特洛伊木马”，当然，身上刷了一层厚厚的白漆。

这真是让人大跌眼镜。“贫穷”与“胆小”同时限制了大爷我的想象力，动辄百亿的天文数字，要用计算器戳半天才算得出来有多少个“0”，原来一直以为康美“造假”只是个传说。

奇葩的事情还真不少。投资者还没从造假爆雷的眩晕中回过神来，又被上交所就科创板发行上市审核问询回复进展情况答记者问中出现的“花式造假”整得有点目瞪口呆：少数保代偷偷修改问询问题，直接造出个假问题；偷偷修改已经披露的招股说明书中的重要财务数据。这些“花式造假”暴露我们市场有些中介机构和发行人真的根本没有底线。若这样的发行人和中介相互串通，导致一些问题企业上市必将祸害投资者，这更进一步说明中国资本市场惩治造假行为还任重而道远。

现在的造假不仅胆子越来越大，而且手段也越来越简单粗暴了。简单粗暴到什么程度呢？有人竟然自己动手造一份假的审计报告。无运营、无营业收入的江苏北极皓天科技有限公司，竟然通过伪造审计报告、纳税证明，一路过五关斩六将，顺利过关，竟然在某券商的保驾护航下私募债发行成功！不过由于到期无法兑付，事情败露江苏北极皓天科技有限公司终于被判刑事犯罪。

大爷我只得暗自感叹，这样的事情他们都敢做？这是在侮辱谁的智商呢？

A股版“有奖举报制度”还有多远?

每次看到这些被揭露出来的上市公司和中介机构的造假丑闻，投资者无不义愤填膺，严惩不贷的呐喊一浪高过一浪。然而，现有的法律对这些造假者即便是“顶格处罚”也难以让他们伤筋动骨。所以，当务之急是要在制度层面构建有效打击造假的完整体系，严刑峻法，提高违法成本。

另外，学习借鉴欧美成熟市场打击证券犯罪的一些卓有成效的制度安排，比如有奖举报制度，也不失为一种解决问题的途径。正如我们不能总是把惩治坏人的全部任务交给上帝、佛祖、观音菩萨、地藏菩萨等一样，我们也不能把举报揭发上市公司和中介机构违规违法的全部希望寄托在某个嫉恶如仇的内部人士的义举。即使是从利益驱动的角度出发，鼓励和奖励知情人积极举报证券欺诈犯罪也不失为一种有效措施。

2019年年中，证监会主席易会满在中国上市公司协会2019年年会暨第二届理事会第七次会议的讲话引起市场热切关注。这篇讲话有一些内容预示着未来监管制度不断会有创新的执法手段出台。易主席表示，要进一步加强与公检法等机关的密切合作，提高违规成本是核心举措，要推动证券法、公司法、刑法修改和相关司法解释的出台，创新执法手段，研究优化公开谴责、代位诉讼、有奖举报等制度机制，加大惩戒力度，增强监管震慑力，让做坏事的人必须付出代价，让心存侥幸的人及时收手。

“研究优化有奖举报等制度机制”这个表述，意味着在欧美成熟市场被证明对打击上市公司违法行为有立竿见影之效的“有奖举报制度”，未来也有机会在A股出现。

直接用物质手段鼓励对造假者的举报，而不是“革命靠自觉”，或者总是寄希望于有人“见义勇为”，这个监管创新以制度化的形式出现，是美国证监部门在处理安然公司造假案之时推动的。

针对安然公司财务欺诈导致投资者受损的情况，美国于2002年颁布了《萨班斯法案》，其中规定：对编制违法违规财务报告的刑事责任人，最高可处500万美元罚款或者20年监禁；篡改文件的刑事责任人，最高可处20年监禁；证券欺诈的刑事责任人，最高可处25年监禁；对举报者进行打击报复的刑事责任人，最高可处10年监禁。从而在法律层面大大提高了财务欺诈的违法成本。美国还设立了对上市公司欺诈行为的举报奖：举报者可以获得罚款金额10%～30%的奖金。

美国的监管实践证明，只有严刑峻法才能有效遏制造假行为。

2011年，美国证券交易委员会（SEC）通过了一条新规，许诺向举报违反联邦证券法规的行为并提供实质性信息的个人发放奖励。具体规定为，如果举报信息最后导致100万美元以上罚款，举报者将可以得到相当于罚款金额10%～30%的奖金。为落实该项政策，SEC于2011年专门设立了“揭发者办公室”并扩大了举报范围。2012财年里，SEC通过这一举报机制共接受了3001条举报信息，举报者奖金池积累了4.53亿美元的奖金，但只有其中一条信息的提供者拿到了奖金。

2013年，SEC宣布给予一位举报者1400万美元奖金，但为保护检举人，SEC并未透露此次检举人的姓名和详细信息，只是宣称举报者提供的信息使委员会成功追回了巨额的投资者资金。

据媒体报道，2018年3月19日，美林证券的3名内部人员举报公司擅自挪用客户资金，获得了高达8300万美元（约合人民币5.25亿元）的奖励。

2018年7月，摩根大通因未披露利益冲突，违规获利被罚3.67亿美元，其中6100万美元将作为奖励颁给举报者。

类似事件还有，2019年3月26日，美国证券交易委员会向两名举报人颁发总计5000万美元的奖金，以表彰举报人提供关键信息协助SEC成功执法。根据SEC官网信息，5000万美元由两名举报人分享，其中一人拿到3700万美元，另一人获得1300万美元。这笔3700万美元的奖金在数额上位列史上第三。

看见没有，向举报人颁发如此高额的奖金，太让人羡慕。相信有很多朋友跟大爷我一样会产生幻想，去美国举报拿大奖好了，这比中奖还高！有的时候都觉得不真实。然而事实是，自2012年以来，美国证券交易委员会已经向61人提供约3.76亿美元的奖金。

美国资本市场的制度是值得借鉴的，奖惩并重是其显著特色。对于证券欺诈行为，不仅诉诸刑事，同时罚款也是天文数字，所以美国证监会奖励举报人更是花血本。因为只有这样，才能让资本市场更健康，更成熟，让蛀虫远离市场，让卫士捍卫市场。

也许不久的将来，我国证券市场也会出现这一幕，因为这也是所有证券市场走向繁荣和成熟的重要标志。保护投资者是监管机构义不容辞的责任，也是为规范资本市场扫除障碍。当然，我们还有很长的路要走，但是我们不必气馁，相信这一天终将到来。

“有奖举报制度”利大还是弊大?

证监会初步查明，康美药业披露的2016年至2018年的财务报告存在重大虚假，也就是说康美药业造假也不是一天两天的事情，这么多年都这么干，而且金额是天文数字，怎么就没有人去举报他呢?

是正直的人太少？还是不想管“闲事”的人太多？假如我们有“有奖举报制度”，举报人可以获得足以补偿他个人所冒风险的巨额奖励，哪还会让造假行为闹到如此不可收拾的地步才被曝光呢?

国外的案例一再证明，“有奖举报制度”不仅对证券欺诈行为构成心理威慑，而且还可以直接帮助监管部门查获一些非常隐蔽的违法行为。

据券商中国报道，2019年5月16日欧盟反垄断机构对英国巴克莱银行、苏格兰皇家银行、花旗集团、摩根大通和三菱日联处以合计10.7亿欧元的罚款，称上述五家银行串通操纵11种货币汇率，相互交换商业敏感信息和交易计划。

值得注意的是，除上述5家银行外，瑞士联合银行（UBS）也被牵涉其中，但因其是首个告知欧盟外汇合谋行为的银行，而被免于数额为2850万欧元的处罚。

看吧，本来是一起干坏事的，结局却天壤之别。不仅举报从宽，罚款全免，搞不好还会有对举报人巨额奖励呢。

事实上，欧美刚开始实行“举报人奖励制度”时也不是一帆风顺的，其过程也受过争议与质疑。

近年来，在揭露欺诈和保护公众的联邦法律制约下，举报人的数量及其关联费用都在持续增长。美国司法部每年在民事诉讼案件和反政府诈骗案件上共查获数以百亿美元计的案值，其中八成都是借助举报人提供的线索。

人力资源专家担心，现在出现了前所未有的道德意识紧迫感，公司想要防止员工的举报，首先要保持内部融洽的员工关系，和员工保持良好关系才会凝结成内部向心力让员工主动靠拢过来，这样他们才不会一有问题就首先向监管部门举报。

有的公司律师则担心“有奖举报制度”将促使心怀不满的员工避开内部举报而选择向外界相关部门反映情况以获得高额的奖金。他们担心，这实际上在为员工不忠于所属公司提供经济诱因，使他们去外部相关机构反映问题而不是直接将情况报告给本公司。

来自律师们的意见是，可以要求企业员工需首先通过公司内部制度体系汇报发现的问题。然而，举报人的拥护者则评价说这样将会为企业高层私下隐瞒问题提供温床。

奖励金成了为政府提供不法分子信息的举报人的保护伞，是对其工作和事业危害的补偿。对查明情况属实的举报，奖金是对他们面临的麻烦和风险的补偿。

美国有调查机构经过对26个医疗保健领域举报人的采访，发现大部分举报人的动机是正直、利他主义、公众安全、正义或自我保护。英国的一项调查研究也显示，举报最大的动机还是正直。通常都是举报人一开始新工作或得到晋升时，问题就开始频繁地在工作中出现，他们不得已选择举报。

一项美国国家举报中心的研究发现，有89.7%的员工在发现问题时最初向上级或调解员进行内部举报，而最终根据虚假赔偿法案向法院提起诉讼。很多企业领导总是将关注点放在如何将举报人驱逐出公司，而没有充分考虑该如何处理公司内部问题，并在何种程度上防止员工出现报复性投诉。

有律师指出，在举报人将事情报告给相关机构前，公司高管往往尽力将问题隐瞒，所以公司高管们也要建立自查机制。老板们想将员工对外举报的风险降至最低和避免昂贵的政府调查费用的最佳方式是，设置高道德标准和将举报人当作宝贵资产，因为如果员工发现了违规操作的行为，得到证实之后将问题早些摆在面前，就完全可以将问题扼杀在萌芽状态。彻底摆脱法律纷争的最好途径是，由公司领导们以身作则牵头创建诚信正义的企业文化。

上市公司如何避免被有奖举报?

康德有句名言：“有两样东西，我们越是经常持久地对之思索，它们就越是使内心充满常新而日增的景仰和敬畏——我头上的星空和我心中的道德律。”这一道德律让处于广袤星空下的自我重新找到了位置，找到作为一个人的尊严。

康德的思想中，道德行为与外部的法律是毫无相关的。真正的立法者是自我，而且这个自我并不需要科学，也不需要哲学，这是最普通的人均能力所能及的。

康德反复说“人类天性中真正的痛处或污点是撒谎癖”。对于这个问题，陀思妥耶夫斯基在《卡拉马佐夫兄弟》中同样有所涉及，主人公德米特里问斯达洛夫：“要赢得拯救，我必须做什么？”斯达洛夫回答道：“首要的是，绝不要对自己撒谎。”

所以，避免被人举报造假的最好办法就是永远不要去造假。要诚实，要光明磊落，不要对投资者撒谎，也不要对自己撒谎，不要让外在的法律去约束自己，而是用自己内心的“道德律”令自己时刻保持敬畏。

简而言之，就是要有所敬畏，有所不为。

第一，最好不要作恶，因为要想人不知，除非己莫为，行多夜路总有一天会遇到鬼。但是，那些执意作恶的人需要敬畏一个天理：出来混，是迟早要还的！

第二，要防范别人作恶连累上市公司，需要建立完善的风控与合规管理体系，营造守法文化，健全内部投诉制度，未雨绸缪，防微杜渐，把犯罪活动扼杀在摇篮里。

第三，不要去恨那些爱提意见的人，相反，要建立配套完善的举报人保护措施，鼓励内部举报，早日发现问题解决问题。

而对作恶者的举报，出于正直的动机去举报是高尚行为，出于对奖金因素的考虑而举报，这也是一种勇敢行为，他们达到的效果可能殊途同归，都可以达到惩罚坏人的目的。在证券市场，这样的行为是有利于对广大中小投资者的保护的。

苏格拉底有“遭受不义要比行不义好”，这是一种“出于污泥而不染”的人格追求。一个人不管身处何地，不管有什么“身不由己”的理由，不同流合污去作恶是做人底线。

为何在苏格拉底眼中，他会愿意以生命为代价去避免行不义？政治哲学家汉娜·阿伦特给出的回答很简单——苏格拉底不愿与一个行不义的自我相处。

阿伦特认为，人实际上不仅和他人生活在一起，也和自己生活在一起，而且后者可以说是先于其他所有一切的。而这个自我，提供了关于善与不善、好与不好的全部回答。只不过，对于许多人来说，自我是永远缺席备受忽略的一个存在。他们不去思考、反省，从不聆听内心，而永远追随易变的外部世界。而大部分人，恰恰就是因为丧失了自我的完整性，从而走上了无可无不可的道路。他们不在乎是不是能与自己保持和谐，既然自我都因从不思考而不复存在，与一个行不义者共同生活对于他们来说也就完全不是问题。就算当下或一时无法忍受，他们还可以转而诉诸遗忘。一个从不思考、记忆的人，是一个没有根基的所在，他可以准备去干任何事情。

人的意志可能被感性的爱好或诱惑引导，而不追随理性，从而陷入道德谬误之中。处在这一境况中的人，等待他的是良知的审判带来的自我鄙视。

与作恶者相反，这些不参与者是那些不以外部世界准则为依据，而按照自己内心声音行动的人。因此他们能够意识到，即使是被合法化了的罪行依旧是罪行，以及，为了能继续和自己和谐相处，在任何情况下最好都不参与这些罪行。出于道德命题的自明性，他们会告诉自己，“这种事情我不能做”，而不是依据外在标准告诉自己，“这种事情我不应该做”。

最大的为恶者是那些人，他们浅薄而平庸，因为从不思考所做的事情而从不记忆，而没有了记忆，就没有什么东西可以阻挡他们。

“有奖举报制度”对于证券市场的参与者来说，既有威慑，也有鼓励，既是责任，也是义务，既有风险，也有机会。

人与人的环境，一个地方干坏事的人多了，不想干坏事的人要么被伤害，要么就干脆敬而远之。用法制的武器，树正气，抑歪风，不断净化资本市场环境，这是对投资者最好的保护。让投资者得到真正的敬畏、尊重与爱护，少一点被欺诈伤害，这样的资本市场才是值得拥有的。

这个世界的好坏其实与每一个人息息相关，资本市场是一个“微型宇宙”，它的荣辱与每一个投资者休戚与共，打造健康的市场环境，无人可以置身事外。

因为，热爱股市的人，也渴望被股市善待。正如纪伯伦所写：

我深爱着这个世界，
世界也如此深爱着我，
因为我所有的微笑都挂在她的唇上，
而她所有的泪水都积于我的眼中。

永远不要恨你的敌人

即使我们不知道将去向何方，至少应该明白我们身在何处。作为国际关系研究中引用最为频繁的短语，古希腊历史学家修昔底德将“修昔底德陷阱”阐释为：“使战争不可避免的真正原因是雅典势力的增长以及由此引起的斯巴达的恐惧。”他发现了一些历史上最具灾难性和最令人困惑的战争根源的主要驱动力。

记得电影《教父》中那句台词：永远不要恨你的敌人，因为这会影响你的判断力。

在中美贸易战最激烈的那些日子，当我读完任正非接受媒体采访的完整文字，对这句话的理解又加深了几个层次。

相信很多人跟我一样，会有一种心潮澎湃之后的平静。一个人究竟需要有怎样的胸怀与格局，才可以做到化惊涛骇浪为云淡风轻呢？读懂了华为和任正非，就不得不感叹，这不仅是个人修为的境界问题，更要具备惊人的预判能力。你看看，不管多险恶的环境，都不出乎他的预料，都在他有针对性的预案之中，只有这样的人和公司才可以处变不惊。

这是真正的强者心态！明明被伤害了，不仅不去恨，而且还赞美甚至感谢“敌人”过往的帮助，相对大洋彼岸的咆哮与恐吓，两者之间的格局与气度，高下立判。

面对美国对华为的横蛮围堵，华为和任正非的表现，可以说让国人从对华为的担心瞬间变为对华为的信心！华为事件虽说是中国科技创新进程中不得

不经历的一次重大考验或者说磨难，但是塞翁失马焉知非福？如果能够从这个事件中看透西方所谓普世价值的虚伪，警惕国际分工中的陷阱，重新认识科技兴国的战略意义，从而奋起直追，补齐被人卡脖子的科技短板，那么，华为所经历的这一场磨难就不会只有悲壮的色彩。它完全有可能成为一个绝佳的经典案例，从而增强民族凝聚力，唤醒科技创新潜能，激发国人的爱国之情与强国之志。

任正非的谈话，给我们提供了一个巨人的肩膀，当我们站在这样的高度去判断中美之间这场历史性的博弈时，我们的思考会更有理性，也更具有建设性。

正视中美之间的“修昔底德陷阱”

任正非在接受访问时表示，对于美国封杀华为早有思想准备，事实上也早就开展了技术上的“备战”，这说明他对中美之间的“修昔底德状态”始终保持着清醒的头脑，避免了情绪化。

即使我们不知道将去向何方，至少应该明白我们身在何处。

作为国际关系研究中引用最为频繁的短语，古希腊历史学家修昔底德将

“修昔底德陷阱”阐释为：“使战争不可避免的真正原因是雅典势力的增长以及由此引起的斯巴达的恐惧。”他发现了一些历史上最具灾难性和最令人困惑的战争根源的主要驱动力。

正如格雷厄姆·艾利森指出的那样，“在不考虑动机时，当一个崛起国威胁取代现有守成国时，由此产生的结构性压力就会导致不可避免的混乱，这一局面可以发生在任何领域，但在国际事务中这一概念的内涵最为危险。正如修昔底德陷阱最初的实例导致了一场让古希腊为之战栗的战争一样，这一现象在几千年来一直困扰着外交领域，而现在，它更是将世界上两个最大的国家置于一条无人想要的、通往灾难的道路上，但最终它们可能会证明悲剧无法避免。”

2019年5月开始，中美贸易摩擦的加剧状态似乎被艾利森一语中的。目前两个国家确实走到了“一条无人想要的”贸易冲突的道路上了。

除了把华为等公司列入限制名单外，美国还指责中国制造的无人机存在风险，日前还在进一步加大对中国企业的打压力度，对10家中国企业和3名个人实施制裁。

中国商务部新闻发言人高峰就此回应称，中国一贯坚决反对任何国家对中企进行“长臂管辖”。他说：“美方动用国家力量打压中国企业，不仅严重破坏两国企业间的正常商业合作，而且对全球产业链、供应链安全构成严重威胁。”

高峰表示，美方捕风捉影并不是第一次。拿不出任何具体证据的指控最终损害的是美方自身的信用。在经济全球化的今天，美方这种凭空抹黑、打压中国企业的做法很可能会对美国企业和消费者造成更大的损害，也无疑会使包括中国在内的各国企业对美国的营商环境失去信心。

彭博社直言不讳地说，特朗普围剿华为是严重的失策。在与中国围绕贸易及国家安全的斗争中，美国政府有很多合情合理的抱怨，也有各种武器可以用来索偿。然而这并不意味着就应该无所不用其极。这将导致连带损失。全球各地无辜的企业——其中包括华为的美国供应商——可能损失业务、面临破产或要承担极高的额外成本。一直在抵制美国禁用华为压力的盟国会因为被逼入墙角而愤愤不满，而中国只会努力加倍在国内生产先进科技产品。

当摩擦无可避免时，健康的贸易关系从理论上来说应能起到压舱石的作用，提醒双方合则两益，并且加强珍视和平反对战争的力量。

彭博社指出，美国所需要的是制订出更全面的计划来寻求与中国更为和谐地共处。

打贸易战损人不利己，然而美国仍然要这样干，仅仅从经济利益去考量，似乎是想不通的，但是如果从“修昔底德陷阱”的角度观察，这似乎又是一道“历史的覆辙”。

从历史经验来看，战争（包括贸易战）到了最后都是两败俱伤，没有赢家。正如温斯顿·丘吉尔所言：“永远，永远，永远也不要相信会有顺利和简单的战争，也不要相信任何踏上这趟奇怪旅行的人能够预测到将要遭遇的大风大浪。让战争狂热冲昏了头脑的政治家们必须认识到，信号一旦发出，他们就不再是政策的主人，而是不可预见和无法控制事件的奴隶。”

用“围棋思维”对抗“国际象棋思维”

按照格雷厄姆·艾利森的理论，修昔底德陷阱所称的“崛起国综合征”与“守成国综合征”，前者主要是指崛起国的自我意识不断增强，要求增加自己的利益以及获得更大的承认与尊重，后者基本上就是前者的镜像，是指既有大国面临“衰落”的威胁时，恐惧感与不安感不断被放大。

导致冲突的三大驱动因素是利益、恐惧与荣誉。

既然打击华为并不能让美国更伟大，那他们为什么还要这么干？看懂其中的原因，心里就释然了。

对美国来说，经济利益应该不是第一位的。一个多世纪前，当西奥多·罗斯福带领美国进入他极为自信的美国世纪开始，美国就再也无法接受有一天它会滑落到世界第二这样的现实。哪怕这个现实还仅仅是一种可能，它也无法忍受。所以，它对中国崛起的速度感到恐惧，因为这关系到“世界唯一超级强国”的荣誉。

基于这三大因素，美国正在利用夸大的恐惧、不安全感和对现状变化的恐惧来挑起鲁莽的反应。现代行为科学家已经在心理层面解释了这一点，指出人们对损失的恐惧（或者“衰落”的威胁）超过了获得利益的希望。这会驱使人们（或者国家）常常冒着非理性的风险来保护他已有的东西。

当两个大国处于“修昔底德状态”（尚未进入陷阱阶段），所谓的“知识产权”“国家安全”“人权”等因素，不过是挑起冲突的借口，就像过往的那些引起战争的“火花”一样，围绕这些“火花”找原因其实只是徒劳。

很多时候，“恃强凌弱”者会找到一个冠冕堂皇的“火花”，他可以把任何“火花”都说成是“正义”的。以传道者自居的美国，最常拿“普世价值”说事，总是逼迫他国要“像美国一样”。

提出“文明的冲突”这一概念的塞缪尔·亨廷顿希望纠正西方“普世”价值观的神话。他说这不仅是幼稚的，而且对其他文明——尤其是以中国为中心的儒家文明——是有害的。他写道：“可能存在一种‘普世文明’的观念是西方的想法，与大多数亚洲社会的特殊主义是完全对立的，后者强调人与人之间的区别。”这也就是说，西方相信一些基本价值观和信仰应该得到全人类的接受。相反，亚洲文化珍视他们独特的价值观和信仰，这使他们与其他人（文明）区别开来。

亨廷顿指出，儒家文化反映了一种民族精神，它强化了“权威、分级制度、个人权力和利益的从属地位、共识的重要性、避免对抗、‘爱护面子’，以及普遍来说国家高于社会、社会高于个人的地位”。

李光耀也对美国适应新现实的能力持怀疑态度：“美国被一个自己长期蔑视为颓废、软弱、腐败和笨拙的亚洲民族所取代，虽然不是在全世界范围内而只是在西太平洋地区，这在情感上对美国来说仍是很难接受的。美国人的文化优越感将使这一调整变得尤为困难。”

基辛格很早就发现了儒家文化与西方文化的巨大差异，“很少有中国政治家会冒一次要么全赢要么全输的冲突风险，精心谋划多年更接近他们的风格。西方传统强调了英雄主义力量的决定性冲突，中国的理想强调微妙、间接和有耐心地积累相对优势”。在国际象棋中，玩家试图支配中心并征服对手，而在围棋中，玩家试图包围对手，如果国际象棋大师可以预见之后的5～6步，围棋大师则能预见20～30步。

在与对手来往的广泛关系中。中国战略家避免冒失地过早地冲向胜利；相反，他们的目标在于建立增量优势。正如一位学者所言：“西方传统强调武力的使用，战争的艺术在很大程度上只限于战场，而战斗的方式就是硬碰硬。相比之下，围棋背后的哲学是夺取相对收益，而不是寻求完全消灭对手。”他还给出了明智的提醒：“用国际象棋的思维玩围棋是很危险的。一个人可能会变得过于咄咄逼人，以至于他会把自己的力量拉得很薄弱，并会在战场上暴露他脆弱的部分。”

博弈过程中，中国式的儒家文化体现出来的就是任正非式的以柔克刚，他追求兵法中的最好境界——不战而屈人之兵。很显然，他是具备围棋思维的战略家。

想要和平，就要做好战争的准备

修昔底德在“弥罗斯对话”中写道：根据自然法则，实力界定统治的边界，人人都会统治他所能统治的。我们并没有创造这项法则。当我们掌权时，我们发现了它，并将它留给后人。说明大国博弈还得靠实力说话，几千年的世界史充分说明了弱国无外交的残酷事实。

目前这种在关键技术上被美国卡脖子的现实说明，没有核心技术的任何创新是在别人的花园里种花种草，迟早会有一天会遇到被人釜底抽薪甚至扫地出门的尴尬境地。

所以任正非才会对中国的科技创新有一种紧迫感甚至焦虑，他认为目前的这个局面能刺激中国踏踏实实发展电子工业。过去的方针是砸钱，芯片光砸钱不行，要砸数学家、物理学家等。但又有多少人还在认真读书?

教育是科技创新之源。可惜的是，这些年来，我们最聪敏的孩子比如每年的高考状元都热衷于学金融，希望出来找份高薪的“好工作”，而能潜心学习数学、物理的年轻人真是少之又少。这样的局面亟待改变。

“太阳不是在上升，就是在下降”，培养科技创新人才，时不我待啊。

从美国不断对中国的高科技企业和研究机构展开技术围堵这个现象来看，

贸易战发展到现阶段，越来越像是一场科技战了。避免“战争”的最好办法就是做好应对“战争”的一切准备。古罗马的警世名言——“想要和平，你就要做好战争的准备”，现在读来格外振聋发聩。

现今美国对待中国的手段，其实就是当年对日本手段的重演，不管是对某些行业加征关税，还是逼迫人民币升值，都是过去用过的手段。

美国对华为等中国高科技公司所采取的强硬态度，说明无论现在还是将来，不要对美方抱有幻想。美国的企图就是将中国钉死在中低端产业链，不容许中国爬到世界产业链高端。现在美国不仅封杀华为，而且对所有中国高端科技行业中的龙头都想下手，有一种不达目的誓不罢休的霸蛮作风。

日美之间曾经的贸易战，对今天中国与美国之间的贸易摩擦，有着巨大的警醒作用。

在日本对抗美国的过程中，日本一直将拥有先进的制造业作为国家根基。某大型国际机构评选出全球创新企业百强里，日本以40家企业数量排在第一，美国也只有35家。其中松下公司由传统消费电子已转型到汽车电子、住宅能源领域，夏普转向机器人、健康医疗，索尼转向高精摄像等。2017年，美国全年研发投入是4960亿美元，占全球研发投入的26%；中国全年研发投入是4090亿美元，占全球的21%；已经后退到世界第三大经济体的日本，研发投入还能达1670亿美元。可见日本在房地产泡沫破灭后的政府和企业债务扩张，大量投入到企业的技术研发和创新中，最后形成了世界一流的技术体系和全球领先的跨国企业。

教育培养科技创新人才，资本市场则应该成为科技创新的加油站，资金与人才等要素应该向技术创新类的硬科技领域倾斜，防止一些投机取巧的商业模式创新类的“伪科技”公司占有过多的社会资源。

基石资本董事长张维在一次演讲中坦言，在不同的企业类别里，硬科技企业是当下更值得关注和支持的，因为我国已经到了不得不重视创新创业的阶段。科创板的上市规则里，亏损的企业也能上市，因为较互联网企业而言，硬科技企业的成功需要更长的投入和孵化时间。华为这样的企业之所以比腾讯阿里更伟大，就是因为其在竞争极其激烈的领域里，不借助商业模式的优势，而是通过点滴的长期积累，取得世界级的地位，进入所谓的无人区。近几年全球研发50强，华为都是唯一进入的中国企业。BAT（百度、阿里、腾讯）等企业可以在模仿亚马逊、谷歌、Facebook等企业的道路上亦步亦趋，依靠先创企业的引领走得很远，然而它们并未给予研发与其市值相匹配的投入，也没有自己的独到创新。所以阿里、腾讯可以相对短的时间里飞起来，走到世界前列。但在传统的硬科技领域，中国还不容易飞起来。因此，华为的成功，比阿里、腾讯更有意义。

清华大学田轩教授在其《创新的资本逻辑》一书中讲了两个核心结论：一是对于外部融资依赖度高的企业，股权市场的发展能够促进创新，而信贷市场的发展则会抑制创新；二是对于高科技密集行业的企业，股权市场发展能够促进企业的创新，而信贷市场则相反。

对此，张维深以为然。他同时表示：“纳斯达克曾对美国经济起到关键性作用，而科创板也将是我国创新经济的发动机。”

所以，资本市场应该成为科技创新的发动机，优化资源配置，引导优质资源向有利于提升国家自主创新水平的行业集中，再也不要让“美国造芯片，我们造白酒”这样的国际分工格局继续下去了。

针对美国挑起的贸易纷争，新华社评论文章这样写道：美式霸凌崇尚的是恃强凌弱那一套。作为世界头号强国，美国在国际舞台上咄咄逼人，满脑子“顺我者昌，逆我者亡”的霸道逻辑。在中美经贸磋商中，美国漫天要价，极限施压，这种“客大欺店”和“店大欺客”的惯用外交手段，无助于解决中美经贸问题。从长期看也不可能阻碍中外科技交流和中国科技进步。

读到这里，我忽然想起爱德华七世曾经评价他的侄子——德国皇帝威廉二世的一段话：“威廉是一个恃强凌弱的人，而大多数恃强凌弱的人一旦被制服，都是懦夫。”

深以为然。

假如炒股是一场真人秀

LUN TIAN PIAN

论甜篇

联想与华为的差距是怎样拉大的?

一个搞贸易赚快钱，一个搞研究赚慢钱，起初赚快钱的被夸聪明伶俐，而赚慢钱的被嘲笑自讨苦吃。然而，时间是最终的裁判，所有伟大的事业都是时间的宠儿，快与慢，不是评判标准。还是几句老话把人生的道理说得透彻：欲速则不达，聪明反被聪明误，大智者若愚。

如今的华为与联想，在体量上基本上没有多大可比性了，但是在媒体上他们之间总有一种“如影随形”的关系，每每有华为的新闻，就有人把联想拉出来比较一番。特别是中美贸易争端激化之后，华为成了中国反击美国极限施压的一面旗帜，而联想却一而再再而三地陷入负面传闻的风波。

这不，就在华为忙着应对美国以“国家安全”为借口的全方位围堵之时，联想集团却在忙着澄清“5G投票门”“联想没有对华为断供”“联想否认其CFO接受美媒采访时说过‘联想撤出中国’”等等。

我猜联想感觉挺憋屈的。华为太伟大了，但是中国乃至世界华为就此一家，被华为超越甚至“干掉”的跨国公司多了去，联想不如华为也不能说明联想就是一家烂公司。难道智商比不上爱因斯坦的人都该被叫作“白痴”？

联想为何会生活在华为的“阴影”之下?

联想到底做错了什么或者说华为做对了什么，才导致这两家公司现在判若云泥的“人设”呢？大爷我瞎琢磨了一下，感觉大概是这样一个理儿。

好比在一个重点高中的“火箭班”，每一个学生都优秀得无以复加，而这个火箭班里一个名叫“联想”的孩子不仅物理数学出类拔萃而且理想宏大志存高远，最初所有的老师和同学都认为他才是最有“天赋”也最被寄予厚望成为“爱因斯坦”的人。而一个名叫“华为”的孩子成天埋头苦读，性格内向沉默寡言，从没发表过要干一番大事的豪言壮语，没什么人关注他。

高考时，那个叫“联想”的孩子为了毕业后能多赚钱早点过上好日子就去读贸易专业了，毕业后果然很快就赚得盆满钵满，春风得意。而那个叫“华为”的孩子则专心致志于物理与数学的研究，最后提出了“广义相对论”——他竟然成了“爱因斯坦”。一个搞贸易赚快钱，一个搞研究赚慢钱，起初赚快钱的被夸聪明伶俐，而赚慢钱的被嘲笑自讨苦吃。

然而，时间是最终的裁判，所有伟大的事业都是时间的宠儿，快与慢，不是评判标准。还是几句老话把人生的道理说得透彻：欲速则不达，聪明反被聪明误，大智者若愚。

由此可见，最近几年，联想之所以生活在华为的阴影之中，不是无缘无故的。这是20多年前“同一个班里的两个同学”选择了两条迥然不同的道路之后得到的两种“人生”。我想大家更多的是在为联想没有选择与华为同样的道路

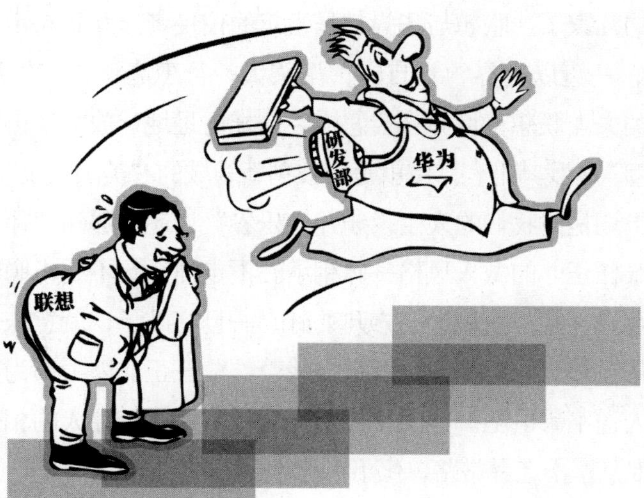

感到遗憾吧。以联想的“天赋”，他本来可以做得更好，那样的话，在面对美国挑起的科技战时，华为就多一个强大的队友，不至于像现在这样“几近于”孤军奋战了。

华为正遭受美国的无理且粗暴的围攻，我们除了感到愤怒之外，也为华为的力量感到骄傲。没有相当的分量，也不会被美国视为眼中钉肉中刺。

只有当中华民族又一次遭遇到外来强敌威胁与打压的时候，人们才认识到华为作为一家领先的科技公司对打赢贸易战的重要意义，我们甚至有一点点后怕，假如没有华为，我们会不会更被动？从这个意义上说，华为与任正非堪称“民族英雄”。

华为在抗力美国政府调动所有资源的围堵。一个国家，而且还是当今世界唯一的超级大国对一个公司如此大动干戈，这在历史上是极为罕见的，堪称史无前例。

全世界都看见了美国在封杀华为时的不惜代价，甚至不要底线。

同时，我们也看到了华为掌舵人任正非的冷静、沉着与包容，两相对比，高下立判。

纵观改革开放40年以来，科技领域的中国公司命运多舛，江山代有牛人出，各领风骚三五年，大浪淘沙，20世纪90年代稍微成点气候并且能剩下来的也就屈指可数的几家了。联想与华为都是当年的佼佼者。联想起步早，背景的技术色彩更浓，一直以商界领袖自居，派头大，行事高调，广告用的都是大词，比如“人类失去联想，世界将会怎样”这样立足地球放眼宇宙的漫威电影风格，英勇豪迈、舍我其谁，感觉就是科技创新领域的“美国队长”。

华为的广告词是“我们的人生，痛并快乐着”，还有那句“伟大的背后都是苦难”，这跟任正非的做人风格一脉相承。不走捷径，不耍小聪明，不赚快钱，而是知难而进，找阻力最大的方向死磕，一旦突破了，就意味着一次伟大的跳跃，按照任正非自己的话说，就是自找苦吃。任正非以苹果为师，他用苹果手机，给家人送苹果电脑。其实，他本人与乔布斯有着惊人的相似之处，那就是“另类思维”，不走寻常路，化不可能为可能。

说到底，还是信仰决定命运，一个人的命运如此，一个企业的命运更是如此。

在目前这种特定的环境下，对华为与联想的评价出现冰火两重天，民众偶尔会有情绪化的一面，这是可以理解的。

是谁阻止了联想成为一家伟大的公司?

印象中，联想一直在寻找“阻力最小的方向”顺势而为，它需要快速见效，赚快钱。而华为几乎一直在找最难的方向寻找突破。但是，很多人并不知道，最初的联想并不是后来看到的样子，它的第一桶金是靠纯技术赚到的，是靠倪光南技术团队研发的联想微机及AST汉卡获得了实实在在的收入。在它发展到67亿元销售的时候，都是靠技术起家的，并非靠贸易，在柳传志执掌后联想才走向贸易路线。柳传志因为善于抓住机会而被视为中国最成功的商业领袖之一，教父级人物。

然而，高潮过后往往空虚。属于联想的高光时期很快就过去了。

随着中美贸易争端开始发酵，特别是中兴通讯被美国“断芯”险遭灭顶之灾，国人才惊觉没有核心技术的中国科技企业犹如沙滩上的高楼，经不起狂风巨浪。

科技“无根”之痛，制造业“无芯”之忧促使国人猛然反思，究竟是什么原因导致了现在的局面?

当然，这一切并不能简单地归咎于联想，只是联想当初选择的“贸工技”道路和柳传志带着浓厚“投机”色彩的商业逻辑俨然成了这几十年来中国企业与企业家争相学习、模仿与复制的成功模式。这个带头大哥的成功学被中美贸易争端的残酷现实狠狠地抽了一巴掌。

所以，人们才对联想有怨气，我想主要是“迁怒”。

这几十年来，国内“最成功”的那些企业基本上都不重视技术创新，只知道追热点赚快钱，“拿来主义”盛行，以山寨为荣。联想在跟热点、抓商机上确实嗅觉敏锐，几乎所有热点他都跟上趟了，卖电脑，做PE，神州专车，甚至房地产开发他也插上一只脚，基本上跟乐视的路线差不多。

中兴通讯遭美国打压之后，人们又开始反复谈及“柳倪之争”及这个事件对随后20多年来中国科技创新领域的方向性影响。这也是市场派与技术派的一次决斗，所以一直让人耿耿于怀。

当时，身为计算所研究员的倪光南，已经是位一流的计算机专家，在电子界的声望甚高，担任联想的总工程师，算是临危受命。之后的好几年里，联想通过开发并向市场销售倪光南的联想式汉卡，在市场中站住了脚，进而在市场中发展了起来。

大概到了联想的第10个年头，柳传志与倪光南之间渐生不和。倪光南想的是，联想应该对标国际上的英特尔，全力开发芯片等核心的技术。

而柳传志曾当场给倪光南泼过冷水，他说道：“有高科技产品，不一定能卖得出去，只有卖出去，才有钱。”

在那时，柳传志更在意联想在短期的效益，坚定地以为联想根本不具备自主研发处理器芯片的实力，再考虑到国内的工业基础、技术储备和资本实力等方面的不足，包括联想在内，在中国的本土企业几乎是不可能在短期内改变全球的电脑市场的。

1994年前后，倪光南奔波于上海、香港等地，广揽人才，成立“联海微电子设计中心”，他对这项被称为“中国芯”的工程倾注了极大的热情。让他怎么也没有想到的是，这一次，柳传志的回答竟然是“不”。

这件事情之后，两人的关系迅速恶化，联想的每一次工作会议都成了两人的争吵会，柳传志认为倪光南是在“胡搅蛮缠”。1995年6月30日，联想董事会同意免去倪光南同志联想集团公司总工程师职务。

转眼之间，柳倪之争已经过去20多年，联想通过一系列的收购，规模变得越来越庞大，但却没有多少拿得出手的核心技术。核心技术靠收购是不可能掌握的，必须依靠自己。杨元庆充分发挥了自身的特长，但却没有魄力让联想拥有自己的核心技术，联想的口碑也在逐步下降，联想手机目前也已经日落西山。

历史不容假设，但历史已经在一步步证明倪光南的远见卓识。联想灭掉程控交换机事业部，也就错过了ICT（信息、通信和技术）融合的战略时机，而当时起步比联想晚得多，规模不如联想程控交换机事业部的华为，现在已将联想远远地甩在身后，成为中国高技术公司的典范，称雄国际市场。如果早在1994年倪光南筹划的集成电路芯片设计公司能够顺利组建起来的话，凭借联想、复旦等的“产学研相结合”，在国内几乎还没有竞争对手。国人对联想更多的是怒其不争，远远没有达到国人的期待。

窥一斑而见全豹，这也在一定程度上折射了中国企业的一些规律。中国企业的老板大多销售财务出身，并不很懂技术，对待技术也没有充分的认识。而销售奇才们能够带领企业快速发展，但最终都会遇到瓶颈。反观美国，很多科学家开公司，苹果的乔布斯，微软的比尔·盖茨，通用电气的爱迪生等等，老板本身是科学家，专注于技术，企业最终更有技术优势。

“柳倪之争”并不是一个孤立事件，它其实是“中国制造”走到一个十字路口时的彷徨与纠结。

而柳传志执掌下的联想集团，对于走完“贸工”以后技术怎么发展，联想给出的思路是买买买！可是买了这么些年，似乎联想一直没有买到核心技术。无论是并购IBM电脑部门，还是并购摩托罗拉，联想这些年的全球兼并好像只兼并了营业额，没看到利润。付出如此巨大的代价仅是获得了一流跨国公司的三流技术，比如IBM的个人电脑和低端服务器，是即将被淘汰的“鸡肋”；或者是竞争失败已经被淘汰的技术，如摩托罗拉移动。这些技术在日新月异的技术进步中大势已去，比如智能手机平板对传统电脑的替代和挤出；云端存储技术对传统低端服务器的替代。客观而言，联想花了巨资买下了外资跨国公司的落后和准淘汰技术，其技术的未来实用性较低。

回顾历史，不禁令人扼腕顿足，联想走向贸易营销驱动路线，让中国多出了一家个人电脑营销巨头，却少了一家类似华为的世界级科技创新企业。倪光南1992年已经着手研制程控交换机，1994年取得入网证，而同期的华为公司也不过是刚刚起步研制交换机。1994年，倪光南成立“联海微电子设计中心”，当时，华为今天名震四海的海思芯片也不过是刚刚起步而已。

有人这样总结联想的商业轨迹：“在本可能创造历史的年代，联想玩了一圈最终却回到了原点，眼睁睁地看着四大门户和BAT的相继兴起，而自己却什么也没落下。”

拨去时间的浮尘和光环的干扰，才能看清当初的战略抉择谁对谁错。遗憾的是，历史不能重来一次。年近80岁的倪光南，今天仍然孜孜不倦地致力于推广国产操作系统，从研制联想汉卡、联想微机到积极推动自由软件、中国芯、自主品牌，他为中国IT业苦苦求索，利用各种渠道宣传国产芯片和操作系统。75岁的柳传志不再高调。反而是一辈子都低调得近乎隐姓埋名的任正非被美国人逼得没办法继续低调了，以75岁高龄走到聚光灯下，为华为的未来冲锋陷阵，像一位年轻的战士，任正非面对美国无理打压所表现出来的态度，让国人感动并深受鼓舞。

两家公司的差距到底有多大？

联想集团在1995年年底已经拥有12亿资产，3000名员工，从事计算机研究开发经营，是当时中国最大的计算机企业，销售额达到67亿元。而当年的华为公司销售额仅为15亿元，不及联想的四分之一，与联想集团无论在规模上、还是名气上，都存在着巨大的差距。

而现在，那个经常出现在电视台和报纸上的联想电脑，已经积弱不振，再也引不起我们的注意了，华为却一跃成为中国民营企业的学习对象。

重读“人类失去联想，世界将会怎样？”这个豪迈的口号，真是让人感慨万端。

现在的联想，到底对世界意味着什么呢？按照2019年5月底的收盘价5.45港元计算，总市值655亿港元，动态市盈率不足14倍。这样的体量，跟科技巨头动辄万亿的市值相比，确实差距太大了，比如同在香港上市的腾讯市值是31000亿港元。联想估值确实很低，最近几年股价徘徊于3～6港币，市场给出这样的估值，说明没把它当科技股看待。

没有持续的技术创新是很难获得持续的核心竞争力的。伟大的公司不仅拥有自己的核心技术，而且还具有自我突破自我否定的勇气与能力。没有一劳永逸的成功模式，也没有一成不变的技术优势，创新永远在路上。

在成熟市场，科技股的门槛是很高的。即便是微软这样的毋庸置疑的科技公司，不能够自我突破就会被抛弃。曾几何时，微软就是IT界的一个奇迹。凭借着Windows和Office两款产品，它几乎垄断了PC端的操作系统和办公软件市场。然而，正所谓盛极而衰，微软在达到极盛后，也不可避免地走向了衰落。在它的转型得到市场认可前，一直被当作传统行业，而不是高科技公司，相比苹果与亚马逊，它的股价长期不温不火，估值就20倍左右，完全不像科技公司的估值。直到它调整战略，借助产业互联网重新崛起，它的股价才开启了凌厉的上涨之旅，2018年年底一度超越苹果重返世界第一。现在的微软已脱胎换骨，Azure云、HoloLens等新业务已经取代Windows和Office成为最重要的业务增长点，市场上对微软的认可声也在日渐增加。曾经的那个王者已经回来了，不过它已不是原来PC时代的那个微软，它的新生属于产业互联网新时代。

最近几年来，联想集团一直在智能化转型的路上，联想的转型可以说还算成功，已经走出了发展瓶颈，并焕发了成长活力。不过，要完全打消投资者的"它到底有没有自己的核心技术？"这个疑虑，还需要联想拿出更多的成果。

2019年5月底联想公布了2019财年的全年业绩，收入510亿美元，实现股东净利润5.97亿美元。联想还算靓丽的业绩指标并没有引起股价产生多大的反应，财报发布当天，该公司股价微跌1.89%。

再来看看2019年3月底华为公布的2018年财报。财报显示，华为2018年总收入7212亿元（约合1070亿美元），同比增长19.5%，净利润593亿元，同比增长25.1%；研发费用1015亿元，占收入的14.1%，近10年研发费用4800亿元。

对比才知道差距。在华为近20万员工中，研发人员占到45%。而根据2006—2015财年财报显示，联想历年的研发支出中，仅2015财年的研发收入占比达到2.6%，其余年份均低于1.9%。过去10年，联想累计投入研发成本44.05亿美元，尚不及华为一年的研发支出，联想技术研发积弱不振，由此可见一斑。

华为没有上市，假如华为也在香港上市，参照腾讯33倍PE来估算，华为的市值应该在20000亿左右，相当于联想市值的30倍。

不仅在营收上创造了历史，华为还当选了福布斯年度全球最具价值品牌100强，这也是中国第一个进入这个榜单的公司。如今全球手机市场爆冷，就连三星和苹果都躲不过增长停滞的尴尬期，库克表示压力大。但华为的销量却一直稳步上升，之前华为新款旗舰市场反响热烈，华为Mate 30 Pro现在一机难求。消费者想购买无非只有两种途径，第一种定好闹钟上官网抢购，第二种只能找黄牛加价，无论哪种方式都体现出华为手机现在的受欢迎程度。

华为历来重视研发投入，且每年会将至少10%的销售收入投入其中。据初步统计，2006—2018年这13年间，华为研发支出合计超过5200亿元人民币。在当前国际环境下，为保障5G、云、人工智能和智能终端以及面向未来的研究与创新、品牌与渠道建设等的持续加大投入，华为在研发上砸钱可谓不惜血本。

华为不仅在高端手机市场上和苹果、三星竞争，在5G专利技术上也和高通、诺基亚等科技公司对抗。全球三大手机芯片华为也在其中，以麒麟980冲进了这个行列，华为已经成为中国科技的一张亮眼名片。

当然，联想大可不必感到气馁，有人拿你跟华为比，说明你们曾经是中国最有技术含量的班里的“同学”，你看就没有人拿万科跟华为做比较嘛。说明大家对联想辉煌的过往还有记忆，说明在贸易战转化为技术战的当下，大家对你还有期待，还有要求：像华为那样，做中国科技创新的脊梁。

假如华为上市了，还能成为一家伟大的科技公司吗？

假如公司上市是为了钱，华为一直都不怎么缺钱，自然也就没有上市的必要。华为一旦上市，就难免会受到股东的影响，为了赚钱而改变公司长期战略目标，这样对华为的长远发展来说是不利的。不得不佩服任正非的定力，不为利益所动摇，坚持自己的理想和信念，这样的企业家真是凤毛麟角。

科创板这个“喧嚷”了半年多时间，被全社会关注尤其被科技创新企业和创业投资行业寄予厚望的新生事物终于落下神秘面纱，展露芳颜。科创板的开板，预示着中国资本市场进入一个新时代。目前已有多家科创板上市公司成功过会，距离正式挂牌交易仅一步之遥。

二级市场的投资者带着跃跃欲试的心情在内心模拟全新交易规则运行下的科创板会带来怎样的投资机会与交易风险。

一级市场的VC（风险投资）和PE（私募股权投资）们，则在盘算上市交易后投资回报会低于预期还是高于预期。

而科技创新企业则在规划通过资本市场募集到需要的资金之后，如何通过进一步加大技术研发与产品创新来提升自己在行业中的地位与竞争力。

设立科创板并试点注册制，建立一个在制度与文化上对标纳斯达克、专注于服务高新技术直接融资的专业市场，是中国资本市场基础性制度的一次突破。通过让市场在资源配置中发挥决定性作用，实现资本市场和企业之间的相互成就，将会有力地推动国家科学技术进步和技术创新企业的成长，补齐存量市场的短板，通过增量创新倒逼存量改革，这无疑具有里程碑式的意义。

在为中国的科技创新行业感到高兴的同时，我们也应该冷静地看到，资本市场的改革不会是一劳永逸的，“上市”更不是“包医百病”的灵丹妙药。“上市”可以让优秀的企业如虎添翼，也可以让平庸的企业迷失方向，还可以让滥竽充数的“科技南郭先生”原形毕露。

放眼全球，那些持续推动科学技术进步、提升人类福祉的伟大公司几乎都是上市公司，都是借助资本市场的力量从无到有、从小到大一步一步地成长起来的。

然而，把目光收回国内，我们又会惊奇地发现，当今中国最令美国忌恨、令国人骄傲的科技公司——华为技术，却是一家拒绝上市的公司。为了确保自己的远大理想不受资本的短期利益诉求所干扰，它坚决拒绝资本力量的过度介入，完全依靠自身的积累发展占据全球领先的地位。这个“异数”的成功之路不禁让人陷入“遐想”——假如华为像联想那样早早就上市了，它还会成为今天的华为吗？华为的成功秘诀仅仅在于“不上市”还是其他？华为之路可以模仿甚至复制吗？

任正非为什么不待见资本？

“永不上市三大家，顺丰华为老干妈”，是多年前大家津津乐道的话题，现如今顺丰已经成功上市。很多企业家穷尽毕生之力就是希望自己的企业成功上市。那么，为什么华为一直不上市呢？难道是华为不具备上市条件？

关于华为不上市这个问题，任正非曾经这样说：因为我们把利益看得不重，我们是为了理想和目标而奋斗。守住上甘岭是很难的，还有好多牺牲。如果上市，股东们看着股市那儿可赚几十亿元、几百亿元，逼我们横向发展，我们就攻不进无人区了。

任正非的这段话信息含量丰富，假如公司上市是为了钱，华为一直都不怎么缺钱，自然也就没有上市的必要。华为一旦上市，就难免会受到股东的影响，为了赚钱而改变公司长期战略目标，这样对华为的长远发展来说是不利的。不得不佩服任正非的定力，不为利益所动摇，坚持自己的理想和信念，这样的企业家真是凤毛麟角。

任正非说，科技企业是靠技术和人才推动，公司上市后，就会有一批人立马变成百万富翁、千万富翁，这样这些人的工作热情就会衰减，这对任何一家企业来说都不是好事，对员工也不是好事，如果华为过早上市，华为就会变得增长停滞，甚至队伍涣散！

在任正非看来，有些公司一心谋求上市，既不增加企业竞争力，也不发展科技技术，却能赚到大笔财富，这让真正埋头苦干的企业家感到委屈。

任正非近日接受日媒专访时表示：

华为成功最主要的原因就是把客户作为第一要素。有人把客户理解为有钱的才是客户，我不认同。非洲没钱，我们派到非洲去的员工工资是在中国的三倍多，我们在非洲赚不到多少钱，但是钱比在中国发得多，但我们还是要去非洲。我们不是上市公司，不追求资本报表的漂亮，而是追求为人类服务，为理想奋斗。珠穆朗玛峰无论南坡还是北坡，基站基本都是我们安装的，珠穆朗玛峰上没几个人，能赚什么钱？但可能有网络就能挽救登山者的生命。我曾在尼泊尔的珠峰上吃了一顿午餐，但当时不知道，为了这顿午餐，一个尼泊尔姑娘背着食品爬了8小时山上来的，当地人告诉我，我下山三天都走不到。当我们在为人民服务时，人民也在感谢我们！

任正非说过，如果华为是一家上市公司，是一家被资本左右的公司，他们就没办法去穷国搞网络，就不能去落后地区建基站。因为那不符合资本市场的逻辑。正因为华为不是一家上市公司，它才可以守住自己的底线和主航道，不畏那些商业舆论的天风海雨，做自己想做的事情。资本市场的盛衰新灭，伤不到它一分一毫。

任正非对资本的禀性始终保持高度警惕，他认为资本是比较贪婪的，如果它有利益就赶快拿走，就失去对理想的追求，很难想象这是一位私营企业家说出的话。

相比之下，我们的科技公司都太“聪明”了，他们太清楚快钱在哪里，公司创始人网红化，娱乐化，他们更乐意获取盲目的粉丝，而不是真正的用户。

他们做着做着就把一条腿伸到金融领域，所以个人品牌和科技变成了获取流量的工具，然后通过金融（主要是支付）变现或者吸引更多风险投资者的溢价。当然，最后通过资本市场套现，由股民买单。

冯仑谈到他心目中的任正非说，任讲的事跟别人聊天不一样。很多时候碰到企业家也好，商人也好，做买卖的也好，聊的事都小，比如说说自己怎么赚了钱，怎么牛。任正非讲得很宽，喜欢谈一些辽远、空旷的事，或者说纵向垂直很深的事。

冯仑说，老任除了我认识到的“大”，其实还“轴”。这个“轴”就是坚持，在一个理儿上较劲。一旦较上劲了，就倾所有之力把这件事搞定、做透。

今天我翻过来，理解我们跟任正非的差距，就是我们在一些理儿上，不够较劲，不够往深里凿，不够当真，不够坚持，不够用心。所以他能够30多年如一日，坚持一个企业他自己内心的理，那个劲，然后埋头、低调，这么较劲的事，不大容易做出来，任正非真是挺牛的一个人。

任正非定了一套华为原则，“占便宜”的事不做：

一是占别人便宜才做事，一定是机会主义。一个机会导向的商人，不可能有自己的事业。

二是天天“占便宜”，怎么发展战略？所以“占便宜”的事儿华为不做，只按自己的战略去做。

三是一件事首先上来就给好处，让华为去做平时不干的事，去做不重要的事，肯定不行。

这就是华为，“占便宜”的事不做，只做跟战略、跟业务相关的事。

受到任正非的启发，冯仑终于开悟：真正好的一个企业家，一定是有原则的，有一个他自己的“理”，而这个理，这个原则，就是他发心的开始，也是立志的根据，更是他站稳脚跟的理由，同时也是他一生追求的理想，最后也是他做事的方法以及判断是非的边界。这个东西我们把它叫作价值观，是一个企业立身的根本，也是它的护身符。

除了价值观之外，任正非的危机意识、忧患意识也超乎寻常的强烈。从“华为的冬天”开始，华为都把“危机四伏”看作是常态，丝毫不敢松懈。即便是华为已经成为世界级的科技公司，任正非仍然认为华为现在的水平尚停留在工程数学、物理算法等工程科学的创新层面，尚未真正进入基础理论研究。随着逐步逼近香农定理、摩尔定律的极限，面对大流量、低延时的理论还未创造出来，华为已感到前途茫茫，找不到方向。

任正非不无忧患地说，华为已前进在迷航中。重大创新是无人区的生存法则，没有理论突破，没有技术突破，没有大量的技术累积，是不可能产生爆发性创新的。华为正在本行业逐步攻入无人区，处在无人领航，无既定规则，无人跟随的困境。华为跟着人跑的“机会主义”高速度，会逐步慢下来，创立引导理论的责任已经到来。

任正非说，公司要具有理想，就要具有在局部范围内抛弃利益计算的精神。重大创新是很难规划出来的。固守成规是最容易的选择，但也会失去大的机会。

要吃得起亏，耐得住寂寞，抵得住世俗的眼光与压力。

任正非认为大机会时代，一定要有战略耐性。人类社会的发展，都是走在基础科学进步的大道上的。而且基础科学的发展，是要耐得住寂寞的，板凳不仅仅要坐十年冷，有些人，一生寂寞。

大爷我一直认为，那些自比乔布斯的人，那些名噪一时的“贾布斯”“雷布斯”们，都离乔布斯太远，都只是自己给自己脸上贴金的自恋、自嗨与自吹自擂，而真正能与乔布斯相提并论的，除了任正非之外，暂时还看不到第二个人。因为乔布斯的价值观与“另类思维”，将太多聪明的企业家拒之千里，这样的价值观决定了他们的“另类”“古怪”“超凡脱俗”，并不为世人所理解，而正是这些与普通人迥然不同的个性，将他们跟普通人区别开来。

尼采有一个观点：不被人了解是一件好事，因为你可以保持自己的独特性。“你遭受了痛苦，你也不要向人诉说，以求同情，因为一个有独特性的人，连他的痛苦都是独特的，深刻的，不易被人了解，别人的同情只会解除你的痛苦的个人性，使之降低为平庸的烦恼，同时也就使你的人格遭到贬值。”

华为的核心竞争力跟“上市”无关?

“上市”能带给企业的，除了资金之外，还能带来公司治理方面的优化以及品牌的传播，好处是显而易见的。特别是国内，许多创业者梦寐以求的事情就是有朝一日可以把企业运作上市。

华为拥有的核心竞争力，其实跟上不上市没有必然联系。这么多年来，在不上市的情况下，华为也很好地解决了许多上市公司也不一定能解决好的内部控制问题。

可见，华为确实是一家从不走捷径的公司。不喜欢占便宜，喜欢自讨苦吃挑最难的路去走。在旁人看来，简直就是迂腐得近乎犯傻，任正非的理念完全是逆人性的，不可思议。

有一次在《新闻联播》中任正非表示：“一个人一辈子能做成一件事已经很不简单。”不搞金融、不炒房地产的华为能够以实业发展至今天地步，很大程度上得益于其一条路走到底的坚持，28年来“对准一个城墙口持续冲锋”。

这其实就是很好地阐释了乔布斯“保持饥饿，保持愚蠢”的精髓，大智若愚，是一种永不放弃的伟大的坚持。

翻开华为的历史，你会发现，华为现在所坚持的东西跟20年前甚至30年前所坚持的东西没有太大的差别。换句话说，华为一直坚持在最初坚持的路线上不动摇，这就是任正非所说的“对准一个城墙口持续冲锋”。

作为全球领先的信息与通信技术（ICT）解决方案供应商，华为技术有限公司历史并不悠久，它是在1987年正式注册成立。

1998年，一部起草3年的《华为基本法》正式实施，这是中国第一部总结企业战略、价值观和经营管理原则的“企业宪法”和制度体系。

2008年，被商业周刊评为全球十大最有影响力的公司。

2010年《财富》世界500强企业最新排名，华为首次入围。继联想集团之后，华为成为闯入世界500强的第二家中国民营科技企业，也是500强中唯一一家未上市的公司。

这家唯一不上市的世界500强，没有变成一家治理失衡的家族企业，而是一直在以远高于上市公司的标准持续优化自己的制度与文化。

从1996年开始，华为先后聘请IBM等美国、英国的10多家咨询公司对华为进行研发、供应链、人力资源、财务以及市场体系的管理变革。17年来用于管理变革的成本总计达到50多亿美元。其结果是，构造了华为与西方公司接近乃至于完全相同的一整套制度和流程，这是华为能够在全球市场立足并获得成功的根本要素。

自2000年起，华为聘用毕马威作为独立审计师。审计师负责审计年度财务报表，根据会计准则和审计程序，评估财务报表是否真实和公允，对财务报表发表审计意见。

华为基于组织架构和运作模式设计并实施了内部控制体系，发布的内控管理制度及内控框架适用于公司所有流程（包括业务和财务）、子公司，以及业务单元。该内控体系基于COSO模型而设计，包括控制环境、风险评估、控制活动、信息与沟通、监督五大部分，同时涵盖了对财务报告的内控，以确保财务报告的真实、完整、准确。

由于任正非太清楚美国的霸道做派，早就知道它在全世界可以利用自己的法律打击和制裁任何企业，所以华为一直遵守国际法律法规，还严格遵守所在国家的法律。华为有一个道德遵从委员会，其主要职能就是引导和规范华为员工从语言、习俗、宗教、乃至于生活习惯等方面主动适应和融入所在国家或地区。

华为是100%由员工持有的民营企业。股东会是公司权力机构，由工会和任正非两名股东组成。工会履行股东职责、行使股东权利的机构是持股员工代表会。持股员工代表会由全体持股员工代表组成，代表全体持股员工行使有关权利。

正如比尔·盖茨之于微软，乔布斯之于苹果，贝索斯之于亚马逊，任正非之于华为，灵魂人物决定了公司的价值观。这些人物的共同点是，主要是为了追求理想，顺带把钱也挣了。他们都不太看重即期回报，而看重延迟回报。

20多年来，华为坚持以文化为纽带，提倡精神激励，以制度为核心，让规则守望公司的发展。这些东西让不上市的华为解决了许多上市公司也没有解决好的问题，它的制度设计超越了许多上市公司，所以不缺钱的华为，也就无须为了解决公司治理的普遍难题而随大流去上市。

华为可以被复制吗?

是靠自身积累慢慢做大，还是借助资本市场的力量迅速发展？这个看似一目了然的设问，因为有了华为的存在，而变得并不容易亮出它的答案。

在人类社会的进步中，资本的力量是毋庸置疑的，就连马克思也不得不说：“假如必须等待积累去使单个资本增长到能够修铁路的程度，那恐怕直到今天这个世界上还没有铁路，但是通过股份公司，转瞬之间就把这件事办成了。”

自从有了股票市场，通过发行股票吸收社会资本，成为那些要办成大事者的“规定”动作。

尤其是那些只拥有“好主意”而没有资金把好主意变成好生意的人，以及那些掌握了先进科学技术又想把它们产品化造福人类、推动社会进步的人，通过获得风险投资为代表资金来实现梦想是无可厚非的。

特别是处于科技飞速发展的20世纪，技术搭载了资本市场的力量，就更容易上天。假如没有资本市场，许多我们耳熟能详的科技创新类公司比如微软、苹果、亚马逊、腾讯和阿里巴巴或许都不一定会像是今天的样子，除了华为。因为华为可能是目前叱咤全球科技创新领域极少数几家没有上市也没打算上市的“另类”企业之一。

除了在上市还是不上市这一点上态度迥异之外，因为任正非与乔布斯实在太像了，他们正是“另类思维”的典型代表。上市的苹果与不上市的华为，都成了伟大的公司，殊途同归，条条大路通罗马。这说明并不存在一个放之四海而皆准的“成功公式”。不能因为华为没有上市却远超绝大多数上市公司而否定资本市场对科技创新的推动作用。

中美贸易战让国人充分认识到以芯片为代表的核心技术在国家先进制造业中的战略意义，加速提升自己的科学技术水平，显得空前时不我待。

科创板的正式开板，让我们看到了资本市场助力科技创新的愿景又朝前推进了一大步。然而，资本市场也不是万能的，科创板也不可能满足所有创新企业的融资需求，期望凭借科创板的一己之力，来解决中国科学技术发展的所有问题，同样是不现实的。

资本市场对科技创新能起到推动作用，有一定规模且有资金需求的战略新兴产业中的领先企业，可以借力资本市场做大做强，这样的企业毕竟是极少数，占比太小了。

从国际经验来看，政府政策引导与风险资本对科技创新的长期的、持续的支持是推动科技创新的巨大力量。

只要人类存在，创业创新就会永存。哪里有创业，哪里就有资本。资本对创业创新的支持与追逐，也将如影随形。而资本需要收敛那种让任正非这样有远大理想的企业家害怕的短视与贪婪禀性，真正做到价值投资和长期投资，与企业共成长。

无论是LP（有限合伙人）还是GP（普通合伙人），都须认识到风险投资既考验耐心也需要运气。从初创企业发展到一定体量，都需要很长时间，不切实际的短期目标只会导致失败。

自风险投资诞生以来，舆论对这个行业的质疑，就从未停止过。投资有一个浅显的道理：没有争议的事物，都不够优秀。VC行业一路发展，势头并未减弱。尽管中美创业创新大势确也起起伏伏，但两国的创业创新之精神不曾萎靡过。风险投资与新经济，对人们的生活和生产的渗透和改善，也从未停止过。

风险投资的魔力，在于其推动创新、改进生活和生产的能力，也在于巨大的回报特性。VC推动的创新，能够得到社会各界和资本市场的双重确认，当是投资人应予追求和引以为豪的。

科学发展不是三五年就见成效的，需要一代人甚至几代人的努力。正如任正非所言，科学是脑，技术是手。科学发展了，才会有相应的技术出现；科学不能取得突破，技术就成为无源之水，无根之木。从科技的角度来看，未来二三十年人类社会将演变成一个智能社会，其深度和广度我们还想象不到。越是前途不确定，越需要创造，这也给千百万家企业公司提供了千载难逢的机会。华为公司如何去努力前进，面对困难重重，机会危险也重重，不进则退。

如果不能扛起重大的社会责任，坚持创新，迟早会被颠覆。

看来，未来华为还要把“短期看不见效果”的“傻事”继续干下去，这样的公司只能用“可怕”来形容。但是，没有这样的“傻子”，国家的科学技术如何赶超世界先进水平?

那么，华为可以复制吗？答案是否定的。

华为是一个时代的产物，是个人英雄主义与集体智慧的完美结合，是天时地利人和碰撞出来的国之瑰宝，简而言之，它是一个极小概率事件。

华为这种依靠自身积累一步一步做大做强的路径，与中国改革开放40年这个特定的氛围与环境密切相关，从这个角度来看，华为成长的社会环境再也回不去了。还有，华为的灵魂人物任正非也是独一无二无法复制的。现在有人发誓说我要复制华为，那我觉得几乎没有可能，除非你能让时光倒流。

但是，无论在什么样的时代背景下，无论从事什么行业，华为的国家情怀、使命感与担当、价值观、执着精神、内控制度和企业文化都是值得每一个企业家与创业者好好研究学习的。

科创板开市是创业板的利好

曾经被妖魔化的“借壳”，被绑住手脚的创业板，终于得到了一次“正名”的机会。尤其是允许借壳创业板，这个修改确实大大超出预期，随着各项对资产重组松绑政策的落地，未来壳资源有望再放光芒，“中小创”以及主板中一些被边缘化了的小盘股，迎来价值重估的机会。

就在全市场的目光都聚焦于即将开市的科创板之时，证监会就修改《上市公司重大资产重组管理办法》公开征求意见，又让大家的注意力回到了被“冷落”多时的创业板。

对于此次重组“松绑”征求意见，有市场人士称之为一条“核爆”级别的消息。对A股市场未来格局的影响，无疑是不容忽视的。之所以如此广受关注，是因为这次修改的主旨应该是为上市公司并购重组“松绑”，包括放松净利润100%比例认定，缩短先买壳后注入资产或相反过程的认定时间，允许借壳创业板，允许配套融资，简化信披要求等核心内容。

应该说，这是A股市场存量改革迈出的一大步。曾经被妖魔化的“借壳”，被绑住手脚的创业板，得到了一次“正名”的机会。尤其是允许借壳创业板，这个修改确实大大超出预期，随着各项对资产重组松绑政策的落地，未来壳资源有望再放光芒，“中小创”以及主板中一些被边缘化了的小盘股，迎来价值重估的机会，持续了数年的市场风格也有可能迎来轮换的契机。

这个消息落地之后，小票涨，大票跌，前期动力十足的银行保险白酒，罕见地偃旗息鼓，而一直趴在地板上的小市值股票被资金关注，而ST板块成片涨停。

市场果然露出风格转换端倪。

风格转换会是昙花一现的短期现象，还是一个会持续的趋势性现象？只有充分理解这次重组“松绑”的核心指向，才有机会作出前瞻性预判。

不要妖魔化“借壳”

几年前，炒重组炒借壳是A股市场的永恒主题，就像“喝酒吃药”一样深入人心，也催生出许多的市场乱象。比如，内幕交易，庄家操纵，壳公司价格暴涨，真假借壳与忽悠式重组大行其道，中小投资者沉迷于炒小炒新炒垃圾股，风险意识不强，屡屡被市场操纵者割韭菜，最终为过度投机付出惨重代价。

针对借壳等重大资产重组中出现的问题，2016年9月8日，监管部门出台了修改后的《上市公司重大资产重组管理办法》，其中第十三条修改为：上市公司自控制权发生变更之日起60个月内，向收购人及其关联人购买资产，导致上市公司发生以下根本变化情形之一的，构成重大资产重组，应当按照本办法的规定报经中国证监会核准：

（一）购买的资产总额占上市公司控制权发生变更的前一个会计年度经审计的合并财务会计报告期末资产总额的比例达到 100%以上；

（二）购买的资产在最近一个会计年度所产生的营业收入占上市公司控制权发生变更的前一个会计年度经审计的合并财务会计报告营业收入的比例达到100%以上；

（三）购买的资产在最近一个会计年度所产生的净利润占上市公司控制权发生变更的前一个会计年度经审计的合并财务会计报告净利润的比例达到100%以上；

（四）购买的资产净额占上市公司控制权发生变更的前一个会计年度经审计的合并财务会计报告期末净资产额的比例达到100%以上；

（五）为购买资产发行的股份占上市公司首次向收购人及其关联人购买资

产的董事会决议前一个交易日的股份的比例达到100%以上；

（六）上市公司向收购人及其关联人购买资产虽未达到本款第（一）至第（五）项标准，但可能导致上市公司主营业务发生根本变化；

（七）中国证监会认定的可能导致上市公司发生根本变化的其他情形。

这个修改办法对抑制炒壳投机起到了很好的作用，由于借壳难度加大，壳股价格暴跌，投资者开始回归理性。由于各种限制，持续了7年的中小创行情，就是在这次修改后3个月就熄火了，然后市场风格整体向大盘蓝筹转移，一直至今。

A股投资者爱走极端也是天下无双的，从一窝蜂炒重组到一窝蜂买白酒金融，“爱恨就在一瞬间”，谁都拦不住。

随着2016年年底市场风格的转换，低估值大蓝筹股成为吸引资金的主要板块，而中小创板块以及并购重组主题被逐步边缘化，导致一边是以白酒金融为核心的大盘股不断创新高，一边是中小创板块持续多年的绵延下跌，最终导致了部分民营上市公司大股东由于股价大幅下跌加上融资无门股权质押出现了问题。

冷静思考一下，其实真没必要过度妖魔化借壳重组等市场行为，不必将它与洪水猛兽画上等号。借壳有时候会产生过度投机问题，但是借壳本身也是一个市场工具，既是上市公司的生存与发展需要，也是上市公司的权利。再说，没有借壳的股票也不一定不出现过度炒作，借壳重组的公司，只要严格遵守法律法规，也不一定就会发生过度炒作与内幕交易等违法乱纪的问题。

股票市场需要新陈代谢，不能只“生”不“死”，所以市场对加大退市力度一直呼声很高。然而新陈代谢不止有“退市”一种方式，让优质资产通过借壳注入上市公司，可以提升上市公司质量甚至发生脱胎换骨的变化，这也是新陈代谢的另一方式。

这就是好比“器官移植”，一个器官衰竭的病人，在有机会获得一个可供移植的合适的器官时，为何要让他绝望而死呢？

随着科创板的开板与试点注册制的落地，中国资本市场的市场化改革进入了新的历史阶段。高层领导一再强调，要让市场机制发挥决定性的作用，从易会满主席的“敬畏市场”，到刘鹤副总理的“把选择权交给投资者”，让我们看到监管部门在“加强监管”的同时在“放松管制”，减少对交易行为的不必要干预，在“推进创新”的同时自觉地“改进服务”。如果说资本市场的增量改革着眼于国际接轨，那么存量改革也需要与时俱进。

当然，放松管制并非不要监管放任自流。证监会重申对并购重组“三高”问题持续从严监管，坚决打击恶意炒壳、内幕交易、操纵市场等违法违规行为，坚决遏制“忽悠式”重组、盲目跨界重组等市场乱象。

虽然这几年的二八行情太极端了，但是谁也不希望又回到三年前那种炒壳炒到鸡飞狗跳的病态市场。每一次的疯狂过后，注定一地鸡毛。

不要夸大退市的“药效”

这么多年来，A股市场上市多退市少，一直被人诟病，也被看作是A股市场的一大痼疾。

作为一个散户化的市场，A股市场的中国特色是非常鲜明的，要改革的地方还有很多。对一些信披违法违规的上市公司强制退市确实是净化市场环境的重要手段。

但是，在投资者的损失追偿制度并不完善的情况下，让“强制退市”单兵突进，有时候对中小投资者造成的伤害会更大。

退市制度应该是一个系统工程，应该优先考虑对投资者损失的赔偿问题。

垃圾也不是完全没有价值，你看空矿泉水瓶和易拉罐都可以回收。假如有人愿意掏钱或者掏出优质资产装入壳公司，换一个实际控制人，公司就等于焕然一新，那些深套其中的成千上万的投资者也有机会挽回部分损失，总比让他们血本无归了要好。退一步说，最后真的没人愿意回收，让它们去了垃圾填埋场，那也是市场选择的结果。

一直怀疑有些人成天鼓噪着加大强制退市力度的动机，在投资者损失得不到赔偿的制度环境下，退市惩罚了谁还不一定呢，是无辜的投资者还是掏空上市公司的实际控制人，抑或，为虎作伥的中介机构？已经被强制退市的那些上市公司，投资者很多都没有得到赔偿，搞不好反而是让应该承担责任的那些坏人干净利落地退出了公众的视野，他们一退万事休，得到解脱，再也不用挂在“ST”的耻辱板上遭人唾弃，如坐针毡了。

这次重组管理办法的修改，我认为是给了许多濒临退市边缘的公司一个“起死回生”的机会，也给了数以百万计的中小投资者挽回损失的希望，这是一次向善的制度优化，比简单一刀切地断绝所有活路、然后让它们被强制退市更有利于保护投资者的利益。

敬畏市场，让市场机制发挥作用

减少对市场的干预，把规则订好，不断完善，对上市公司来说，让制度而不是让裁判来主观认定谁是优等生，谁是“黑五类”。对投资者而言，不要由裁判来认定买什么品种是价值投资，买什么品种是投机。

当然，通过借壳重组从而避免被退市，并不是说要去保护那些违法乱纪的上市公司实际控制人与高管，对坏人的仁慈就是对好人的不公。冤有头债有主，最大限度地保护投资者的利益与严惩证券违法犯罪并不矛盾。

所有企业家，都要谨记2019年刘鹤副总理的那句话：使全社会都懂得，做生意是要有本钱的，借钱是要还的，投资是要承担风险的，做坏事是要付出代价的。

创业板欲与科创板比翼齐飞

科创板的开板对创业板是利好。科创板上市公司中有不少公司的估值与发行询价会对标创业板中的同行业公司，有望形成一个以上市公司所在行业的科技创新为主题的成长投资热潮。纵观美国股市，持续了十多年的牛市，投资者对苹果、亚马逊、微软等科技创新公司的成长投资才是推动牛市的主要力量，而不是传统行业。

投资者寄希望于科创板能扛起A股市场的成长投资大旗，但是，创业板聚集了数以千计且涵盖了九大战略新兴产业的科技创新公司，它不可能缺席A股成长投资的大舞台。所以，投资者在聚焦科创板的同时，也需要高度重视创业板未来的投资机会。

重组管理办法的修改，有不少针对创业板的内容。比如，促进创业板公司不断转型升级，拟支持符合国家战略的高新技术产业和战略性新兴产业相关资产在创业板重组上市。比如，拟恢复重组上市配套融资，多渠道支持上市公司置入资产改善现金流、发挥协同效应，引导社会资金向具有自主创新能力的高科技企业集聚。

这些都是直接利好创业板的。

上交所的科创板搞得如火如荼之际，扶持一下创业板，也是一种态度，不要让搞了十多年的创业板出现边缘化的趋势。这次给重组松绑其实就是给创业板松绑，把创业板激活，可以发挥存量市场的作用，让科创板与创业板比翼齐飞，竞争中良性发展，共同为推动国家的科技创新提供服务。

主题与成长投资的春天快来了

最近几年，市场将成长投资与主题投资混为一谈，而买大蓝筹“躺赚”模式被视作“价值投资”的不二法门，始终占据道德高地。其实，真正的价值投资应该是基于价值观的投资。比如说在商业社会里，“消费”是我们所能行使的投票权。我们选择或者不选择哪家公司的产品和服务，其实都是一次投票。不管哪家公司，如果你觉得它们存在道德问题，都要尽可能避免使用它们的产品和服务。

投资也是一样，我们每次买入一家上市公司的股票，其实也是一次投票，代表你对这家公司的认同，我们买科技创新类的上市公司，更是为公司也为国家的未来投票。买那些对社会进步和人类福祉并无益处的公司，也是在支持它们继续为害社会。不能一边骂它们一边又为了赚钱而继续买它们的股票。

由此可见，对于那些肆无忌惮作恶的人与公司，我们并非完全无能为力，至少可以选择不成为他们的帮凶。令人遗憾的是，这些年来，由于对价值投资理念的扭曲，导致对成长投资的概念也被歪曲。

突出的问题是，我们对科技创新公司的估值缺乏包容性，所用的标准与白酒是同一套，即PE与PB，ROE（净资产收益率），还有现金分红比例之类，这么一比，处于投入期的科技创新公司当然没有优势。

就好比，我们对人才的评价标准是酒量，让北清博士与蓝翔技校毕业生比喝酒，发现博士酒量大多不行，最后得出一个结论来，博士没鸟用，比不上技校毕业生。

我还想到一个场景，就是让体量小的猴子跟体量大的猪比举重，那怎么比得过？人家纳斯达克是让猴子跟猪比爬树的，所以那边猴子受追捧，猪不受待见，结果就是猴子越爬越高。

这么多年，在所谓的价值投资理念引领下，A股市场的逆选择越发明显，简单机械地用同一个标准来选择与投资，结果就是长期依赖喝酒吃药。

在这样的投资文化里，科技创新公司不得不迎合这种单一的、即时实现的“赚钱一分钱”期望，并努力与二级市场的“价值”投资标准保持契合。否则，要么就根本上市无门，要么上市了变成“黑五类”，不受投资者待见，要么就被迫讲故事，甚至铤而走险造假，就变成赚快钱的伪科技公司。只有买白酒、医药和金融等传统行业才是价值投资，这种价值投资理念经由从上而下的推广，后来竟然也成了机构投资者的共识。

资金聚集上的马太效应，导致极少数股票被资金追逐，短期涨幅达到不可思议的程度，即便被明显高估，依然会有更多的资金冲进去抱团取暖。其实这些所谓的“价值投资者”并非真正的价值投资者，他们不过是以价值的幌子在做投机而已。

但真正的价值投资者不会躲在羊群之中。

我们所见到的只是一群“伪价值投资者”，正如《安全边际》一书的作者塞思·卡拉曼所指出的那样：从本质上来说，价值投资者就是“唱反调”的人。不被大家喜欢的股票才有可能被低估，流行的股票则几乎从来不会出现这种情况。“羊群”买的就是被喜爱的股票。由于大家对它们的预计都很乐观，这些股票的价格已经被抬得很高了，不大可能有还没被发现的价值了。如果大家都买的股票是没有价值的，那哪里有？在他们卖掉的、没有发现的，或者忽视的股票里。当人们都在卖一个股票时，它的股价就会暴跌到不合理的程度。而那些被忽视的、没有名气的，或者新上市的股票也有可能因为同样的原因而被低估。投资者会觉得很难成为一个“唱反调”的人，因为他们从来不知道自已到底是不是对的，以及何时才会被证明是对的。由于和大家背道而驰，他们在开始阶段几乎都会被看作是做错的那方，还会承受损失。相反，“羊群”里的成员在相当一段时间里则表现得似乎是正确的那方。相比起其他人，唱反调的人不仅在最初，甚至在随后的一段时间里都会看起来做错了，因为潮流可以无视公司的真实价值而持续很久。然而，和大家持相反意见也不总是奏效的。当一个众所周知的观点不会对眼前的事造成影响时，就算逆流而上也不会获得什么意外收获。就好比大家总是觉得明天会有太阳，但其实这个观点本身并不会影响之后的结果。

这次重组“松绑”政策出台，有可能会对未来几年A股的整体风格产生较大影响。预期主题投资与成长投资会有较多的表现机会，当然，最终的影响有多大，还要看政策的落地速度与执行力度。期望风格转换一夜完成也不现实。需要警惕的是，当整个市场都认同并且沉浸在某一种风格中难以自拔的时候，其实市场已经走到了转折的临界点，只是在羊群效应的麻痹之下，我们觉察不到冰山碎裂的声音而已。

假如你恰巧有一个九岁女儿

说得动听，做得下流，这样的慈善家和公众人物不是个别现象。过往爆发了许多上市公司造假丑闻，投资者被欺骗，被震惊，会爆发一阵排山倒海式的愤怒声讨。情绪宣泄出来了，然后就不了了之，被淡化，被遗忘，没有留下任何有价值的东西。

资本市场的事儿好不容易上了一回热搜，好不容易超越了“王宝强携儿子上坟”“宋仲基爸爸失联”“范冰冰李晨聚餐”等娱乐圈鸡毛蒜皮的事冲到了热搜榜前列。然而，这回却是一个让人无比愤怒、痛心疾首的热搜：一个上市公司董事长，有头有脸，甚至捐钱建小学，以慈善家自居，却涉嫌猥亵九岁女童被刑拘！

王振华的行为令人震惊的程度远远超过上市公司造假与业绩爆雷等黑天鹅事件，央视痛斥其行为伤天害理，必须依法严惩。从资本市场跳到犯罪现场，绝对不会只是一念之差，而是积攒了一辈子的恶不小心偶尔漏出了一滴，董事长的兽性可不是一天养成的。

如果你恰巧也有一个九岁的小女儿，看到这个新闻，你会有怎样的代入感？如果你持有新城控股的股票，除了愤怒，你还可以做什么？

董事长出事对上市公司影响大吗？

王振华猥亵儿童案被坐实之后，面对新城系股价闪崩，数万股民欲哭无泪。

有人感叹说：心疼我大A股股民，炒个股票炒得成天提心吊胆的，担心国际形势，担心特朗普发推特，担心上市公司财务造假，担心猪被饿死，担心扇贝跑了，担心董事长行贿，担心董事长通过不正当手段送女儿上名校，现在还要担心董事长会不会是个变态。

尽管闪电换帅后新城控股声称王振华猥亵儿童是个人行为（我有点困惑，猥亵儿童不是个人行为，难道还会是上市公司集体行为吗？），与新城控股公司无关，公司有完善的治理结构，前王董被拘不会影响到公司的正常经营，小王董一样能干，请大家放心。

有挺新城派指出，3000亿资产的大公司，不会因为一个人被抓了就面临危机，换个人就可以“马照跑，舞照跳”，天塌不下来。想想也有点道理，看看不久前茅台前董事长袁仁国被抓，茅台股价不仅没有下跌，而且还以突破1000元的新高来证明自己与袁董贪腐事件早就划清了界限。

但是，茅台毕竟是国企，董事长被抓了，换一个照样干，就像许多央企，董事长被抓了，股民连半点感觉都没有，因为那些董事长不过是一个稻草人而已，只能吓唬吓唬几只麻雀。

民营企业特别是家族企业就不一样了，这种企业的董事长往往都是一手把企业带大的，他的基因已经植入企业的骨髓，所以，他的信仰就是企业的信仰，他的文化就是企业的文化，他的价值观就是企业的价值观，甚至于他的个人品牌就是企业的品牌。根本没有办法把他跟企业做一个很好的切割。所以，越是家族式管理色彩鲜明的公司，除非是经过深思熟虑的交接班筹划，经过漫长时间的平滑过渡，董事长突然出事，其他人在毫无思想准备的情况下仓促接手，鲜有不出乱子的。

有个可以类比的案例，就是海鑫钢铁董事长李海仓突然被杀时，他儿子仓促上任董事长，后来海鑫这艘钢铁大船很快就迷失了方向，没有逃脱沉没的厄运。

当年，山西海鑫钢铁集团董事长李海仓可不是一般的民营企业家了，他的江湖地位也不是新城系王振华可以比拟的，人家可是民营钢铁大王，全国工商联副主席，山西省工商联副会长，运城市人大常委会副主任，运城市工商联会长。利用山西丰富的煤炭资源，李海仓的海鑫钢铁集团成长为国内最大的钢铁企业之一。海鑫钢铁集团作为山西省最大的民营企业，甚至坐过国内最大民营钢铁企业的宝座，资产超过130亿元，2002年销售收入达3.60亿美元。可惜的是，悲剧突然降临，2003年1月22日，李海仓被刺杀于他的办公室。

在父亲李海仓被害时，儿子李兆会22岁，远在澳大利亚留学。面对家庭的巨大变故，李兆会只好中断学业，子承父业。2003年2月18日，父亲去世后的第28天，李兆会正式接班。面对媒体，他反问：如果你处在我的位置上，你会怎么办?

这一问问出了自己的手足无措和无力回天。到了2014年，海鑫就落到欠下十几家银行债务总计30亿元，工人工资要靠当地政府发放的地步。经其子李兆会接管经营后，海鑫集团在其成立的第27个年头宣告破产。

还有，国美电器董事长黄光裕被抓后，国美股价跌得只剩一个零头了，而一度远超苏宁的国美，如今与苏宁相差多少条街?

家族企业的传承与接班不是那么简单的事情，需要一个漫长的平滑的适应过程，即便是李嘉诚，两个儿子从小就开始培养，老早就开始接班安排，但是，几十年过去了，李超人90岁了，他也没有完全放手交班。

特别是一家地产公司，又是民营企业，它的成长壮大高度依赖控制个人的政府关系与银行关系，这种关系是一种个人色彩浓厚的所谓“人脉”，往往诡异、神秘、脆弱，摆不上台面，无法固化，难以传承，一旦这种关系因为“灵魂人物”遭遇不测尤其是违法犯罪被拘，就会突然撕裂，对企业的打击是可想而知的。

普通投资者该怎么办?

投资者用脚投票，踩在这几家由缺德者控股的上市公司的股价上，股价暴跌。

与2018年刘强东涉嫌在美国强奸女留学生被美警方拘留消息传出后京东股价暴跌的情形相比，有过之而无不及。

很多时候，投资者的信心正是建立在对控制人的道德与能力的信任这个基础上的。所以很难想象，一个连自己的“小弟弟”都管不住的男人能管得好几家上市公司。

新城控股董事长猥亵幼女事件可以说搞得天怒人怨。事情过去几天了，但是，对股价的冲击不仅没有减弱，甚至还有继续发酵的趋势。昨天是新城控股无量一字跌停的第二个交易日，34.58元跌停价被近3亿股卖单封得死死的，后边还会有多少个跌停板，众说纷纭。而港股新城发展再度暴跌了6.68%，三个交易日跌去了38%，可谓触目惊心。由于涨跌停板的限制，A股市场的3万多股民割肉无门。

基金公司纷纷开始下调新城控股估值。其中最狠的基金公司竟给出了下跌“5个跌停”的估值，足见对新城控股走势预期之悲观，这意味着在7月5日的基础上，新城控股距离该估值价还差3个跌停。

给出“5个跌停”的是汇丰晋信基金公司，该公司2019年7月5日公告称，将新城控股的估值下调至25.21元，该价格相当于在新城控股7月3日42.69元的收盘价上下调5个跌停，距离7月5日的收盘价34.58元相比，还差3个跌停。

股价的下跌，将是对新城系资金的考验。

从目前的情况来看，新城控股资产负债率达85%，该公司2019年一季度业绩亦有下滑。

流动负债更达到了2470亿元。另有数据显示，新城控股和新城发展控股两个平台下面合计拥有存续期债券26笔。截至2018年年末，公司账面有未偿还的借贷及可转换债券为835.72亿元。这些还只是表内融资，表外融资目前并不清楚是否存在。

据新城控股公告披露，为补充其流动资金，公司控股股东富域发展集团有限公司质押4850万股公司股票给上海国际信托有限公司，占公司总股本的2.15%，质押期限为1年。截至2019年6月5日，富域发展合计持有公司股票13.78亿股，占公司总股本的61.06%，其中被质押的股份累计为7.06亿股，占公司总股本的31.29%。公告显示，质押融资的还款来源包括其自有资金、股票红利、投资收益等，如后续出现平仓或被强制平仓的风险，富域发展将采取包括但不限于补充质押、提前还款等措施应对上述风险，不会导致公司实际控制权发生变更。

券商中国报道，有银行业人士认为这种事情牵扯会比较大，房地产后面都是银行等金融机构，而新城控股又是民企。因此，后续如果出现银行抽贷等现象并不奇怪。

普通投资者怎么办？还是那句老话，君子不立危墙之下。对于这类公司，中小股东在投资时还是要谨慎，不可因为股价跌幅较大就认为有机会抄底搏反弹，谨防踏入更深的泥沼。

愤怒之外我们还应该做什么？

王振华猥亵女童事件的恶劣影响并非局限于股市，它已然成了一个引发广泛思考的社会热点。

作为中国改革开放四十年里先富起来的风云人物，王振华的这次恶行想必不会是一时兴起，极有可能是累犯惯犯。人们的愤怒在于，为什么这些有钱人经常会凌驾于道德和法律之上为所欲为，竟然没有任何敬畏之心。

事实证明，用物质的成功来量度一个人的精神高度是一件很扯淡的事，我看见很多乞丐的人性并不在低处。而拥有3000亿的资产也没办法将王振华改造成一个正常人。所以，请不要骂他是禽兽，禽兽会生气的，因为这种人真的是禽兽不如。

说得动听，做得下流，这样的慈善家和公众人物不是个别现象。

过往爆发了许多上市公司造假丑闻，投资者被欺骗，被震惊，会爆发一阵排山倒海式的愤怒声讨。情绪宣泄出来了，然后就不了了之，被淡化，被遗忘，没有留下任何有价值的东西。所以，大爷我担心，这次的董事长猥亵女童事件也会如此，宣泄之后，同样没有任何有价值的东西沉淀下来，时过境迁，新城系上市公司股价跌到某个地方稳住，然后，大家还是该干嘛干嘛，或许还会看见新城控股跌到一定位置，又屁颠屁颠地去抄底，完全忘记了它的老板是谁，作过什么恶，管它呢，有钱赚就可以了。

对待恶行，我们除了表达自己的情绪之外，经常找不到有效地保护自己的工具，也没有要去铸造“工具”的意识与行动，正是“工具”的缺失，才会让同样的恶行反复上演。

安然事件催生了美国资本市场上一部打击证券欺诈、保护投资者权益的严刑峻法——《萨班斯法案》的出台。

同样，美国有个名为杰西卡的小女孩遭遇性侵后被杀害，这个惨案也催生了一部严惩针对儿童性犯罪、保护儿童不受侵犯的严刑峻法——《杰西卡法案》。这部法律规定，性侵儿童的犯人刑满释放后，必须到所在居住地登记，公开身份，终身佩戴电子脚镣，永久受到警方监视，成为人人唾弃的过街老鼠。这套耻辱的标签甚至比牢狱更加有效。

但是，美国的这套严法，并不是一帮法律专家关在空调房里凭空编写出来，而是在血淋淋的性侵儿童致死惨案发生后，由那位悲痛欲绝的父亲——杰西卡的父亲，不懈努力地推动才变成现实的。

2005年的一个清晨，杰西卡的父亲马克发现女儿失踪了，家人迅速报了警。20天后，警方在凶手房子旁挖出了惨遭凌辱并被活埋了的可怜的小杰西卡。在她生命的最后一刻，陪伴她的是怀中的海豚玩具。案件轰动了全美，引发了众怒。杀害杰西卡的凶手曾因盗窃、露阴、猥亵儿童等罪名入狱10年，但邻居竟无人知晓。

为了让此等不幸不再发生在任何人身上，马克决心改变现状。在他的推动下，2005年5月2日佛罗里达州长签署了《杰西卡法案》。该法案规定：性侵12岁以下儿童的罪犯，将被判罚最低25年，最高终身监禁；罪犯若获释将被终身监控。马克的战斗并没有结束。在之后的8年中，他游说了美国35个州，现身说法，促进全美通过《杰西卡法案》。直至2013年，全美已有45个州通过了《杰西卡法案》。

该法案是对20世纪90年代克林顿签署的关于建立全国性侵犯数据库的《梅根法案》的完善与补充。过程虽然艰辛，但国家本着保护儿童的本愿出发，事情一步步地好转起来。

相比较而言，目前我国的法律对于性侵儿童的犯罪行为处罚还是太轻，轻到类似王振华这样的变态富豪根本不把法律放在眼里。我国刑法规定，奸淫不满14周岁幼女的以强奸论，情节特别严重的（强奸多人、致残、致死等）判10年以上。而王振华如果最终被认定的罪行是“猥亵”，也就5年以下了。

你看他这次猥亵九岁女童事后，只付给同案犯周某一万块钱。犯下如此滔天罪恶，他愿意支付的成本仅仅一万块钱，还不够买一箱贵州茅台酒。可见在他的心里，这种兽行跟吃顿饭喝几瓶好酒没有多大差别，其冷血、傲慢的程度，令人发指。

犯罪心理学专家表示，针对儿童的性侵案的隐案比例是1：7，也就是说，每曝光一起性侵儿童案的背后，都隐藏着7起已发案件。所以，我们经常看到的只是那些罪恶的冰山一角。

许多孩子受到性侵之后，一辈子都会生活在阴影之中。假如这些伤天害理的畜生得不到应有的惩罚，那么还会有更多胆大包天的人渣会肆无忌惮。震慑犯罪，保护祖国的花朵们，我们需要中国的《杰西卡法案》。

但愿王振华猥亵女童案引发的愤怒不要随着它在热搜榜上的退潮而被遗忘，也不要仅仅只算计新城系上市公司又损失了多少亿市值。假如借助这件事情的影响力，推动我们社会的各个层面进行反思，去完善我们的相关法律体系，这样的愤怒才具有建设性和积极意义。

社会财富大量集中在一些道德沦丧的无良富豪手里，只会产生这样一种恶果：他们会用自己所拥有的财富作为胡作非为的资本，并且向社会传递“只要有钱就可以摆平一切”的负能量，财富即特权，这样的思维方式会贻害无穷。

一个股市的变坏可能就是从某一个上市公司造假而没有遭到应有的惩罚开始的；同样，一个社会的变坏也可以因为一个拥有财富与名望的董事长作恶却没有得到报应而变得更坏。如果惩罚的力度不痛不痒，如果不让作恶者付出的代价大到足以警示世人，那无异于就是纵容他们继续作恶。

旗帜鲜明地抵抗“平庸之恶”

相比阿伦特所应用的社会领域，资本市场的“平庸之恶”更具有隐蔽性，也更容易被忽视。这种“恶”表现出来的是不思考对错，不明辨是非，不承担责任，为一己之私而背弃道德与法律。这样的“恶”并非惊天动地，而是不动声色的，并非显而易见的，而是隐晦含蓄甚至深藏不露的。

2019年年中，A股市场出现了几个小高潮。其中，既有20多只科创板集中申购的“打新高潮”，也有多家上市公司接连被监管部门处罚的“问责高潮”。高潮多了，市场容易疲劳。投资者交易的热情明显有所下降，似乎更多地陷入了对未来的某种沉思之中。

大爷我也陷入了沉思。因为，从“问责高潮”中发现了一个现象，就是每家问题上市公司被处罚的人员，再也不仅仅只是董事长和直接负责的副总几个人了，而是一长串的名单，真个是把董监高“问”了个遍。虽说投资者抱怨罚款的金额太小了没有让违法者付出应有的代价，但是按照现有的法律法规，基本上都是顶格处罚。特别是被“连坐”的人数屡创新高，威慑力还是极大的。

这预示着上市公司的高级管理层每个人都需要为公司的合法合规经营承担责任。再也不能像以前那样，一切行动听老板指挥，不问合法不合法，老板让干啥就傻傻地干，反正公司出事了板子只打到老板身上，自己可以推得干干净净，毫发无损，大不了另谋高就换个地方继续干。

被市场惊叹为“史诗级造假”的康得新百亿利润造假案：

证监会拟决定对康得新责令改正，给予警告，并处以60万元罚款；对康得新实际控制人钟玉给予警告，并处以90万元罚款，其中作为直接负责的主管人员罚款30万元，作为实际控制人罚款60万元；对时任财务总监王瑜、时任资金部主管张丽雄给予警告，并分别处以30万元罚款；对时任总经理徐曙给予警告，并处以20万元罚款；对董事肖鹏给予警告，并处以10万元罚款；对相关负责人杜文静、闫桂新、包冠乾、吕晓金、王栋晗、那宝立、吴炎、钟凯、邵明圆、隋国军、苏中锋、单润泽、刘劲松、张艳红给予警告，并分别处以5万元罚款；对其他负责人员侯向京、纪福星、余瑶、杨光裕、张述华、张宛东、高天、周桂芬、陈东给予警告，并分别处以3万元罚款。

一家上市公司被处罚的相关责任人是这么长的一个名单，这是我们以前所没有见到过的。

康得新造假的金额实在太大，持续时间太长，手段太恶劣，董事长被收拾那是跑不了的。但是，这么庞大的一个造假系统工程，以老板一人之力，断然不可能成功，必有众多帮凶“齐心协力”才可以成事，处罚面不够大不足以平民愤，可能大家会觉得处罚人多是这个原因。

然而，看看市值也就20多个亿，涉嫌造假金额也不大的獐子岛，被处罚的人员名单也是一长串，这说明被问责人员的多少跟公司造假金额和市值规模似乎也没有对应的关系。

证监会认为獐子岛及相关当事人的相关行为构成信息披露违法，拟决定对獐子岛公司及24名相关当事人给予警告，并对獐子岛处以60万元罚款；对吴厚刚等24名相关当事人分别处以30万元、20万元、8万元、5万元和3万元不等的罚款。此外，证监会还拟对董事长吴厚刚采取终身市场禁入措施，对董事梁峻采取10年证券市场禁入措施，对首席财务官勾荣和董秘孙福君分别采取5年证券市场禁入措施。

一下子处罚24名相关当事人，虽然绝对数额不大，但是这主要是监管部门对其违法性质的态度，是一个清晰的信号。公司造假，不仅仅是董事长的事，所有相关当事人都难辞其咎。

没有一滴雨认为是自己造成了洪灾

那些被处罚的董监高们肯定会挺不服气的，因为以前都是只罚董事长和直接责任人的，现在是“相关人员”都要被罚。那些不是直接责任人的董监高们谁会认为公司造假的事跟自己有关呢?

甚至，连董事长都不服。

据新浪财经报道，獐子岛被监管部门处罚后，董事长吴厚刚表示，公司和被罚管理层都将进行申辩。目前，已经在准备申辩材料当中。

在2019年夏季达沃斯论坛上，吴厚刚曾表示：“赔钱对不起股民，我今天在这里要向广大股民检讨，说声对不起。”吴厚刚表示，“我们用代价换来了两点：一点就是对风险的认知和敬畏；第二点，就是识别了我们这片海。”吴厚刚表示，“只要能挺住，这个代价可以通过未来的努力换回来”。可见当时他还是没有认识到问题的严重性，还是以为不过是工作失误而已，所以才这么轻描淡写。

从这几个案例的处罚面来看，监管部门给出的态度无疑是明确的，说明董监高再也不是只有权利而无责任的稻草人，而是需要切切实实地在其位担其责，如果履责不到位或者严重失职，是需要依法承担对应的责任的。

最近还有几家上市公司董事长被抓了，原因各异，但都是涉嫌刑事犯罪。比如张朋起、黄作庆被指日常经营活动中长期存在违法行为，搞得两家上市公司落到如今被ST的窘境。投资者不禁要问，这些上市公司的董监高们难道对董事长的违法行径一无所知?有没有履行监督职责呢?

老板太强势，手下的人大多习惯了唯命是从，总是觉得自己不过是打份工，跟老板关系搞不好就没法混了。久而久之，老板对的就是对的，老板错了也只能视而不见，对老板的敬畏超越了对法律的敬畏，上市公司的治理就没有不失衡的道理。

其实，《公司法》第一百四十七条规定得很明确：

“董事、监事、高级管理人员应当遵守法律、行政法规和公司章程，对公司负有忠实义务和勤勉义务。”对公司负有忠实义务，也即对于有损公司利益和投资者利益的违法犯罪行为，不管这个行为的实施者是老板还是其他人，董监高相关人员都应该一视同仁予以阻止，不能坐视不管。尽到勤勉义务的要求就是要对公司重大事务知情，对存在的可疑之处要勤勉尽调，董监高应当发挥自己的专业特长，利用所掌握的丰富内部数据资源优势，努力在重大事务决议和执行过程中发挥内部监管作用，而不是睁只眼闭只眼，当老好先生，甚至成为那些无良老板作恶的帮凶。

完善的公司治理结构，就是通过设立董监高等不同机构与岗位来实现分权制衡，避免上市公司被少数人尤其是董事长一人控制。很多涉嫌造假的上市公司都存在治理失控的问题，老板无视董监高的存在，董监高成了一个摆设。有的上市公司董事长公章随身携带，绕开董监高胡乱违规融资担保，将公司带向万劫不复之地，也给投资者造成巨大损失。

某些上市公司董事长敢于长期肆无忌惮地胡作非为，很大程度上“归功”于董监高的沉默与不作为。不客气地说，很多上市公司董监高都只是木偶，他们眼睁睁看着大股东或实控人肆意掏空上市公司、进行各种利益输送而无动于衷。偶尔会有某些上市公司个别董监高对违法行为表示异议，但由于势单力薄，唤醒不了沉默的大多数，最后也阻止不了恶行的发生。久而久之，董事长习惯了独断专行，董监高也习惯了沉默寡言，原本失效的治理结构变得越来越糟糕。

上市公司董事长频繁被抓，一般都认为只是董事长一个人的问题，很少有人去反思是不是这家上市公司治理方面存在深层次问题，更少有人去从上市公司董监高们身上找原因。像康得新那样，如果不是因为董监高没有履行应尽的监督职责，董事长的违法犯罪行为就不可能如此放肆，也不可能会持续这么多年而不暴露，董事长出事的背后正是董监高集体有意无意地“装聋作哑”。

以往上市公司出事，除了直接责任人可能会被问责外，很少看到相关董监高集体被处罚，每个人都习惯了这种“不作为也不担责”的形式主义存在。“出事是老板的事，关我屁事？”你看看，“没有一滴雨认为是自己造成了洪灾”。

这次监管部门对出事的上市公司董监高进行连坐问责，有利于唤醒那些麻木不仁的神经，促使他们“在其位而谋其政”，切实承担责任。要知道，“雪崩时没有一片雪花是无辜的”。

要旗帜鲜明地抵抗“平庸之恶”

那些造假的上市公司中的董监高们，即便只是“奉命行事”，或者只是对造假行为起到辅助作用，甚至于，虽然没有参与但默许了这种行为的发生，那都是一种不可推卸的“罪恶”。这就是阿伦特在《艾希曼在耶路撒冷》一书中提出的“平庸之恶”，我认为它普遍存在于资本市场。

相比阿伦特所应用的社会领域，资本市场的“平庸之恶”更具有隐蔽性，也更容易被忽视。这种“恶”表现出来的是不思考对错，不明辨是非，不承担责任，为一己之私而背弃道德与法律。这样的“恶”并非惊天动地，而是不动声色的，并非显而易见的，而是隐晦含蓄甚至深藏不露的。

为了更好地理解“平庸之恶”，我们先回到这个概念诞生的时代背景。

艾希曼是纳粹党卫军的高级将领，曾负责执行犹太灭绝计划，后来被公开审判。阿伦特受《纽约客》杂志社指派，前往耶路撒冷，聆听了整个审判过程。

我们通常认为的这种罪大恶极的刽子手，应该是穷凶极恶的杀人魔形象。旁听艾希曼审判的过程中，阿伦特发现眼前的这个人，并不是媒体所描述的那样。他既不是恶魔，也不像变态，也看不出有任何坚定的意识形态信念，更谈不上什么个人魅力，如果仅从外貌和言谈举止来判断，我们很难把这样一个人和犯有滔天恶行的杀人恶魔联系在一起。但就是这样一个人，负责把整个欧洲的犹太人送进集中营。

艾希曼对自己的行为非常冷漠，他不认为自己罪大恶极，而只是执行了上级的命令。也就是说，不管谁在他那个位置，都会这样做，他只不过是听从命令的一枚螺丝钉。那么问题来了，为什么一个如此普通的人会作出如此邪恶的举动呢？阿伦特给的解释是“平庸之恶”。

阿伦特在书中写道：“是纯粹的不假思索让他成为当时的最大罪犯之一。”不假思索的意思是，当上级命令传达下来，下级就去执行。如果有一天有人追究，就可以甩锅说“我只是在执行命令而已”。

这一点跟很多上市公司的董监高被处罚时的辩词类似：老板安排我这样干的，我只能这么干，因为下级得服从上级，这是公司文化，我不是决策者，我不知道这是在造假，我只是上市公司这部机器的一个零件，一个螺丝钉而已。

当“平庸之恶”这个词流行起来的时候，传递出了这样一种信息，“平庸”（无所作为）这件事本身就是恶的。当一个人浑浑噩噩，并不去主动思考自己在做什么，也不反省自己的行为会造成什么样的后果，就很容易成为雪崩之中的雪花，或者洪水中的雨滴。

在许多人的词典里，邪恶是一种很深刻的概念，描述一个恶人的形容词有罪大恶极、阴险狡诈、处心积虑等等。但阿伦特的论证告诉我们，邪恶其实并不一定就是那么复杂，而在很多时候邪恶是一种很肤浅的状态。

阿伦特指出“恶的平庸性”具有一个重要的特征，那就是“不思考”。换言之，恶来源于思考的缺失，当思考堕落于恶的深渊，试图检验其根源的前提和原则时，总会一无所获。恶泯灭了思考，这就是恶的平庸性。随波逐流，没有对错与是非，盲从。而一个人一旦失去了思考能力，就很容易成为恶的帮凶，助纣为虐。

艾希曼麻木而庸俗，除了纳粹政府灌输给他的意识形态之外，根本就没有对事物进行独立思考和评判的意识和能力。正是艾希曼的这种“不思考”，让他成为一个没有反思和判断能力的死亡执行官。在艾希曼身上，他既不充满仇恨也不癫狂，也没有无尽的嗜血欲，但更加可怕的是，他是一个平凡无趣、近乎乏味的普通人。

在资本市场，很多人浑浑噩噩地过日子，不在乎发生什么，也不思考自己行为的意义，而只是听从上级或者别人的指示。这种常见的不思考的状态，就是平庸之恶，它经常给公司和投资者带来无法弥补的损失与灾难。在利益至上的资本市场，极容易让参与其中的人在道德与理性层面冷漠和无所谓，因为他们习惯了不思考的服从状态，当懒惰、冷漠、无所谓成为一种普遍的文化状态之后，就有可能产生巨大的恶的后果。

对于艾希曼自我辩解“自己只是一个零件”的说法，当年的法官是这样回应的："那么，对不起，你为何成为一个零件？或者，在这样的一种情况下还继续做一个零件呢？"也就是说，为什么偏偏是你，不是别人。如果你知道这个公司有问题，你也知道你是公司的一个零件，为什么你甘心做这个零件呢？你并不是没有选择。为什么你没有选择不扮演这样一个零件呢？因为你缺乏思考，或者说不去思考，盲目生活和工作让你的内心里不认为"平庸的恶"也是一种"恶"。

对于那些身处"恶"的漩涡中的人，需要反思的是："不是你为何服从，而是你为何支持？"

在资本市场，我们需要考虑每个人都会追求个人利益最大化这个特性。说穿了，那些行"平庸之恶"的人，并非完全出于无知，而是有利益驱动的因素。支撑着上市公司这部机器是各种各样的个人原因、个人动机、个人利害得失及个人恐惧与贪婪，正是他们这些人在这个系统当中得到的个人好处，没有好处他们是不干的。

所有这些个人因素，都被那个庞大的机器藏在里面。从外面看起来仿佛这里没有个人，是机器本身在运转，谁都得听命于老板的指令，但是实际上，这个机器恰恰是许多人的个人利益推动着的，他们不过是利用这个机器来保护并隐藏自己的利益而已。

杰罗姆·科恩说，阿伦特深深受益于奥古斯丁关于思考的这种经验，即思考是由对存在者之善的爱引导着的活动。因为思考不能被恶引导，而既然恶破坏存在者，所以她开始相信，思考活动本身能阻止任何从事思考的人去作恶。

阿伦特提出的解决办法，就是深思熟虑的行动，就是行动中蕴含思考，不放弃思考也是一种行动。行动之前要做判断，理性判断，比行动本身更根本。因为"个体那虽不必然能抵制但可以预防恶行、拒绝恶甚至不被恶引诱的倾向，才要求每一个人，而不仅仅是要求哲学家或其他知识分子，注意那种'因缺乏更好的名称而被我们称为道德'的东西"。

所以苏格拉底说，未经审视的人生不值得一过。

如果不去思考，我们就会沉沦在欲望当中难以自拔，我们就会沉浸在个人利益的得失计较中不辨是非，当然也就不会去抬头仰望星空和低头思考道德良知，去审视自己的行为是否运行于正义与道德的底线之上。

正是由于思考所进行的自我反思，常常唤起自我的孤独对话，使得人们意识到那种“不能做什么”的良知的存在，为人们的作恶设置了重重障碍。正因为通过思考，人才成其为人，甚至人的意义就存在于思考中。我们如果放弃思考，无异于我们放弃了人的价值和意义，也放弃了道德约束。因为思考带来判断，判断产生行动。

所以说，思考不仅仅让我们抵抗资本市场的“平庸之恶”，更让我们明白向善的方向，产生维护道德和正义的力量。

茅台会成下一个东阿阿胶吗?

有人说茅台已经存在一千年了，所以一千年后大概率它还会存在。我在想，裹脚布过去也存在了一千年，一千年后它还存在吗？我说的存在是继续被使用，而不是存在于博物馆里，茅台作为食品大概率还是会存在，作为金融品它也许就不在了。

在女人的眼里，东阿阿胶就是滋补品中的贵州茅台；在男人的眼里，贵州茅台就是社交场面的东阿阿胶。阿胶配茅台，相当于美女配英雄，两个字：般配!

想象一下大户人家过日子，男人喝茅台女人吃阿胶，高贵奢华有内涵，那副画面该有多么美丽。

在股民的眼里，他俩就是“任何时候买进都对，任何时候卖出都错”的绝代双骄，而且男女老少通吃。

然而，月盈则亏，凡事过犹不及，太完美的东西容易变得脆弱，稍有风吹草动就会不堪一击。谁能料到，十多年来业绩持续增长股价迭创新高的“大白驴”忽然爆出业绩地雷，股价一周跌掉了16%，而这一跌幅也基本上等于2018年年底以来半年多的全部跌幅，一星期干了别人大半年的事，效率很高。如果从2016年73.71元的最高价算起，已经不见了55.55%，相当于大半匹驴身萎缩了。

“大白驴”突然跌倒，吓了它的“灵魂伴侣”一大跳，周一东阿阿胶开盘一字跌停板，贵州茅台大幅低开后最大跌幅达到4%，以它的大象之躯，这个幅度还是有点令人心慌，接下来的几个交易日惊魂未定，阴跌不止，以一根中阴周线报收，而同期大盘与上周基本持平。

仿佛心有灵犀一点通啊，茅台从阿胶的身上嗅到了什么“异味”吗？

阿胶的提价营销模式“黔驴技穷”了？

凡是自己给自己脸上贴“奢侈品”招牌的产品，都会假设一个这样的消费场景：能消费得起这类“身份象征”的奢侈品的人，对价格是不敏感的，甚至于价格低了还不高兴，还希望价格一直涨，涨到越来越少人买得起，我买得起我就将自己与更多的人区别开来，我就显得更加尊贵。

对于奢侈品来说，营销就是第一生产力，而不是技术，没有哪个奢侈品在技术上是独一无二的。提价+饥饿营销，是屡试不爽的成功法宝。但是，一招鲜吃遍天的时代早就过去了，一些招数用的人多了，消费者难免审美疲劳，经济学上的“边际效应递减”就是这个道理。

老是讲同一个故事，到最后只剩自己深信不疑，这个时候，入戏太深，一不留神就真的成驴了。

这回东阿阿胶半年度业绩下滑近八成的预告太出乎投资者的意料了。2019年一季度东阿阿胶营收和净利润首现双降，分别下滑23.83%和35.48%，公司预计半年报净利润为1.81亿元至2.16亿元，同比下滑75%至79%。这么一算，其实二季度单季亏损超过两亿元，特别让人担心的是，这将是公司上市23年来首个季度亏损。这恐怕就是一个趋势即将转折的信号，大家都不敢相信这只“大白驴”有一天会以这样的姿势滚落山底。

问题出在哪里呢？还是老招数不灵了。

据《中国证券报》报道，在东阿阿胶连续十几年提价的情况下，经销商几十万、几百万囤货行为普遍，自2005年起，东阿阿胶的阿胶块迄今累计提价18次。回顾十多年的发展历程，东阿阿胶一直处在“提价—渠道囤货—渠道去库存—再次提价—渠道囤货—去库存”这个循环中。过去十多年来，因为存在提价预期，渠道囤货一直没有出现太大问题。

东阿阿胶的提价始于秦玉峰掌舵东阿阿胶的2006年，他提出产品聚焦和价值回归战略，开启提价模式。秦玉峰曾公开表示，价值回归即回归到20世纪30

年代阿胶的等值价值，换算到现在4000～6000元/斤。按他测算，目前的阿胶价格还远低于它的价值，真是被严重低估的“奢侈品”啊。

在长时间的涨价历程中，不同时期形成的渠道库存成本让东阿阿胶甚至是整个阿胶行业终端价格陷入混乱。过去齐心协力集体做多的阿胶产业链同行在市场容量达到顶峰后毫不客气地展开残酷的价格战，在生存压力面前，过去抱团取暖的医药工业和医药商业开始互相踩踏，渠道商减少进货并加大促销力度去库存，大家拼得你死我活的。

但是，到了最近两年，提价加经销商囤货这种玩法画风突变。由于连续提价，阿胶价格已经太高，经销商其实都卖不动了。由于签订的协议要求单个经销商一个季度必须完成100万元的销售额，如果完不成的话只能自己把货囤着，逼得经销商左右为难。

跟这两年不一样的情况是，过去十多年来，囤货是可以发财的。提价的最初几年，客户几乎都是预付款提货模式。在强烈的涨价预期下，经销商普遍乐意囤货，还有想发涨价财的个人也加入囤货大军。那个时期，价格保持着一个从低位向高位上涨的完美曲线，囤货有利可图。随着市场上的货基本饱和，价格涨幅放缓，曲线走平，囤货就赚不到钱还要投入成本，这样经销商资金周转面临考验，经销商就只能以减少进货来应对。

最新披露的东阿阿胶投资者关系活动记录表显示，“渠道原本靠囤货来盈利，我们涨价所有渠道商都盈利。现在渠道发生了变化，由靠囤货转为靠周转率，我们顺应渠道变化进行了降库存的调整”。

有经销商坦言：“连续涨价对公司的销售有影响。东阿阿胶自己设定为滋补品中的奢侈品，一斤2000多元，一般老百姓吃不消。公司今年以来进货量大幅度下降，降幅超过60%。”

所以，不要太高估了消费者对奢侈品价格的敏感度阈值，无休止的涨价总会把消费欲望推到一个转折的临界点。而阿胶销售一旦放缓就让行业过去赚钱的秘籍——囤货待涨完全失灵，于是提价营销模式开始黔驴技穷。

茅台会成为下一个东阿阿胶吗？

近期茅台股价连续弱于大盘，不仅仅是因为东阿阿胶业绩爆雷引起了投资者特别是机构投资者对于该类核心资产赢利持续性的担忧，而且2019年茅台二季度营收数据不及预期也从另一个角度加剧了投资者的这种担忧。

半年报显示，贵州茅台上半年营收达394.88亿元，同比增长18.24%；归属于上市公司股东的净利润199.51亿元，同比增长26.56%。2018年同期，其增速分别为38.27%和41.26%。

基于2019年半年报数据测算，贵州茅台二季度营业收入为178.44亿元，同比增长12.05%；归属于上市公司股东的净利润为87.30亿元，同比增长20.30%。而一季度，其增速分别为22.21%和31.36%。可见贵州茅台2019年二季度增长开始失速了，人们开始担心茅台会不会步东阿阿胶的后尘，甚至未来没准会成为东阿阿胶第二。

A股市场上的“绝代双骄”到底有什么相似之处呢？

他们都来自名不见经传的小地方，一个山东东阿县，一个贵州茅台镇，都是历史悠久的老字号，都从小众消费品走向了奢侈品。贵州茅台还更进一步，成为具有金融属性的“硬通货”“液体黄金”，开始远离消费属性。

不同之处在于，虽说民间说法阿胶越陈越好，但是国家标准是阿胶作为一种药品保质期不超过五年，所以囤货商面临一个保质期的问题，不能一直囤着，得定期去库存。

而茅台酒据说越陈越香越贵，不会过期，经销商和个人投资者可以囤一百年也没人说变质了，政府好像也认可这种说法。

不过，有研究机构的研究成果表明，时间并不能改变白酒的分子结构，只不过会导致酒精慢慢挥发掉了。酒友们觉得陈年酒好喝，一是心理作用，二是酒精挥发掉了一些后酒的度数实际上是下降了，所以口感上是觉得纯了很多，其实是淡了而已。所谓年份酒的各种神奇口感，不过是故事在你的口里发酵。

同茅台一样，东阿阿胶的药用价值和滋补效果也被传得神乎其神，不管有没有夸大其词，但是作为一种药品或者食品，如果是货真价实的阿胶，它的安全性暂时还没有看到太多的质疑。

茅台虽然也有护肝壮阳的说法，只是限于民间传说，而来自包括《柳叶刀》在内的顶级科学杂志倒是对白酒的致癌危害多有论述。

有人说茅台已经存在一千年了，所以一千年后大概率它还会存在。我在想，裹脚布过去也存在了一千年，一千年后它还存在吗？我说的存在是继续被使用，而不是存在于博物馆里，茅台作为食品大概率还是会存在，作为金融品它也许就不在了。所以，它会以怎样的方式存在是值得思考的，还会以现在这样被崇拜被仰视被追捧被神化的方式存在吗？

从全球范围来看，烈性酒一直被当作与烟草、毒品和赌博齐名的“四大瘾品”之一。现在的90后00后已经很少喝高度白酒了。特别是那些有能力消费茅台的高净值家庭，目前来看，主导消费文化拥有话事权的是渐渐老去的60后、70后，而这些富裕家庭的下一代很多都有海外留学经历，他们的消费观念和习惯很多受到西方文化的影响。很难想象他们会像他们的父辈那样为了面子和虚荣心而一掷千金去买茅台、藏茅台、喝茅台。

通过连续提价来打造奢侈品，通过经销商和个人投资者囤货来维系价格的上涨曲线，营造价格永远只涨不跌的预期，这一点茅台与东阿阿胶其实没有本质区别，只是茅台做得更加极致走得更远而已。

每年生产的茅台最终有多少是被喝掉了，又有多少被各种各样的人与机构囤起来了，没人说得清。只要价格在涨，囤货就有利可图，就不会有人急于抛出囤货。然而，价格真的会永远涨下去吗？一旦涨不动了，囤货就会成为负担，谁还会去囤货？而庞大的社会库存一旦开始抛出，东阿阿胶的场景就会在茅台身上重演。

茅台的牛皮还能吹多久？

这么多年以来，茅台的成功更多依赖故事营销，比如巴拿马金奖的故事，某某伟人爱喝茅台的故事，还有“国酒”的故事。这些故事当初还是唬得人一愣一愣的，但是好像这些他们自己讲的故事总是不断有人提出各种质疑。

有消费者说了，忽悠我可以，但是请注意次数。一旦忽悠上瘾，哪里能轻易停得下来？店大欺客的事情还是继续在发生。比如，讲了好多年的年份酒故事，被踢爆了之后，不仅狡辩，而且还理直气壮。

媒体前些时候报道了成都知名律师邢连超花61996元购买了“50年陈年茅台”“30年陈年茅台”各两瓶，不久后他发现购买的这4瓶高价酒是茅台公司用15年酒龄的基酒勾兑而成。邢连超遂以虚假宣传等理由，将贵州茅台酒股份有限公司、四川国酒茅台销售有限公司告上法院，要求“退一赔三”。

然而，茅台代理人当庭辩称，没有故意欺骗消费者，也没有实施欺诈行为，因为之所以会以15年、30年、50年为划分标准，是为了使不同年份的陈年茅台酒口感区别开来。简而言之，就是50年不是酒龄而是口感。

其实这个辩解还是弱爆了，我想给茅台年份酒支一着。

先来看看有家高档餐厅如何做“鱼翅捞饭”的。

客人在一高档餐厅点了一份价格昂贵的鱼翅捞饭，等到饭端上来才发现，都是豆芽没有一根鱼翅，遂提出质疑，结果被服务员嘲笑了一番：我们这儿有位厨师名叫“鱼翅”，他做的捞饭就叫“鱼翅捞饭”，没有什么问题吧？客人哑口无言。

那位律师买的50年贵州茅台年份酒，经权威机构检测没有一滴酒有50年的年份。茅台辩称，50年的年份酒是勾兑出来的，口感是50年的，并不是说这瓶酒有50年的酒龄。看看，多么智慧的回答啊！却没法说服那位律师，他对此说法并不接受，还要较真下去。

假如学习一下人家“鱼翅捞饭”的高超狡辩功夫，何至于此？高逼格如阿里巴巴，早在公司创立时就超前做好布局，想到了每人取个武侠小说中的昵称，比如“风清扬”啥的。一旦哪个伙计捅了娄子，马云可以这样辩解：啊哈，那伙计不是我们公司的，你去《笑傲江湖》里找他去。

所以，茅台酒厂可以借鉴一下，马上给每位调酒师傅取个花名，比如，30陈，陈50，陈百年，千年陈，今后就可以放心大胆地批量生产50年茅台，百年茅台乃至千年茅台年份酒了。为了彻底堵住那些不知天高地厚的质疑者的臭嘴，还可以让陈百年师傅、千年陈师傅在珍藏证书上签名画押，证明正是他们手工制作，保证可以令消费者哑口无言。

想起战国时期著名逻辑学家公孙龙在《公孙龙子·白马论》中提出的那个“白马非马”论，感觉现实生活中所有的诡辩跟他比起来都弱爆了，你看看人家是怎么辩的：

曰：“白马非马，可乎？”

曰：“可。”

曰：“何哉？”

曰：“马者，所以命形也。白者，所以命色也。命色者，非命形也，故曰白马非马。”

这诡辩逻辑很简单，“马”指的是马的形体，“白”指的是马的颜色，而颜色不等于形体，所以白马不是马。

没想到，在面对消费者的态度上，市值万亿的贵州茅台没学会如何讲一个诚实守信的故事，反而在虚假故事被戳穿后大玩“白马非马”的诡辩之术。拒绝诚恳认错，这样的公司竟然还宣称自己离一家伟大的公司越来越近了！

江山代有辩才出！假如公孙龙知道此事，保准会笑得从古墓里一屁股坐起，“虽说白马非马，但谁敢说我公孙龙不是一条龙？”喝下一杯千年茅台，遂心满意足地重新躺下。

孙宇晨硬生生把自己“炒糊了”

社会需要的不是类似孙宇晨这样的青年偶像。在这个物欲横流的时代，我们的内心里，仍然期望年轻一代崇尚有信仰，有节操，行正道的君子人格。其实，出名早一点晚一点真没有什么关系，反倒是修行要趁早，修炼一个人的君子之品性，则是需要从小就开始的。

自古英雄出少年，枭雄也是。所以，张爱玲说，出名要趁早呀，来得太晚，快乐也不那么痛快。

有许多影响人类文明发展进程的科技公司，都是在一个天才非常年轻的时候干出来的，比如，比尔·盖茨20岁就创建了微软，扎克伯格20岁创立了Facebook。这些公司无论在技术创新上还是在商业成就上，都是全球性的，毫无疑问的伟大企业。

当然，也有一些典型失败的案例，也是因为那些“天才”年轻时候的各种出格做派埋下了伏笔，比如股市奇才张海，比如自诩为贾布斯的“生态学家”贾跃亭。

不同的是，盖茨同学也好，小扎同学也好，都是技术天才出身，是技而优则商，他们的商业成功是建立在技术创新的基础上的。

而我们看到的张海贾布斯之类少年商业“天才”，大多数是建立在自我炒作的基础上的。所以，盖茨和小扎这类天才，技术摆在那里，没什么人会质疑他们的实力，更没有人认为他们只是炒作，他们的人设一般都能经受时间的检验。那些在我们的世界里一开始就饱受质疑的少年商业天才们，很多都不能免俗，无法经受时间的考问。

最近，币圈“天才”少年孙宇晨，由于跟巴菲特约好了午餐最后却放了人家鸽子而闹得沸沸扬扬，后边被权威财经媒体曝光公司涉黄涉赌，而且早就被边控等一大堆负面信息。孙宇晨同学最后能否自证清白，现在不好下结论，但是以目前一边倒的负面评价来看，凭大爷我几十年的人生阅历，感觉（仅仅是感觉哦）这小子未来搞不好会重蹈贾跃亭的覆辙。

孙宇晨到底做错了什么?

在2019年的巴菲特午餐拍卖揭晓之前，大爷我并不知道孙宇晨这个年轻人是位币圈大佬，我对虚拟货币所知甚少，对比特币连关注的兴趣都没有。我一直以为他是位混影视圈的流量明星，反正我对币圈的了解并不比影视圈更多，甚至一直傻傻地分不清他的名字到底是叫“孙宇晨”还是“孙晨宇”。

当媒体报道巴菲特午餐被这个年轻的币圈大佬拍得时，我第一反应还是挺震撼，觉得这么年轻就如此有钱有气魄去做这件事，而且还不是富二代，而是一位创业没多长时间的90后，真的挺厉害的。

我对孙宇晨所从事的业务没有详细研究过，出于对区块链技术的推崇，所以，我对虚拟货币这个领域还是保持着既不特别有兴趣也不简单否定其存在价值这样一种中性的态度。因为我记得亚里士多德说过这样一句话，“能真心款待一种不被接受的思想，是一个受过教育的心灵的标志”，我不希望自己变成一个对自己不熟悉的领域妄下断言的人。但是，看到后边的报道，越来越多的人在diss他，我的反应还是，会不会是大家对年轻的创业者不够包容？或者，部分出于羡慕嫉妒恨?

我开始思考一个问题：孙宇晨究竟做错了什么?

是他不该为了出名自我炒作吗?

当然不是。有多少啥都没有的网红和流量影视明星，利用各种数据造假炒作自己，比孙宇晨更夸张更加没有底线的比比皆是。孙宇晨本科北大，硕士宾夕法尼亚大学，还在马云的湖畔大学混过，可见，论智商当然是一流的。而且，这个年轻人还特别善于借势，善于包装自己，这从另一方面说明他的情商也是非常不错的。

炒作和自我包装这件事情本身没有太大问题，就相当于做广告。注意力经济时代，流量是一种非常重要的资源。年轻创业者通过各种方式刷存在感，自我导流，虽然不值得鼓励，但也可以理解。

关键是度的把握，炒作过度就会适得其反，就会惹人讨厌。

在某媒体的报道中我们看到的是这样的一个孙宇晨：他从不掩饰对名利远超常人的强烈渴求，财富或许是次要的，但一定要获得尽可能多的关注。据说他曾经有过这样的内心表白，“我这人真的无法忍受寂寞。我衡量一件事是否要做，热不热闹很重要，一定要有人搭理我。哪怕是骂我呢！”

这次他利用拍得巴菲特午餐这件事情来增加公司和自身知名度，从纯商业的角度是聪明的。不聪明的地方却是，他忽视了这是一个慈善活动，把一个慈善活动当成了自己的广告牌，没有任何节制地显摆、嘚瑟、炫耀，也就不那么恰当。孙宇晨自称，“这波我给全金融界都上了堂课”“不用吃，我就能赚”。

然而，乐极生悲，随着舆论的发酵，孙宇晨的常规营销炒作手法为自己带来了一场外界对其旗下产品的大型“扫黑”。归根结底，引起媒体抨击众人指责的是他有问题的商业模式。

据财新网发布的消息称，中国互联网金融风险专项整治小组办公室已经就孙宇晨涉嫌非法集资、洗钱、涉黄、涉赌等问题，建议公安机关对其立案调查，还确认了孙宇晨已被“边控”。

正如P2P爆雷频发也不能否定互联网是一个伟大的创新一样，区块链本身是一项技术创新的伟大成果，基于区块链技术开发的虚拟货币也是一个新生事物，颇具争议，但也不能简单否定其存在的意义。

但是，总是有人打着科技创新的旗号，利用人们对这些新技术的一知半解而产生的好奇与崇拜心理来从事一些灰色的、打擦边球甚至违法犯罪的商业活动，忽悠投资者和消费者。在这种场景之下，技术创新就成了一个幌子。

由此可见，孙宇晨之错，还不是过度炒作的问题，而是商业模式一开始就涉嫌违法的问题。

价值观有哪些硬伤?

大爷我仍然坚持认为，作为一种营销手段，只要不违法，炒作本身不是太大问题。

但是，如果一种商业模式完全依赖炒作，短期内无论炒得多高，长期来看，终究逃不掉崩盘的宿命。

从天价拍得巴菲特午餐至今近两个月时间，高调回应王小川，与王思聪互怼，还声称邀请美国总统特朗普共同赴宴，最后取消午餐，直播高调宣称财新报道完全不实，再到180度大反转，以长篇致歉信的方式向监管部门、财新和王小川道歉，这一系列让人眼花缭乱的操作，不断将孙宇晨同学送上热搜，赚足了流量，聚光灯太亮了，同时暴露了他很多涉嫌违法的问题。

我在想，一再被炒作，又说要改期，巴菲特想要的是慈善，孙宇晨要的是名利，这顿饭完全变味了，未来还要怎么吃呢?

在改革开放的这几十年里，依赖炒作概念，尤其是炒作高科技来吸睛的商业大咖不在少数。在大家对这种故事炒作还没有足够清醒的认识之前，往往会被这些新奇的概念唬得一愣一愣的。

无数事实证明，营销驱动的商业模式创新基本上难以持续。

比如，改革开放初期的风云人物牟其中，他就是一位非常善于炒作的商业大咖，他具有天马行空的想象力和语不惊人死不休的好口才，也做出了类似易货贸易——衬衫换飞机的大买卖。

但是到了后来，这种想象力越来越往神话的方向演绎，比如要炸开喜马拉雅山之类的奇思妙想。这种刷存在感的营销模式，很是吸睛，但一落地就原形毕露了。

早期资本市场还有一位猛人张海，非常年轻就在股市玩得风生水起，记得流行各种股市造系运动那会儿，“少年”张海坐拥海量资金，控制多家上市公司，也是一呼百应的大佬。然而最后的结局，让人唏嘘。

还有贾跃亭那些“让梦想窒息”的PPT，高歌过的《野风》，唬得人热血沸腾的“生态化反”，最后玩不下去了，不辞而别，抛下一切去美国造车了。

这些当年的猛人，他们有着跟孙宇晨同样聪明的头脑，善于借势，不放过任何自我营销的机会，可惜都难有善终。究其原因，都不是智商与情商的问题，而是价值观有问题。这种有问题的价值观，对成功的定义无非就是公司有多大市值，自己有多少身家，有多少粉丝与流量，而从不考虑自己的生意是否合乎道德，甚至于连合不合法都不管不顾。

蹭热点营销炒作是孙宇晨的一贯作风，甚至被称为“币圈贾跃亭”。在《GQ》杂志2015年的一篇报道中，一位投资机构人士对其“一个成功的创业演员”的形容也被广为引用。“比方说他本来是100分，精心包装成1000分的样子，只要这个1000分的泡沫不戳破，他就可以在市场上找来1000分对应的资本和行业地位。一直这样玩儿下去，等泡沫吹得足够大，圈到足够多的钱，再去市场上收购一个真正靠谱的公司，这个资本游戏就算玩儿成了。”

在他的人生字典中，“赚钱是最重要的，人人都以为午餐是巴菲特给我上课，那我就先在吃饭前给巴老上上课”，巴菲特反倒沦为他的陪衬和背书者。

就连孙宇晨自己也在致歉信中承认，称拍下巴菲特午餐原本初衷是好的，也带着想要推广区块链行业与自己的私心，但是由于言行不成熟，渐渐演化成一场过度营销，产生了大量完全始料不及的后果，忽视了社会与公众责任，这一切对公众造成了不好的影响，也引起了监管机构的担忧。对此，他表示歉意。他还向王小川致歉，表示十分钦佩王小川取得的成就，希望就炒作和营销获得其谅解。

亚伯拉罕·林肯曾经提出过这样的问题：“如果你将狗的尾巴当作一条腿，那么它有多少条腿？”然后他回答了自己的问题：“四条，因为把尾巴称为一条腿并不代表它就是一条腿。”所以有人说，林肯要是在华尔街肯定会倍感孤独。林肯对惯于说谎者给予了毫不留情的警告：你可以在所有的时间欺骗一些人，你也可以在一些时间欺骗所有的人，但你不能在所有的时间欺骗所有的人。

记得有一次在动物园里，我看见公孔雀总爱炫耀它艳丽的羽毛，而且，观众越多它就越嗨，开起屏来就有点用力过猛，它还想360度展示它的美。但是，它忘记了，一旦转过身来，就会把自己丑陋不堪的屁股暴露出来。更惨的是，屁股上不慎沾了些屎，我当时就在想，公孔雀这是何必呢，不仅自己尴尬，还让观众恶心。

我们需要怎样的青年偶像?

以前大家都看不懂比特币，所以也就没多少人关注孙宇晨。自从砸下几千万跟巴菲特约饭以后，极尽炒作之能事，这下好了，大家可能仍然看不懂比特币，却一下子都看懂了孙宇晨。

孙宇晨曾经有着让无数青年羡慕不已的光环：青海降生惠州求学逆袭北大，自称互联网中心化镣铐打破者，马云首个90后门徒，波场和BTT创始者，区块链营销创业者，币圈第一流量天王……然而，在追求纯粹物质成功的价值观引导下，孙宇晨“狡黠”得不像个年轻人，而像个老江湖，看起来背后应该有“高人”指点。

想干大事，对名利，对所谓商业上的成功有着异常强烈的渴望，而且急于求成。成功心切可以理解，不择手段地追求成功，那就有问题。

拍下巴菲特午餐后的孙宇晨，一时春风得意马蹄疾，其鄙视王小川的朋友圈流出，说是2014年一起录节目时，“我永远也忘不了他这打量骗子的眼神，他说我是骗子，肯定会失败，和我录节目是耻辱，最后甚至没法录下去。后来不到3年我公司就超过搜狗市值。人生中，瞧不起你的人对你的鞭策更加刻骨铭心。”

而王小川发文：什么叫成功?什么叫骗子？每个人有自己的定义。有的人以为是身价，有的人以为是市值。放到历史长河里，云淡风轻。用极致理性追求真理的科学家，用极致感性追求美的艺术家，以及用大爱对世界或民族作出的贡献的英雄，才能永垂不朽。

孙宇晨还在微博委屈：为什么扎克伯格发币是区块链革命，我发币是传销骗局。网友回怼：你心里没点儿数么?

这说明，他一直努力包装自己，营销自己，打造了一个积极进取、引领潮流的青年偶像人设，这一下子就基本倒塌了。还是王小川说得好，成功的定义不应该只有物质，越往后走，精神与品德上的高贵在成功中会占据更大的比重。当然，我也替孙宇晨感到惋惜。

涉黄涉赌，得有点社会阅历的人才有这样的勇气，一般是正道走不通了才会去走歪门邪道。可是，一个天赋条件如此优越的90后，一开始就奋不顾身地跳进钱眼，管它正道还是邪道，能挣到钱就是大道，这其实是一个自导自演的悲剧。

面对外界的质疑，孙宇晨为自己辩解的时候说，波场在中国的业务只占5%，95%的业务遍布全球100多个国家，你看不见并不证明它不存在。

经常有人拿“你看不见或者看不懂说明你的智商有问题”来吓唬人。这一招还真是有效，相似的说法耳熟能详。比如皇帝明明一丝不挂，但是如果你看不见皇帝的新装，那说明你的智商有问题，那我只能对自己撒谎，声称我看见了，看懂了，因为我不想让别人说我无知。当年牟其中他们那一代创富者惯用诸如“炸开喜马拉雅山”之类的类科幻创意如此，贾跃亭的生态化反如此，孙宇晨的号称区块链研究的币圈生意很有可能亦如此。

正如安东尼·罗宾所说，看世界要看到真实的世界，千万不要向自己撒谎。你对自己都撒谎，那么你不可能改变。为什么很多人要夸大事实因为他们害怕失败。

很多时候，学会不做什么比学会做什么更重要。

对于孙宇晨这类急于成功的年轻人来说，时间既是朋友也是敌人。

因为年轻，可以预留足够的时间去追逐自己的理想。也因为年轻，需要花费太多的时间去支撑一个谎言。最危险的事情是，一个人在很年轻的时候就习惯了毫无底线地、过度地使用心术，这样的习惯几乎没有任何悬念会犯下致命的错误。

巴尔扎克说：“有些罪过只能补赎，不能洗刷。”傅雷先生对此观点非常赞同，他说：“人生做错了一件事，良心就永不安宁！”所以有人说，《傅雷家书》是一本“中国君子教他的孩子如何做一个真正的中国君子”的书。

社会需要的不是类似孙宇晨这样的青年偶像。在这个物欲横流的时代，我们的内心里，仍然期望年轻一代崇尚有信仰、有节操、行正道的君子人格。

其实，出名早一点晚一点真没有什么关系，反倒是修行要趁早，修炼一个人的君子之品性，则是需要从小就开始的。

董事长反复成A股市值杀手

上市公司董事长出事的最大受损者往往并非大股东，而是处于信息不对称状态的小股民们，他们是最无辜的弱势群体。董事长生病，股民吃药，每次有董事长出事，媒体都会写到，又有多少万个投资者彻夜无眠，流露出对这些受损股民的怜悯之情。

2019年夏天，暴雨很多，爆雷更多。有的是天雷，比如说特朗普又发推特威胁加税，全球股市又现特朗普缺口，推特总统喜怒无常，变幻莫测，成了当前A股市场最大的不确定因素。看着缺口下哀伤的股民，大爷我忽然心生感慨，冒出“生活就像特朗普的嘴，你永远猜不到下一秒倒霉的是谁”这样的“金句”，没想到在朋友圈竟然引起共鸣一片。

有的是地雷，比如大族激光董事长怒怼央视记者，发灵魂三问，据说还飙了一句粗口，结果触发舆论炸雷，监管出手。尽管当晚诚恳道歉，但是造成的恶劣影响怕是一时半会消除不了，上周五大族激光一开盘就逼近跌停板，创了两年多来的新低。大爷我用计算器算了一下，高董事长这句粗口价值26.890164亿元，相当于一天跌掉了三个“欧洲中心”。

董事长先怒怼后道歉的戏码最近可以说是一场接一场地上演。前一周我们已经被区块链少年孙宇晨先是怼天怼地怼人的豪言壮语“怼”蒙了，然后又被他180度转弯90度鞠躬道歉的神奇逆转惊呆了，上一周又来了个“激光大佬”先爆粗后道歉的闹剧，都是搞高科技的人才，情绪的波动率怎么比股价还高呢?

如果说孙宇晨的轻狂多少还是因为年少，那么大族激光高云峰的轻狂就是

真心轻狂了。高董1967年生人，属羊的，听他发飙的样子还以为是属虎的。

看来那央视记者确实是问到了人家的痛处了，问到人家心灵深处最柔软最脆弱也有可能是最见不得人的一个“小秘密”。羊追急了也会咬人，理屈词穷，恼羞成怒，董事长也是人嘛。有个医学专业名词叫作“应急反应”，不管一个人平时伪装得多么美好，真性情是藏不住的，酒后吐真言，急时露真相，大概就是这样子的。

2019年以来，由于上市公司董事长出事导致股价暴跌的案例不胜枚举。这里所说的“出事”，既有类似大族激光董事长怒怼央视记者的事，也有各式违法违规被抓进去的事。这些“事”表面上看起来只是董事长个人的事，上市公司都纷纷撇清关系，声称董事长个人的事不会影响公司的正常经营，公司业务一切正常云云。但是，看看那些泥石流一般倾泻而下的股价，能说没关系吗?

一家上市公司，尤其是民营上市公司的董事长出事，对股价就是灭顶之灾，难怪有人把董事长列为上市公司市值的头号杀手，看来还不是一句戏谑之语。

券商中国记者根据Wind资讯数据粗略统计，2019年内已经有10家上市公司老板被抓。分别是大智慧老板张长虹、恺英网络的王悦、*ST鹏起董事长张朋起、中科新材的张伟、新城控股的王振华、博信股份的罗静、ST天宝董事长黄作庆、康得新的钟玉、派生科技的唐军、暴风集团的冯鑫。相比之下，大族激光高董事长爆的这颗雷目前看好像还没有太大杀伤力，但是随着监管部门的深入调查，后边会不会还有更大的雷会爆，谁也说不准。

按理说，一家公司能做到上市的规模，不是一件简单的事，从某个角度来看，上市公司董事长毫无疑问是我们这个时代商业成功的一个精英阶层，他们很多人都是社会名流与商界巨星，拥有巨大的社会影响力。

所以，当他们一旦出事，造成的负面影响，尤其是对股价的冲击同样十分巨大。人们不禁要问，这些出事的董事长走到现在的这个地步，到底是事出偶然，还是有其必然性？有没有可能提早识别出来，并加以防范？

大爷我跟很多上市公司董事长打过交道，应该说，他们中的大部分是好的。但是，也有一些害群之马，利用资本市场坑蒙拐骗，干尽坏事，多行不义必自毙，遭到法律的严惩是迟早的事。当然，也有的人本质上不坏，也想做点大事，出发点是好的，由于无法控制自己的欲望，急于求成，结果会把一把好牌打得稀烂。

孔子在《周易・系辞下》说：“德不配位，必有灾殃；德薄而位尊，智小而谋大，力小而任重，鲜不及矣。”孔子把“德不配位，必有灾殃”又分成了德薄而位尊，智小而谋大，力小而任重三个部分，我发现，所有出事的上市公司董事长，几乎都可以从孔子的注释中找到失败的答案。他们出事的原因各种各样，归根到底，在于“缺德”。

德薄而位尊

道德是道和德的合成词，道是方向、方法、技术的总称，德是素养、品性、品质。道德双修是人生的哲学。道德是一种社会意识形态，是人们共同生活及其行为的准则与规范。道德往往代表着社会的正面价值取向，起判断行为正当与否的作用。

道德是一种良好的选择习惯，一个人的道德和人品的高度与这个人所处的位置不成正比，就是“德薄而位尊”。假如一个人的道德标准处于较低水平，匹配他的也就是“钱财够温饱，官居小领导”的位置，一夜暴富，一夜成名，他就把持不住，不知道如何安放这些财富和名誉，炫富就是这种心理失衡的表现方式，唯我独尊，财大气粗，胡作非为。因为他的道德水平低下，他的选择必然会触碰甚至践踏社会的道德底线，一旦走得太远，难免触犯法律，紧接着灾殃就来了。

有些事情看似偶然，其实，可能正是“德与位”长期失衡之后的“厚积薄发”。

此前有媒体曝出大族激光豪掷6.7亿建造的欧洲研发中心竟是个酒店，大族激光董事长在面对记者质疑时回应：“你是什么角色？你有什么资格来质问我？这个是我们自己的资金我当然有权利做任何经营决策，你管我那么多？”

坊间传言，还有最劲爆的一句粗口，太脏了都不好意思说出来，确实太嚣张和狂妄了。这样的态度，让人瞠目结舌，也让投资者感到愤怒，这样的董事长和上市公司，能叫人放心吗？大族激光属于公众上市公司，属于所有的股东，董事长虽然是实际控制人，但他的持股比例并不高，也就是说，大部分股份是其他股东的，竟然说是他自己的资金，明明都是数万大小投资者的钱，怎么用如何用当然要让投资者知道。现在公司爆出丑闻，媒体难道不能质疑和监督？这个公司在这种人的带领下能走多远？

有网友对这波操作不买账，表示“你这是侵犯中小股东利益，学点法吧”。甚至有网友cosplay了董事长的角色表示，“什么股东不股东，老子天下第一”。

平时牛逼惯了，一时半会改不过来啊。对于高云峰的说法，有投资者在互动易上询问：“请问董事长，CCTV-2财经频道播放的采访录音是否属实，若属实，那您的回答是否是经过深思熟虑，说股民没有资格质问您，您是否觉得融资的资金是你们自己的，完全可以不经过股东大会，您自己就有权力做任何经营决策。那您置股东会于何地？您置全体股东于何地？”

五年前，高云峰作为深圳大学客座教授在开学典礼上讲过一段话：“情商与个人的未来成长密切相关，情商的提升方法不在书本中，在与人的相处、沟通中，依靠自我修炼，因此请同学们注重与人相处的细节，提高与人沟通的能力。”

深交所把这些话还给了他：对其上述不当行为予以批评，提醒公司实际控制人、董监高应当虚心接受媒体监督。深交所指出：上市公司及相关方必须谨记和坚持“四个敬畏”，尤其是大股东、实际控制人和上市公司董监高应当常怀敬畏之心。

智小而谋大

马克思在《资本论》中引用过托·约·登宁《工联和罢工》中的一段名言，关于资本的本性，可谓一针见血：“资本逃避动乱和纷争，它的本性是胆怯的。这是真的，但还不是全部真理。资本害怕没有利润或利润太少，就像自然界害怕真空一样。一旦有适当的利润，资本就胆大起来。如果有10%的利润，它就保证到处被使用；有20%的利润，它就活跃起来；有50%的利润，它就铤而走险；为了100%的利润，它就敢践踏一切人间法律；有300%的利润，它就敢犯任何罪行，甚至冒绞首的危险。如果动乱和纷争能带来利润，它就会鼓励动乱和纷争。走私和贩卖奴隶就是证明。”

托·约·登宁认为资本的本性是胆怯加上贪婪，这似乎是相互矛盾的，但是，这也说明了一个心理现象，即狂妄自大的人其实是不自信甚至自卑的，放纵欲望不择手段追求暴利，无非是用所谓的“成功”来对冲内心的胆怯。

可见，每一个表面牛逼哄哄的人心里往往都住着一个胆小鬼。

有相当数量的上市公司董事长搞出事情来，并不是一开始就存心欺骗投资者的，或者操控股价割韭菜，甚至于他的初心还是想把公司做大做强，但是由于他的心太大，又急于求成，最后事与愿违。

智小而谋大，志大而才疏，眼高而手低，最后只能靠赌运气来做事。一个人的思想智慧很小，但他的计划太大，与他个人的能力不相配，其结果很可能造成严重损失。这样的人容易没有节制地放纵欲望，混淆了理想与幻想之间的差异。他们看似狂妄，实际上都是极不自信的人，普遍内心比较脆弱，他们需要以快速的、极大的成功来证明自己。

而一个自信的人，对自己充满信心，做事往往带着积极向上的力量，并时刻充满激情。所有的盲目自信，和空腹自信，都是自以为是。

高度的自信，从高度的自律而来。自律就是自己管理自己，自己约束自己。这是一个很重要的能力。先学会克制自己，控制情绪，控制过剩的虚荣心，控制自己无所不能的幻觉，善于虚心听取别人的意见，才能在这种自律中不断磨炼出自信。

那些动辄要搞什么“生态”赚完全世界的钱、要在多少年内把公司做到万亿市值的董事长，比如贾跃亭们，是内心怯懦的胆小鬼，还是意志坚定的偏执狂？

好比一个心理素质不佳的司机，开着开着，明明发觉自己走错了路，这个时候本来应该踩刹车将车靠边停下来，重新规划一下路线。但是，由于“不能接受自己会犯错”，更不能对车上的乘客“承认自己犯错了”，怀着“没准这条路也可以到达目的地”这样的侥幸心理，他本能地选择踩油门而不是踩刹车，结果偏离目标越来越远。最后还有可能孤注一掷离开大路去抄小路，走到邪路上去了，难免发生“车毁人亡”的悲剧。

其实，不加任何约束条件的盲目自信自大，不过是内心怯懦的一种反射，这不仅不能说明他是一个自信的人，更加说明了他的怯懦与自卑，因为他承受不了任何失败的打击。真正自信的人是内心强大的，他能反思自己，承认错误，不会被失败压垮，即使在痛苦面前，他也会从容不迫，更善于踩刹车而不是一味地踩油门。

一个外强中干的人，心中永远缺乏安全感。强者通常平静如水，态度谦和，反观弱者，则普遍易怒如虎，一言不合，暴怒相向。所以，可以看到贾跃亭当年一看到媒体对乐视有负面报道就特别紧张，动不动就律师函威胁要告他们。这次大族激光的高董事长面对央视记者都不管不顾破口大骂，是不是有着跟当年贾布斯相同的心境呢？

想干大事跟能搞成多大的事是两个概念，每个人都需要知道自己的能力圈有多大，边界在哪里。还是那句老话，既要仰望星空，又要脚踏实地。

力小而任重

一个人的力量达不到其负重，轻者伤身，重者丧命。一个人明明只能做个好的产品经理，却硬被推上了董事长的位置，干着他完全无法驾驭的资本玩家的角色扮演，不出事才是一个奇迹。

跟乐视贾跃亭出事后舆论一边倒地diss他不同，最近，暴风集团董事长冯鑫也出事了，但我们看到的还有人在替他感到惋惜，有人不相信他会干出行贿的事情来，还有人试图解析“好人冯鑫”是如何将一把好牌打得稀烂的。

我在朋友圈里读到几篇为冯鑫说话的文章，他们说“好人冯鑫”，他们相信冯鑫不会行贿，他们说他一直想把事情做好，他们说冯鑫没有像贾跃亭那样在股市拉高套现，他一直是个好销售，好产品经理。

一个自媒体作者坦言自己是冯鑫的朋友，他写道，听到冯鑫被带走协助调查的消息，张云帆在群里和朋友圈连发了两次：“世间以成败论英雄，做人不必以成败论朋友。”

一个冯鑫的投资人说：他太讲义气，太相信人，在发生商业风险之前，没有专业能力及经验用法律条款保护自己。

可以佐证冯鑫不是贾跃亭第二的是，贾跑到美国去了，而冯鑫从来没想过要跑。还有就是，暴风的股价不是他自己炒上去的，“股价在一片对互联网企业的强烈饥渴里冲上去之后，冯鑫才开始用这个势去扩张。当年国内PE太高，国外PE很低，国内公司去跨国并购，赚这个价差，是市场行为，也是一股热。暴风身在其中而已，没那个定力管住自己。”

有了解冯鑫的人如此评价他：一个很用力的产品经理，不小心认为自己学会了资本运作，人很好，但没想到水这么深，资本世界这么复杂，然后就失控了，而且失控程度远超他想象。几年前暴风股价莫名其妙狂涨，感觉冯鑫和暴风成为“投资人”套现的工具，许多早期投资人赚得盆满，而二级市场普通投资者亏掉身家性命。冯鑫早应该出面解决股票恶性狂涨的问题，他单纯守着产品经理位置，不适合做CEO，包括后面他被各种高管蒙蔽。

还有个投资了暴风集团的投资者说，冯鑫这个人其实是个好人，但他确实不具备百亿上市公司老板的能力。法律是安全绳，没有安全绳走钢丝，早晚出危险。好人，现在已经不是褒义词了。虽然暴风股票赔了几十万，当年中签的五百最高浮盈也是十几万，不怨冯鑫，怨自己。冯鑫在最高位上了杠杆，去杠杆烈焰，铁锁联营，舰队船长各自保命，暴风能不死已经不易了。好人和做好管理是两码事。接触过冯鑫的一个投资人说，感觉他产品说得比较虚，调研不够，过于务虚，执行力不够。可能是缺乏合适的执行者。

可见，“力小而任重”，害了暴风集团，害了股民，也害了冯鑫自己。要做好一家上市公司董事长这个角色，严重超越了冯鑫的能力圈。

有人总结了一番上市公司无视投资者的各种表现：是何居心迈瑞医疗，什么角色大族激光，就是赌博千山药机，下周回国乐视网，民族企业康得新，认识海洋獐子岛……可见，有很多上市公司董事长还沉浸于家族企业的迷思中无法自拔，忘记了自己是社会企业，身上担负着巨大的信托责任。

上市公司董事长出事的最大受损者往往并非大股东，而是处于信息不对称状态的小股民们，他们是最无辜的弱势群体。董事长生病，股民吃药，每次有董事长出事，媒体都会写到，又有多少万个投资者彻夜无眠，流露出对这些受损股民的怜悯之情。令人遗憾的是，由于相关的法律法规尚不健全，受到伤害后的索赔之路漫漫，到最后大多都是自认倒霉。

开车走在暴雨如注的广州街头，电台正播放毛不易的《牧马城市》，突然被一句歌词击中——“为所欲为是轻狂，防不胜防是悲伤”。是啊，这段时间，总是有“轻狂”的董事长为所欲为，总是有“悲伤”的股票让股民防不胜防。觉得这首歌应该叫作《牧马股市》才是。“天外有天有无常，山外有山有他乡，跌了撞了心还是回老地方”，游历于这样的股市丛林，个人的悲喜多么无关痛痒。令人感叹的是，不管遭遇什么样的无常，仍有人在这里漫无目的地、习惯性地守候，“把烦恼痛了吞了认了算了，不对别人讲，谁还没有辜负几段昂贵的时光”，在红绿交错的K线间寻觅经年，所得几何？除了自我安慰，自己给自己打气，然后自认倒霉之外，似乎也没有更好的解药。

A股如何飞越“特朗普缺口”

那个玩推特“操纵股市”上瘾的总统，也将会经历从得心应手到黔驴技穷的必然过程。再狡黠的计谋也有失算的时候，特别是有些花招翻来覆去地炒剩饭，炒多几次，就没人搭理了。想起蒲松龄藏在《狼》中的那句慨叹：“禽兽之变诈几何哉？止增笑耳。”

我问一个新股民，炒股生涯中什么事情最憋屈？他说，我昨天刚刚满仓，特朗普半夜又发推特了。

我又问一个老股民，什么是咱大A的“顶心顶肺”之痛，他绕了一个大弯，不是“十年一觉扬州梦”，也不是“十年生死两茫茫”，而是十年陪跑美股“跟跌不跟涨”，吃肉没份挨打有份，感觉特别窝囊。

这种情形在去年中美贸易战开战以来愈演愈烈，特朗普经常选择在A股市场开市前发推特，宣布对中国的各种指控和加征关税的威胁。A股往往在猝不及防的情况下跳空低开，在K线图上形成一个又一个的跳空缺口。这种缺口像是一道道的伤口，划在投资者的心上，对于人气的沉重打击可想而知。

炫耀美股屡创新高的牛气与宣称重创了中国股市的霸气，成为特朗普获得成就感的重要来源，在这种情况下，两国股市的表现不仅事关金融市场的稳定，而且成为检验贸易战给对方造成损失程度的某种指标。一句话，既是里子问题也是面子问题，尤其是对于像特朗普这种爱夸耀的人来说，股市涨跌甚至会影响他竞选连任大计，保持美股牛市同时压制中国股市，会是他竞选时无比看重的一张大牌。

看到半夜发出的推特对A股市场的开盘影响如此之大，特朗普似乎玩上瘾了，想打击一下中国股市，就在A股开盘前突然发一通威胁言论，结果就是造成A股市场恐慌开盘，广大投资者可以说是深受其害，苦不堪言。尤其是从2019年5月份以来，推特总统成了股市最大的不确定性因素。他神出鬼没、颠三倒四、出尔反尔的言论，不时造成股市的剧烈波动，难怪“一通分析猛如虎，涨跌还看特朗普”这句调侃如此深入人心了。

什么时候可以破掉A股与美股“跟跌不跟涨魔咒”，让推特总统的“操盘”法器失灵，让A股不再受到推特总统的恐吓与威胁走出自己的独立行情？这是广大A股股民的心愿。

所以，有人把2019年年中的某一天称为A股的“独立日”。这一天，A股顶住美股崩塌、道指一夜干掉800点的压力而走出单日反转的独立行情，强势收复2800点的整数关口，周五还延续了这种强势格局，让投资者信心得到了极大的修复，重燃A股走出独立行情的希望。

关于“缺口”的技术分析

“缺口”是技术分析中的一种重要形态，股指和股价由于受到强烈的利好或者利空刺激，大幅跳空开盘，形成向上或者向下的缺口，这个缺口在当天交易中即扮演着重要的支撑位或者阻力位角色。向上跳空的缺口，在后续交易中起支撑作用，向下跳空的缺口在后续交易中起到阻力带的压制作用。

在日K线上形成的缺口对市场的中长期趋势影响甚大，值得高度重视。

根据缺口形成的位置以及对后续行情的演绎所起的作用，可以将缺口分为三种类型：

第一，突破性缺口。这种缺口出现在行情的转折点附近，一旦出现，意味着行情会朝跳空的方向持续比较长的时间。在低位出现向上的缺口，一般是大规模上涨行情的开端；在高位向下跳空形成的缺口，一般意味着后市会出现较长的下跌浪。

第二，中继缺口。又称为量度缺口，一般出现在行情的中段。这种缺口无论出现在上涨还是下跌趋势中，都意味着这波行情远远没完，还有约等于整个波浪长度一半的路程要走。上升趋势中的中继缺口，预示只爬到了半山腰，下跌趋势中的中继缺口，往往意味着下山的路也只走到一半。

第三，消耗性缺口。或者叫作衰竭性缺口。这种缺口出现在行情的尾声，是原有趋势即将发生转折的先兆，所以这种缺口就是行情演绎到比较疯狂时的“最后一跳”。在上升趋势中是“最后的疯狂”，在下跌趋势中是“最后的绝望”。这样的缺口一旦出现，会导致投资者出现一致性误判，做出非理性的追高或者割肉举动。

2018年全年A股经历了一轮大规模的下跌浪，从3587点最低跌到2440点，期间三个典型的向下跳空缺口分别展示了下跌趋势的突破—中继—衰竭“下跌三部曲”。

2019年2—4月份出现的一波快速上涨浪，也可以看到期间出现的三个跳空缺口，揭示了向上的突破—中继—衰竭“上升三部曲”。

飞越“特朗普缺口”

最近一年多以来，受中美贸易摩擦的影响，A股市场出现跳空缺口的情形相当常见。由于这种缺口大多数是因为特朗普发推特形成的，有别于其他黑天鹅造成的缺口，为此，程大爷专门发明了一个新的技术分析术语——“特朗普缺口”，来对这种缺口的技术分析作用予以分析。

仔细观察A股日K线图上的这些特朗普缺口，可以发现上述三种类型的缺口都出现过。

从2019年2—4月份，由于中美贸易摩擦在消息面比较缓和，A股展开了一波强劲上涨行情。从2440点至3288点这波行情中清晰可见三个经典的向上跳空缺口。当然，这缺口跟特朗普没有乱发推特有一定关系，也可以说是“特朗普不发推特缺口”。

2019年5月6日A股的小长假刚刚结束，特朗普宣布将向中国加征关税的推特制造了一个近100点的典型的“特朗普缺口”。很明显，这个是一个突破性缺口，这个缺口之后，A股进入了持续的盘整下跌趋势。

2019年8月2日，特朗普故技重施，再次用推特宣布对中国3000亿美元的输美商品征税。极限施压之下，A股跳空下跌，出现了一个40点的缺口。

2019年8月6日，美方宣布将中国列入汇率操纵国，并对数家中国科技公司实施制裁，A股再次跳空下跌，制造了一个50点的缺口。

在这轮下跌浪中，5月6日的“特朗普缺口”可以看成是一个突破性缺口，8月2日的缺口属于中继缺口的可能性比较大，而8月6日的这个缺口，演变成衰竭缺口的概率较高，尽管从量度跌幅来看并不是很标准。

有一天，美股暴跌800点而A股跳空低开形成巨大缺口却在当天完成回补缺口并反涨至2800点整数关口，这个表现具有强烈的反转意味，未来A股与美股跟涨不跟跌的魔咒有望被打破。

无论是从中美贸易战负面冲击、从特朗普推特对金融市场的扰动效果，还是从美国股市对A股的影响力度来看，都呈现出“边际效用递减规律”。衰竭性“特朗普缺口”的出现，从技术分析的角度印证了外部因素尤其是最大的不确定因素——推特总统，对A股的负面影响正在减弱，A股走出独立行情的概率越来越大。

处于山顶上的美股与处于山脚下的A股，一旦开始了跷跷板运动，估计不会那么快会停下来。

美股在经济衰退的阴影下见顶的概率加大。美股见顶，对A股是利好，意味着更多的避险资金会流入以中国为代表的新兴市场。而一旦美股见顶，推特总统的牛气必定会收敛，有利于中美达成协议，贸易战会趋于平静。

从A股市场“逢缺必补”这个规律来看，从2018年到2019年的多数缺口都在后边的行情发展中被补掉了，所以有足够的理由相信，在中美贸易战这个特定的历史背景下所形成的多个向下跳空的“特朗普缺口”会在不远的未来被逐个回补。到那个时候再回过头来看，就会发现，这些曾经给我们造成巨大痛苦和困扰的“特朗普缺口”，不过是A股发展历程中的几朵小浪花而已，不值得介怀。

而那个玩推特“操纵股市”上瘾的总统，也将会经历从得心应手到黔驴技穷的必然过程。再狡黠的计谋也有失算的时候，特别是有些花招翻来覆去地炒剩饭，炒多几次，就没人搭理了。想起蒲松龄藏在《狼》中的那句慨叹：“禽兽之变诈几何哉？止增笑耳。”

减持就减持，别扯什么“慈善”

上市公司大股东还是先努力让持有股票的股民解套，再考虑去多做慈善公益。股民深套，你却自顾自地减持去做慈善，感觉顺序搞反了。做慈善还是从身边做起，从小事做起，心里装着股民，做事顾及一下股民的感受，这些虽然是“小事”，但却是“大慈善”。

互联网时代，流量即财富。正所谓“树多有枯枝，人多有白痴，粉丝多有劳斯莱斯”。不只是个人在想方设法刷存在感导流，以期一夜爆红之后一夜暴富，精明的企业家们也尝到了把自己变成网红之后的诸多好处，网红企业家为自己和企业带来的附加价值甚至可以量化成多少金额的广告投入。

格力电器因为董小姐的爆红而省下多少广告费不好计算，但是从她的大幅靓照取代成龙登上各种广告媒体可以感受一下网红企业家的号召力。而总爱跟董小姐打赌的雷军，更是把网红效应做到了极致。通过系统的、有计划的、持续的吸粉、导流、变现，雷军已然成了一位超级网红。相得益彰的是，小米也同步成长为一家拥有海量粉丝的网红公司。

毋庸讳言的是，网红公司的好处多得让人眼红，但是关注度太高也带来一些不便。公司和高管的一举一动都是新闻，都惹人注目，都招来“说三道四”。特别是当有些事情本来想“打枪的不要，悄悄地进村”，无奈树大招风，再怎么低调也掖不住藏不了，不解释心里发怵，一解释画蛇添足，左右不是人。

比如说这次小米联合创始人林斌减持股票顺带扯上“慈善”，本来是想找个借口掩饰一下内心的不安（毕竟股价腰斩后又创新低），没想到招来媒体的一通炮轰，真是聪明反被聪明误啊。

回顾上市之初，因为崇拜乔布斯而被人称为“雷布斯”的小米集团创始人、董事长雷军曾许诺：“要让在上市首日买入小米公司股票的投资人赚一倍！”

那个时候，不知道是真的信心爆棚还是存心忽悠投资者接盘，到处赶场的雷军戏码十足，有些金句言犹在耳，比如“小米的估值是苹果加腾讯”“小米的总市值预计2000亿美元”。富有讽刺意味的是，2019年8月30日小米股价为8.53港元/股，相比发行价17港元，惨遭腰斩。假如以发行价买入，刚刚好赔掉一半。2019年8月30日最新市值2044亿港元，离2000亿美元，差了一个美元兑港元的汇率倍数。

据经济观察网报道，有市场人士认为总裁减持对二级市场的投资者信心一定是重大打击，小米总裁在股价低位时，中报静默期一过即减持，大概率让股价雪上加霜。

该市场人士还将林斌减持事件对比了腾讯控股总裁刘炽平在2018年3月时的减持百万股事件，腾讯在总裁减持后股价一路向下。无论企业业绩如何，总裁的举动将成为直接参照，总裁减持超过1%，已经是很大件事了。像小米这样的“明星”上市公司，如今股价连绵下跌，风雨飘摇之中一旦出现高管连续减持套现的动作，会让大量投资者或投资机构远离。

不独小米股价表现令人失望，2018年以来，一批缺乏核心技术含量的独角兽公司股价纷纷跌落神坛。比如第一家互联网保险公司——众安在线，2017年上市之后股价一度冲击100港元，最高97.8港元，现在跌到不足18港元，不见了80%，比小米更惨。

2018年小米上市之后，程大爷在券商中国论市专栏中就撰文谈到自己对它的担忧。小米成功上市，经历破发——反转大涨，这不仅是一个悬念的结束，更是无数个悬念的开始：小米到底值多少钱？是哪一只手把它从破发的深渊中拉了回来？时间是小米的朋友还是敌人？它最终能独树一帜，摆脱众安在线们的宿命吗？一年之后的现在，答案就像一具僵尸摆在那里，足以证明互联网独角兽们的高估值就是一个大泡沫，不可能经得起时间的检验。股市里的事，你说是偶然吧，但也有其必然性的一面。

时间是一面照妖镜，也是一把杀猪刀，长期来看，它杀的一定是猪。

2018年，“雷布斯”自豪地宣布，小米是世界上独一无二的既可以做硬件、又可以做新零售，还可以做互联网服务的“新物种”。

小米上市前，争论最多的是小米公司的商业模式，小米到底值多少钱是市场关注的一个焦点。一大波券商研报从不同角度挖掘小米的“伟大”之处：说手机业务，它就对标苹果华为；说物联网业务，它就对标腾讯；说新零售，它就对标亚马逊；说会员变现，它就对标Costco。

在一片赞美声中，仍然不乏头脑清醒并坚持职业操守的卖方分析师，比如国金证券研究所研究总监唐川在小米上市时发布的研报就唱了一下反调。这份报告基于基本面估值，对小米集团给予“减持”评级，12个月目标价16港元。他还称，每股18.82港元是目前小米估值的上限。

现在回头看看，发现这份难得清醒的研报仍过于乐观，至于香港那边的卖方给出的30港元目标价，事实证明就是一个“屁”。

对于小米IPO后的股价表现，唐川在2018年夏天预计，在上市6个月后将面临早期VC和PE股东减持的巨大压力。这是因为小米在历史上共有九轮优先股融资，合计融资金额达15.8亿美元。不幸言中啊！

按理说，卖手机、空调、电视机和电饭煲等智能家电的小米，估值上最应该对标的是格力、美的、海尔、长虹。但是，小米极力避免投资者把自己跟格力、美的、海尔、长虹视为同一逼格，因为格力的14倍

PE、美的的14倍PE对于小米的投资人来说，不啻是降维打击。

过去互联网圈的常规玩法是，亏损烧钱扩市场，保增速上市，只要有增速估值就不会低。为此近年来独角兽都在不断忙于收购或者内部孵化热门项目来扩充体量。但上市后，二级市场认不认这个模式是个问题，这种完全靠不断融资烧钱速成的独角兽公司，不仅估值广受质疑，投资模式也屡遭诟病。

在2019年的那篇关于小米的文章中，大爷我一再强调了对互联网行业独角兽技术含量成色不足的担心。欧美成熟市场中的创新型企业，技术创新的比较多，而国内相当数量的创新企业靠的还是商业模式“微创新”。

国内独角兽公司，真正扎扎实实做技术创新和产品创新的少，大多数沉迷于商业模式的“微创新”。这种“微创新”成了一个颇让人不安的普遍现象。它们过度使用甚至夸大宣传自己的“科技创新”水平，将“创新”作为营销噱头来吸引眼球做大粉丝流量。这类独角兽无非是在现有的互联网技术和电子商务模式上搞点小花样，以粉丝流量为基础获取高得惊人的估值水平，再以泡沫化的估值水平来进行IPO前的多轮融资，再获取庞大的资金流，接着便大玩烧钱游戏，最终以蛊惑人心的独角兽形象高溢价上市。等到各大小风投套现离场之后，上市前一直讲得热血沸腾的“创新”故事便戛然而止，跟着股价也就一地鸡毛，让接盘侠永远站在高岗上。

这样的科技公司，于科技创新有害无益，只会导致整个社会的创业氛围变得短视、功利、浮躁。

正如南京航空航天大学金融学教授徐强所说，有些没有核心技术的公司只是把市场规模做大了，虚胖，上市是想圈一笔钱，把业务抛给资本市场。要把创新产业做起来，靠烧钱扩规模，这不是创投企业未来应该发展的方向，也是中国互联网发展的错误方向。未来真正有前途的、能促进国家持续发展的独角兽，一定是有技术壁垒的技术创新性企业。

以“慈善”为借口的减持乏善可陈

减持是权利，慈善是善行，前者值得尊重，后者值得表扬。但是，把这两者扯到一起来说，就让人反感。反感的原因是，股市里边时不时就跑出个老板来拿慈善说事，却又让人感受不到他的诚意。

这次小米联合创始人林斌减持，说是因为要做慈善。而在之前，雷军得了当时市值90亿的股票奖励也说要捐给慈善。小米股东都爱慈善，按理说应该得到赞美，但是市场不仅不买账，反而还一片质疑。

根据港交所信息披露，林斌于发布二季度财报后连续三日卖出共计4130.34万股小米股份，售出均价分别为每股9.07港元、8.92港元和8.92港元，套现约3.7亿港元，折合人民币超3.4亿元。林斌此次出售的股份占其所持股份比例为1.48%，其持股比例从11.67%减少至11.47%。当时小米集团股价为8.53港元，已经逼近8.37的历史新低。搞不懂有什么伟大的慈善事业在感召林大老板，让他在小米股价处于如此脆弱的状态下还果断减持。

似乎是为了稳住小米股价，雷军赶紧跑出来表态，林斌一年内将不再出售小米股份。但是，不论如何，主要股东逢低抛售小米股票的行为还是引发了外界质疑，担心林斌是计划高位套现。这样的举动没法不让小米的中小股东对公司的长期价值产生怀疑。

对于林斌的减持行为，小米的回应是说部分用于公益慈善。无独有偶，此前小米发布公告称雷军在上市前作为激励股份而获得的约6400万股B类股将捐赠给慈善机构。而这笔上市前授予雷军的股权激励，也曾因在捐给慈善机构前引来外界质疑，小米相关人士回应称是业内惯例。看来小米公司热衷于慈善事业是有传统的。

不过，跟雷军的慈善行为略有不同的是，林斌这次减持股票，正值小米股价再创历史新低之后。几乎所有持有小米的股民均处于套牢状态，减持行为无异于在股民的伤口上撒盐，就算是真的要去做慈善，以伤害小米的小股东利益为代价去做慈善，这样的慈善真的“善”吗?

自2018年7月9日小米在香港上市以来，从16.6港元破发开盘，到短期摸高22.2港元，然后就是“一江春水向东流”式的跌跌不休，至今已经腰斩，这个点位还要卖，慈善是没有说服力的。所以，消息一出，质疑一片，有位网友直截了当地指出慈善就是一种掩护。还有网友给林斌留言说，减持非常正常，之所以关注度高还是因为小米股价低迷，散户基本上都被套牢了！

新浪财经报道，港交所最新权益披露资料显示，除了林斌出售股票，小米主要股东晨兴资本于7月4日向持有基金的GP及LP配发小米集团合计约1.11亿股B类股份，此次配股可视为各GP及LP将其在基金权益兑换为小米集团的股票。有证券内部人士表示，晨兴资本在此次交易中获得基金权益，此举是股票转让的行为。

值得一提的是，在2019年1月9日，小米发布公告称，雷军和控股股东承诺一年内不减持小米股票，CFO周受资亦做出同样的承诺。但包括总裁林斌在内的其他高管当时并没有作出不减持承诺。

为了提振市场信心，2019年6月3日以来，小米已经连续进行了19次股票回购，耗资达10亿港元。回购的效果也很明显，从6月初到7月初这段时间，小米股价一直处于上升态势，不过之后又开始下跌。

对于林斌“慈善”减持风波，股市广播主持人问“大爷怎么看”，我归纳总结了以下几点：

第一，减持本是股东权利，应该光明磊落，没必要扯上“慈善公益”。

第二，不光明正大地减持，说明心虚。

第三，股价被腰斩，大量股民被套，股价处于低位，大股东减持动摇投资者信心。

第四，小米公司回购股票，大股东减持股票，给市场传递了一个矛盾的信号。

第五，小米的半年报业绩尚可，股价却跌跌不休，说明市场还是没有接受并认可小米的商业模式。小米并不算科技股，如果以家电股的估值算，17倍PE未必便宜，毕竟格力电器和美的集团也就14倍。

第六，上市公司大股东还是先努力让持有股票的股民解套，再考虑去多做慈善公益。股民深套，你却自顾自地减持去做慈善，感觉顺序搞反了。做慈善还是从身边做起，从小事做起，心里装着股民，做事顾及一下股民的感受，这些虽然是“小事”，但却是“大慈善”。还是古人说得好，“一屋不扫，何以扫天下？”

A股还欠股民一个牛市

关于牛市情结，我觉得这不是A股所特有的东西。从庙堂到江湖，从总统到民工，从大鳄到韭菜，莫不以牛市为喜，以熊市为悲。有股市的地方恐怕就有牛市情结，或者说都有一个不愿醒来的“牛市梦”，只不过，A股的牛市情结要特别深厚一些。

这么多年来，3000点关口一直都是A股投资者心上的一道坎，看得比长城还重。不管是往上还是往下，只要大盘一靠近3000点，大家都格外紧张。不夸张地说，每次都是3000点定悲喜，得之弹冠相庆，失之“抱头痛哭”。

有网友做过一个非常有意思的统计：截至2019年9月12日为止，上证指数已经向上突破3000点93次。想想也挺好玩的，上证指数真心和3000点缠绵悱恻93次了，得不到又放不下，简直是折磨人的93次虐恋。仔细分析，这些真真假假的突破可分为三种情形：

第一，假戏真做。前收盘在3000点以下，当天收盘在3000点以上，一共42次。

第二，虚情假意。前收和当天收都在3000点以下，但盘中最高超过3000点，一共26次。

第三，戏假情真。前收和当天收都在3000点以上，但盘中最低低于3000点，一共25次。

由于只统计日K线的原因，同一个交易日盘中多次突破3000点也只统计一次突破。

从2007年2月16日第一次见到3000点开始，一共经历了3060个交易日，平均收盘价2926点，在3000点以上有1263天，3000点以下有1797天。

该网友表示，由于上证指数失真严重，受中石油和四大行影响太大，而四大行和中石油，尤其是中石油发行价过高，拖累了上千点指数，所以也没什么太多的参考价值，也就是统计着玩玩。

不过，大爷我觉得这个统计还是有价值的。它至少可以帮助我们认清3000点的真实面目，3000点没啥特别意义，不是万里长城，不过是一道门槛，股“脚”迈进迈出，如此而已。最终能学会将3000点放下，视3000点若等闲，练就“得之我幸，失之我命”的良好心态。

但是，即便投资者对3000点的得失看淡了，他们心底里的那份牛市情结，怕是一辈子都没法释怀。

过度“牛市情结”不可取，但牛市梦还要继续

2019年9月底，在大盘踯躅3000点关前之时，全国政协委员、中国证监会原主席肖钢一篇题为《终结“牛市情结”——从2015年股市危机中学到了什么？》的讲话，激发了市场的热议。

关于牛市情结，我觉得这不是A股所特有的东西。从庙堂到江湖，从总统到民工，从大鳄到韭菜，莫不以牛市为喜，以熊市为悲。有股市的地方恐怕就有牛市情结，或者说都有一个不愿醒来的“牛市梦”，只不过，A股的牛市情结要特别深厚一些。究其根本原因，还在于A股长时间牛短熊长的格局一直没有太大的变化，还没有出现过一次持续时间较长的真正意义上的牛市。

过往的几次牛市，总是来去如风，还没来得及反应过来，就匆匆结束了。高位参与的投资者反而经常被这样的“牛市”套牢了。这种快牛或者疯牛对投资者的伤害有时候比熊市还要大。所以，A股的投资者特别羡慕像美股历史上出现过的那种可以持续数年甚至十几年的大牛市。没有得到过的东西，就特别想得到，没有实现过的慢牛长牛梦，也就特别强烈。

当然，作为站位极高的前监管部门主席，肖钢更多的是从市场健康发展以及投资者如何防范非理性行为带来风险的角度来看牛市情结这个东西，高屋建

瓴地阐述了过度牛市情结的危害。但是，当我站在A股投资者尤其是中小投资者的位置上来思考的时候，对这种过于强烈的牛市情结，还是能够理解，或者说同情。

肖钢认为，在牛市情结下，政策以宽松基调为主，呈现激励政策多，控制政策少的特征。股市泡沫往往发生在经济转型时期，货币政策和信贷政策往往较为宽松，实体经济回报较低，充裕的流动性就会冲击各类金融资产，催生资产泡沫。比如，2015年我国股市危机的性质是由资金杠杆导致的流动性危机，引发了投资者大面积恐慌。与历史上几次股市大跌相比，危机情况非同寻常，极有可能引发系统性风险，在这种情况下政府果断出手救市，是完全有必要的、正确的，从当时实际情况看，也是唯一的现实选择。

肖钢表示，证券监管定位是“两维护、一促进”：维护市场公开、公平、公正；维护投资者特别是中小投资者合法权益；促进资本市场稳定健康发展。

他指出，纵观全球股票市场发展历程，每次股灾后，各方面都会对暴露的问题进行反思，出台法规推动市场改革与发展。从境内外的实践中可以看出，监管部门都认真总结，出台了改革举措，不断完善市场治理。他本人也是很有信心，相信经过2015年股市危机过后，我国在金融监管体制改革，促进金融脱虚向实、回归本源方面取得了很大的进展，这些改革必将推动中国股市的发展，中国股市一定会发展得越来越好。

肖钢任中国证监会主席期间，对建设健康稳定的资本市场发表了不少真知灼见。现在看来，有不少讲话其实也是在为股市打气，显然他也是希望股市走牛的。比如，肖钢曾说资本市场二十余年发展由小及大，正加快形成多层次的市场体系，成为实现“中国梦”的重要载体。我国资本市场充满活力，青年人应当成为资本市场改革、创新、发展的生力军，为“中国梦”贡献青春力量。还比如，肖钢曾经提出，改革牛理论成立，市场不差钱，实体经济越差股市越涨的判断没道理，牛市建立在政府有能力保7%的预期基础上。

由此可见，肖钢此次的演讲，虽然主张终结“牛市情结”，但他并没有抛弃“牛市梦”，他说，“我是主张有牛市的，不是不要牛市”。

A股还欠股民一个牛市

牛市梦看起来是投资者的梦，实际上，这个梦想的实现，需要一个不断迈向健康、成熟的市场环境，而这需要政府监管部门的努力。

从欧美成熟市场对待金融市场的监管体系来看，政府既要敬畏市场，也要在必要的时候，伸出有形之手。特别是当市场出现严重危机的时候，坐待市场出清往往会付出惨痛的代价。高度崇尚市场经济体制的美国政府在2008年的次贷危机中，经过权衡利弊之后，最终还是选择了直接干预。事实证明是明智的，很快，在次贷危机的废墟之上，美股展开了长达十年的大牛市。

肖钢认为“监管部门把股市上涨看成政绩是不应当有的情结”。我理解的是，在市场处于相对稳定状态下，让市场机制充分发挥作用就好了，这个时候，监管部门确实没有必要去过度关注股市的涨跌。

但是，当股市处于危机状态，信心缺失推动股市非理性下跌，而且这种下跌负反馈链条没有办法通过市场自己的手去扯断之时，有形之手就需要干预。假如监管部门通过有力措施，恢复了市场信心，让股市回到上涨趋势上来了，这个时候，股市上涨是不是也可以算是监管部门的政绩呢？

在市场出现信心危机的同时，政府主管部门和金融高官出面进行信心喊话并采取必要的措施来提振信心、化解危机，是国际上比较通行的做法。2018年10月底，多重因素导致A股市场加速下跌，令上市公司股权质押融资风险有进一步恶化的可能，以副总理刘鹤为代表的金融高官出面进行信心喊话，监管部门快速反应，出台一系列稳定市场的措施，政策底终于出现，信心回归，市场止跌回升，质押融资风险得到了有效化解。

监管部门需要打造一个体现“三公”原则的健康的股市，保护投资者特别是中小投资者的合法权益。而一个健康的市场，绝对不应该是原地踏步的市场，绝对不应该是与经济发展趋势背道而驰的市场。股市上涨，发挥经济发展晴雨表的作用，更好地发挥优化资源配置与价格发现的功能，这正是健康市场的重要特征。在欧美发达国家，监管部门甚至政府金融部门的高管以及总统都是以股市上涨为傲，以股市下跌为耻的。特朗普甚至将美股迭创新高当作自己的政绩和竞选连任的本钱。2018年圣诞节前后，美股暴跌，特朗普和财长都急着跑出来进行信心喊话，财长甚至打电话给各大金融机构CEO，问他们要不要钱，都是希望股市上涨的。

回到A股，如果没有牛市，那如何满足人民群众财富保值增值的诉求呢？所以，为A股营造一个可持续的健康的慢牛格局，符合国际惯例，也符合国家和人民群众的根本利益。毕竟，目前股权资产只占了我国居民资产总额的3%，而日本是6%，美国是32%，中国股市应该容纳更多的居民财富！

记得肖钢曾经说过，市场上不少观点认为，投资交易是“一个愿打一个愿挨”“两厢情愿”的事情，投资亏损是投资者“愿赌服输”或“自作自受”的结果。这些观点貌似有理，实则漠视投资者，是政府监管不作为的表现，也是股权文化不健康的反映，有违正义原则和契约精神。

肖钢在主席任上还说过，资本市场是一个资金场、信息场和名利场，因而必须是法治市场，要高度依赖健全完备的法律制度体系。在肖钢看来，只有依法治市，才能有效地保护投资者，中国的股市才会有未来。

牛市梦还是要有的，万一实现了呢

现阶段，中国正步入后工业化时代，A股将在后工业时代中迎来巨大的机遇。在这样的历史背景下，牛市梦离“好梦成真”应该越来越近了。

据民生信托的一份研报分析，经济发展过程中，产业结构呈现出一定的规律性变化。按照工业化发展速度，人类社会可以分为前工业化、工业化和后工业化3个阶段。21世纪以来，我国工业化进程加速，已经提前实现党的十六大所提出的2020年基本工业化核心目标和主要指标。当前，中国已经出现了后工业化时代的基本特征。

具体而言，完成工业化进入后工业化阶段的主要标志是：人均GDP超过9910美元；农业在三次产业结构中比重低于10%，并且工业比重低于服务业；制造业增加值比重大于60%；农业就业比重低于10%；城市化水平大于70%。按照此标准，美国、英国、德国与日本在1975年至1985年完成工业化并进入后工业化阶段，韩国在1985年至1995年完成该阶段转换。而根据现有数据与增速的测算，我国将分别于2020年至2022年达到上述各项指标的标准。我们正在逐渐步入后工业化时代！

在后工业化时代里，实体经济增速减缓，无风险收益率下降，以权益为代表的风险资产估值中枢上行，权益市场将迎来巨大机遇。

第一，在工业化阶段，居民收入随经济发展保持高速增长，其可投资收入得到快速积累，将成为一笔巨大的可投资财富。而进入后工业化时代后，伴随着雇员收入增速下行和财产性收入需求提升，居民权益性投资的动力日益增强。

第二，后工业化时代权益市场中机构投资者占比大幅提升，价值投资理念逐渐占据主流，非理性博弈和波动减少。与此同时，金融创新措施持续推进，各项政策积极引导权益资产配置，权益市场不但趋于积极有序，而且市场活力明显提升，风险收益水平得到显著改善。

第三，后工业化时代行业结构进一步改善，龙头崛起。因为行业增速放缓，盈利水平下行，具有品牌、技术和成本等优势的龙头企业优势凸显，行业集中度提升。龙头企业往往通过并购整合、产业升级和国际化战略寻求发展，保持增速的同时提升估值。在证券市场中则体现为龙头企业盈利能力抬升、稳定性加强、周期性减弱，权益资产享受超额回报率。

正是如此，在后工业化时代股市通常会进入甜蜜期。根据发达国家的历史发展经验，在工业化完成之后，美国、英国与日本股票市场指数分别抬升了28倍、26倍和6倍，而其核心指数估值分别扩张了2.9倍、1.6倍和6倍。

据民生信托的相关数据显示，我国居民在目前市场资产配置中，房产资产占比65%，现金及存款占比28%，保险类资产占比4%，股票类权益资产仅占总资产的3%。而美国、德国与日本的国家居民股票类权益资产占比分别为32%、10%与6%。仅市场体量这一方面，A股市场的市场就已经具有成倍增长的巨大空间。从产能周期方面看，继2007年至2015年持续去产能之后，国内产能周期见底回升，供需关系开始改善，硬资产已经具备盈利持续改善的基本面支持。因此，可以预期，未来中国股市将进入长达10年以上的高收益甜蜜期。现阶段，A股已经准备跨入甜蜜期的门槛，即将迎来崭新的阶段，或许，我们每一个人都站在历史性的关口，并将共同见证下一个辉煌的时代。由此看来，A股市场的牛市梦真的有可能实现哦。

但愿未来，上证指数终有一次向上突破3000点是真心实意而不再是逢场作戏。太长时间的等待，总有圆梦的一天吧。

《淮南子·道应训》中有句名言，“胜非其难也，持之者其难也”，意思是说，取得胜利并不是最难的，保持胜利、巩固胜利成果更艰难。快牛疯牛易，慢牛长牛难，唯其难，才值得向往。

后记

Hou Ji

致敬我们的程大爷

当我们赞美坚持与毅力的时候，往往并无从体会背后到底是怎样的艰辛，程大爷就如此，能将财经时评“程大爷论市”一写就是4年多，背后又是怎样的坚持。

程大爷是捕捉财经最热点的高手，他总能保持思想的新鲜，总能引你思考拍案叫绝；也难能可贵一直保持写作动力，4年多来，保证每周六一期，风雨无阻。同样，当我在内心拍案称叹的时候，其实也并不能感同身受这背后是怎样的付出，答案只有程大爷自己知道。

第一本“程大爷论市”——《假如炒股是一场修行》问世的时候，当时作为券商中国主编的我，以为这就是一本空前绝后的巅峰之作了。

但是，偏偏程大爷就是奇迹，能保持着灵魂的有趣，思想的新鲜，能勤于思考，能笔耕不缀，能在繁忙的工作之余，还能关注诗与远方，还能保持着系统思考，这样的人不是自律的奇才，就是灵魂在高处。

于是“程大爷论市”后面就有了第二本《假如炒股是一场恋爱》，第三本《假如炒股是一场荒野求生》，而第四本，就是即将问世的《假如炒股是一场真人秀》。这第四本书将牢牢占据我书架的最C位。在券商中国任主编时，有幸与程大爷一起走过，有幸第一时间品读程大爷的思想精髓，是我的人生之幸运，之财富。

程大爷之与券商中国之间，一直有着同样的气场，同样的气质。我常说，券商中国是一场没有终点的马拉松，程大爷的思考与创作，同样如此，总结下来，在于非常规的动力，在于不同寻常的思考，在于一诺千金的践行，以及对于完美的偏执。

4年多时间，我大胆揣测，高压下的程大爷曾有过放弃的念头，这种高压来自工作的高强度让程大爷无暇分神创作；有时也来自题材的局囿，比如有些话题的敏感与管控；更有创作本身的高强度，程大爷的作品标准字数是5000字，但超出5000字是常态化。我一直深以为，程大爷在创作领域是个思想在狂奔的孩子，他常常在半夜一两点钟交给我一篇篇上乘之作，因为他在白天是没有时间写作的，这个写作压力可想而知，如同强度运动一样，松上一口气，就放弃了。

券商中国是传统媒体领域之下的新媒体形态奇迹，是偶然，不可复制，短短4年多时间，粉丝数超过300万，这是财经公号领域的奇迹，而这其中，“程大爷论市”财经时评栏目，就是奇迹之一。有券商中国，于是有了“程大爷论市”，也因有了“程大爷论市”，才有了券商中国。

前者，是因为券商中国2015年4月成立后一路飞速成长，而程大爷又是一位给券商中国以关注、以提点、以包容的忠诚V粉。他又从不间断品读券商中国的文章，并给出诙谐点评，给券商中国写固定财经时评栏目——“程大爷论市”。为什么说有了“程大爷论市”，才有了券商中国？除了“程大爷论市”的品质不断升华，成为吸引粉丝、增加粉丝黏性的利器外，还因为有“程大爷精神”的反哺，让券商中国感受到坚持的力量，思想的力量，睿智的力量，反思的力量，甚至还有尖锐的力量。当然，还要一提的是“程大爷论市”的商业价值，这是券商中国最早、也是最持久的冠名栏目。

回顾过往，太多故事要讲。2015年7月16日，首期“程大爷论市”栏目在券商中国推出，这一推，就是222期，直至2019年9月29日，在券商中国上最后一期论市推出，222期×5500字（保守估算）=1,221,000字，在“程大爷论市”栏目里，可以找到妙笔生花、思想共鸣，且不说思想的流畅，单就说立意的独到，就让人拍案叫绝。《假如炒股是一场修行》一文，出自2015年股灾期间，迷失在资产快速膨胀又快速缩水的投资人，沿着这篇文章的思想顿悟，找到休憩方舟。当我们惊喜于这篇文章的高度传播的时候，其实这才仅仅是开始，更多的好作品，在每个周六，风雨无阻。

“好文章永远不会过时，财经评论也可以成为文学作品……这是一个高标准，大爷我一直就是这么严要求自己的”——程大爷的好文章络绎不绝，不足为怪，因为程大爷这样定义他的创作标尺。

每期“程大爷论市”，都是当期获点赞数最多的。太多人吝惜在文末右下角，点一个“在看”，而程大爷的拥趸们不仅热衷点这个“在看”，还会热情留言。放出留言是个挺有意思的工作，这里你会看到读者的或热情赞美，或思想交锋，对于一些来看留言的读者，会不虚此行。

程大爷文章中呈现的思想，往往好似奔腾的骏马，让你的思想不由自主就随之飞奔了。你会觉得思想已经变成一个光着脚丫在田间奔跑的孩子，你并不想知道田野尽头在哪里，也不知道思想会被引至哪里，但是，会被程大爷的思想吸引，奔跑，情不自禁。

在最新一次交流中，他在我的朋友圈中留言，程大爷如此谦虚地说：“我想，没有你的支持、鼓励与鞭策，就不会有这四本书中的任何一本！坚持了四年多的“程大爷论市”，于我而言，就像是又读了一次大学本科，对自身修养的提升和认知能力的再造意义重大！”

4年多时间里，程大爷的阅读、学习、思考，早已超出了一个本科生的负荷。我曾在《假如炒股是一场修行》一书的后序中，这样表达我对程大爷的印象：当你看到他在投资上的功成名就时，你又会发现他是个诗人；当你碰触他笔尖流淌着诗人的洒脱奔放时，你又会发现他是个财经思想家；当你跟随着他思想的笔触去感知财经风云的时候，你又会看见他痴迷在摄影镜头下的远方……按此思路，印象还可以继续游离。程大爷的才华边界在哪？不知道。但是，在这个纷乱浮躁嘈杂的世界，能如此思想光亮地活着并感染着别人的，这个人就是程大爷。

我所疑问的程大爷的边界在哪儿？这个问题我一直没有找到答案，由股市广播与21财经联合出品的“程大爷论市”音频节目（股市广播FM95.3）一不小心已经推出六七十期，听了最新一期关于新年降准带来开门红的分析，娓娓而谈，直击问题核心点。由周末就看“程大爷论市”，到周末就听“程大爷论市”——听大爷的话，做股市明白人。我可以安心的是，程大爷的思考轨迹还在继续，粉丝也在继续庞大。

程大爷关注着中国经济、中国股市的冷暖，所以他有着那么多的拥趸，他也呵护着券商中国的成长，他是券商中国的TOP10财富之一，4年多来，券商中国记者进进出出，没有一位可以坚持跑完4年多，太多人退出这场艰苦的马拉松，作为创作者，坚持4年多，程大爷是唯一。

所以，程大爷的边界在哪儿，这是没有答案的问题，因为成功的人生是一场修行，程大爷的修行，没有边界。

财联社编委　李桂芳